Karl Arenz (Hrsg.)

**Die Entdeckungsreisen in Nord- und Mittelafrika
von
Richardson, Overweg, Barth und Vogel**

Arenz, Karl: Die Entdeckungsreisen in Nord- und Mittelafrika von Richardson, Overweg, Barth und Vogel,
Hamburg, SEVERUS Verlag 2010.

ISBN: 978-3-942382-61-8
Druck: SEVERUS Verlag, Hamburg, 2010
Lektorat: Laura Pust

Bibliografische Information der Deutschen Nationalbibliothek:
Die Deutsche Nationalbibliothek verzeichnet diese Publikation in der Deutschen Nationalbibliografie; detaillierte bibliografische Daten sind im Internet über http://dnb.d-nb.de abrufbar.

Die digitale Ausgabe (eBook-Ausgabe) dieses Titels trägt die ISBN 978-3-942382-62-5 und kann über den Handel oder den Verlag bezogen werden.

© **SEVERUS Verlag**
http://www.severus-verlag.de, Hamburg 2010
Printed in Germany
Alle Rechte vorbehalten.

Der SEVERUS Verlag übernimmt keine juristische Verantwortung oder irgendeine Haftung für evtl. fehlerhafte Angaben und deren Folgen.

SEVERUS Verlag

I.

Rückblick auf die Entdeckungsreisen in Nordafrika

Von den ältesten Zeiten bis auf die Expeditionen von Richards, Barth, Overweg und Vogel

Afrika ist noch immer derjenige Teil des Erdballs, welcher der wissenschaftlichen Tätigkeit der Reisenden das größte und zugleich schwierigste Feld der Entdeckungen darbietet. Es ist den Seefahrern in dem nördlichen Eismeere leichter gewesen, durch den ewigen Eisgürtel zu dringen, welcher den Eingang zum Pole verteidigt, als den europäischen Forschern, sich durch die unermeßliche Ausdehnung der Wüsten und die Feindschaft der wilden Völkerschaften Wege in das Innere Afrika zu bahnen. Und wie viele Opfer liegen nicht schon auf diesen unheilschwangeren Wegen des Todes umhergestreut! Es ist ein trauriges Vorrecht, welches den afrikanischen Entdeckungen vorbehalten ist. Weder der unermeßliche Ocean und dessen Klippen und Untiefen, noch die Savannen und Wälder der neuen Welt, noch die finsteren Nebeldünste der Polarmeere, noch die Wüsten Mittelasiens und dessen ungastliche Stämme, noch die eisbedeckten Alpen Amerikas und Asiens bieten Gefahren dar, welche mit denjenigen zu vergleichen sein dürften, welche in Afrika die Schritte der Reisenden verfolgen. In den übrigen Weltteilen verzeichnet die Wissenschaft den Verlust dieses oder jenes während des Versuches unterlegenen Forschers als eine beklagenswerte Ausnahme; in

Afrika ist es der Tod, welcher die Regel, und die Rettung, welche die Ausnahme bildet, und mehr als hundert Reisende sind allein seit dem Jahr 1798 als Opfer ihres Eifers, das Innere des afrikanischen Kontinents zu erforschen, gefallen.

Allein weit entfernt, daß das Schicksal derjenigen, welche unterliegen müssen, den Mut und Eifer ihrer Nachfolger schwächt, scheint es fast eher, daß es denselben noch mehr entflammte. Vergebens untergraben und zerstören die plötzlichen Abwechselungen der auf die Spitze getriebenen Temperaturen, oder die heißen Ausdünstungen sumpfiger Gegenden die starken Konstitutionen, vergeblich streut die wilde Raubgier der Muselmänner oder die Barbarei heidnischer Völkerschaften immerwährende Gefahren auf den Weg der Reisenden: der Drang, die Ungeduld nach neuen Entdeckungen wird weder durch die Gefahr des Klimas, noch durch die Furcht vor der Bevölkerung geschwächt. Wenn der Soldat auf dem Schlachtfelde von dem feindlichen Eisen getroffen wird, dann schließen die Reihen sich zusammen und die Linie bildet sich aufs Neue; dasselbe gilt auch von der unerschrockenen Phalanx afrikanischer Forscher, indem einige von dem Genius der Handelsspekulation vorwärts getrieben, andere in frommer Begeisterung und von der Sehnsucht, den Samen des Wortes Gottes unter den unkultivierten Nebenmenschen segensreich aufkeimen zu sehen, andere endlich nur von reiner Liebe zu den Wissenschaften geleitet werden; — aber sie alle liefern tagtäglich zu dem allmälig und langsam sich erhebenden Gebäude afrikanischer Entdeckungen ihre Bausteine.

Die Kenntnis der Geographie dieses großen Kontinentes schreitet in der Tat sehr langsam vorwärts; denn wie unvollständig auch in unseren Tagen noch die Kunde ist, welche Europa von Afrika besitzt, so verlieren sich doch die ersten bekannten Versuche, diesen Erdteil kennen zu lernen, fast bis ins 7. Jahrhundert vor der christlichen Zeitrechnung. Diese Versuche, welche damals während eines Zeitraums von weniger denn zwei Jahrhunderten zu wiederholten Malen erneuert wurden, werden alle den phönizischen Seefahrern von Tyrus und Karthago, den tüchtigsten Seefahrern der alten Welt, zugeschrieben, und die Tradition setzt sie mit dem Namen des Pharaonen Necho, mit dem eines Xerzes und dem des karthagischen Admirals Hanno in Verbindung.

Gegen die Mitte des 7. Jahrhunderts vor unserer Zeitrechnung hatte eine Ansiedelung von ägyptischen Verbannten sich im oberen Tale des Nils — ungefähr eine Reise von zwei Monaten oberhalb Meroe — in derselben Entfernung, welche Meroe von Elephantine trennt, niedergelassen, wahrscheinlich in jener Gegend, wo der Sobat mit dem weißen Nil sich vereinigt, also etwa unter 9 Grad nördlicher Breite. Später, unter der Regierung Neros, berichten die Geschichtsschreiber von einer Expedition, welche ausgesandt wurde, um die Quellen des Nils zu erforschen. Alle diese geographischen Erinnerungen beruhen unzweifelhaft auf wirklichen Tatsachen, obgleich keine von denselben, mit Ausnahme der Segelfahrt Hannos, in so authentischem und einigermaßen umständlichem Bericht auf uns gekommen ist, so daß denselben das Gepräge und die Bedeutung einer wissenschaftlichen Tatsache beigelegt werden konnte. In den Augen der Geschichte wird Vasco de

Gama immer der Erste bleiben, welcher (1498) das gefürchtete Vorgebirge umsegelte, welches die südliche Spitze des afrikanischen Festlandes bildet und den Seefahrern eine direkte Verbindung zwischen dem atlantischen Ocean und dem indischen Meere erschlossen hat.

Der Zwischenraum von fünfzehn Jahrhunderten, welcher den Anfang unserer Zeitrechnung von der denkwürdigen Zeit Vasco de Gamas trennt, bietet nur eine einzige in Bezug auf die geographische Geschichte des afrikanischen Festlandes wichtige Tatsache dar, nämlich die Einwanderung der muhammedanischen Araber in Mittelafrika, welches von ihren Geographen Beled—es—Sudan, das Land der Schwarzen, genannt wird. Allein diese Begebenheit, welche in das erste oder zweite Jahrhundert der Hegila (der muhammedanischen Zeitrechnung) fällt, hat bedeutende Resultate für die afrikanische Geographie geliefert; und die Mitteilungen, welche in den Berichten ihrer Reisenden und in den Büchern ihrer Geographen enthalten sind, behaupten noch immer in unseren Tagen zum Teil ihren praktischen Wert als Vergleichungspunkte mit der jetzigen Kunde, welche wir unseren neuesten Entdeckungsreisenden zu verdanken haben.

Die dreihundert Jahre, welche zwischen der Zeit Vasco de Gamas und dem Ende des 18. Jahrhunderts liegen, lieferten in dieser Richtung zu den portugiesischen Entdeckungen eine nicht besonders große Summe von Aufschlüssen über dieses schwer zugängliche Land. Die Portugiesen selbst hatten Ansiedelungen sowohl aus kommerziellen als religiösen

Endzwecken gegründet, und zwar auf den zwei entgegengesetzten Küsten von Südafrika; wir wissen mit Bestimmtheit, daß sie zu wiederholten Malen in Handelsgeschäften selbst bis Timbuktu vorgedrungen sind; allein die beklagenswerte Politik der portugiesischen Regierung bestand, wie im grauen Altertume die der Phönizier, darin, die Kenntnis von ihren Unternehmungen und von ihren Kolonien anderen Völkerschaften zu verheimlichen.

Diesem Umstände haben wir es dann auch zuzuschreiben, daß die Nachrichten von den Reisen, welche I. Rodriguez im Auftrage des Vorgängers Emanuels des Großen und des Königs Johann II. von Portugal in die Senegalländer und nach Arguin gemacht hat, den portugiesischen Autoren unbekannt geblieben sind. Und sie wären, wie so viele andere, für die Geschichte ganz verloren gegangen, wenn Rodriguez seinem deutschen Freunde, Valentin Ferdinand (wahrscheinlich ein Nürnberger, welcher 1495 als Buchbinder nach Portugal gekommen war), diese nicht anvertraut hätte. Valentin Ferdinand sammelte diese und andere Nachrichten über die Entdeckungen in Afrika bis zum Jahre 1508 und hat uns auf diese Weise eine völlig unbekannte Chronik der Entdeckungen von Diego Gomes, einem verdienstvollen Seefahrer, der noch unter dem Infanten Heinrich und später diente, wie es bis jetzt scheint, vollständig erhalten. Jene Handschrift fand glücklicherweise ihren Weg nach München.[1] Besonders wertvoll sind Ferdinand Valentins Nachrichten über

---

[1] Vgl. die Zeitschrift. Ausland vom 30. Mai 1856 und die Abhandlungen der kgl. baier. Akad. der Wissensch. III. Cl. VIII. Nd.

den Handel der Küstenbevölkerung mit Innerafiika, über die Oase Wadan nach Timbuktu und das vielgesuchte Gyni, welches er als eine große unermeßliche Stadt in dem damals seinem Untergange zueilenden Sultanate der Mollier schilderte. Drei Handelsartikel waren es, welche vorzüglich die Verbindung des nördlichen Afrika mit den Negerländern jenseits der Sahara von Alters her lebendig erhalten haben: Negersklaven, Salz und Goldstaub. Gyni, als der Stapelplatz für das Gold hat dem alten Guinea (ein geographischer Begriff, der sich im Laufe der Zeiten verschoben hat), nicht nur den Namen, sondern auch den Ruf eines Goldlandes verschafft, welches so unwiderstehlich zu Entdeckungen jenseits des Cap Bojador anregte. Merkwürdig in Bezug auf den Goldhandel ist die Versicherung Valentin Ferdinands, daß die jetzt verdrängten Azanaphen (die Zenhaga—Berber) im Handel drei Gewichte Goldes gegen ein Gewicht Silber, wegen der örtlichen Seltenheit dieses Metalls gaben. Ein Beispiel ohne Gleichen in der Geschichte der edlen Metalle.

Gleich wichtige Nachrichten über dieses Ländergebiet und ins Besondere über das Reich Ghana an der Nordkurve des Nigerstromes (Kwora) verdanken wir dem unter dem Namen Johann Leo der Afrikaner am bekanntesten gewordenen Marrokkaner Alhasen, der eine Beschreibung von Afrika hinterlassen hat.

In Granada geboren und von da vertrieben, hatte er in Fez seine gelehrten Studien gemacht, worauf er von dem marokkanischen Könige als Gesandter an die Königshöfe Innerafrikas geschickt wurde. 1517 wurde er an der Küste der Syrten von einem Europäer geraubt und als Sklave nach Rom verkauft, wo

Papst Leo X. ihm die Freiheit auswirkte und bei der Taufe den Namen Leo Afrikanus gab. Er beschreibt Timbuktu, wo er zweimal gewesen, als angesehenen Markt, mit schön gebauter Moschee, die von einem geschickten Baumeister aus Granada aufgeführt wurde, und rühmt den Wohlstand, die Gewerbe und den Reichtum dieser Stadt an Gold und anderen Waren.

Die italienischen, portugiesischen und französischen Missionäre verschafften jedoch Europa weit ausgedehntere Aufklärungen über jene rätselhaften Länder. Überhaupt haben sich die katholischen Missionäre nicht unbedeutende Verdienste um die Kenntnis des afrikanischen Kontinents erworben; ja mehrere ihrer Berichte, wie die von Alvarez, dos Santos, Zucchelli, Merolla, Karli, Cawarzi u. A. galten fast Jahrhunderte lang als einzige Quellen für die Kunde einiger Teile Afrikas. Eine der vielen mutvollen Bestrebungen der katholischen Missionäre, in das Innere Afrikas einzudringen, blieb lange Zeit völlig unbekannt; die einzige neuere Notiz verdanken wir John Narrow und dem durch seine Küstenaufnahme im mittelländischen Meere so bekannten Kapitän Smith. Ein im Kloster der Congregation de Propaganda Fide de Tripoli vorgefundenes Manuscnpt enthält nämlich die Nachricht, daß der Priester Carlo Maria von Genua, welcher vom Papste den Titel eines Präfecten von Borno erhalten hatte, in Gesellschaft eines Pater Serafino di Salesia am 20. Juni 1710 von Tripoli abgereist sei, um sich nach dem Innern Nordafrikas zu begeben. Ein dritter Missionär, P. Anastasio, wurde durch Krankheit gehindert, mit den Genannten die Reise fortzusetzen und somit zur Rückkehr gezwungen. Nach Narrow begaben sich die italienischen Missionäre, da ihnen der gerade Weg nach Borno durch Räuber versperrt war, zuerst nach Fessan und waren so die ersten Reisenden neuerer Zeit, welche dieses Land besuchten. Im Jahre 1711 setzten sie ihren Weg von Fessan nach Agades fort, wohin erst im Jahre 1850 wieder ein anderer Reisender, Dr. Barth, gelangte. Obgleich nun die Aufschlüsse der Missionäre hinsichtlich der positiven Geographie von einer sehr unbestimmten Natur sind, da ihren Verfassern nicht das hinreichende Maß der Fachbildung zu Gebote stand, so müssen diese Männer doch immer als ein Gewinn für die Wissenschaft gelten, da ihr Aufenthalt in jenen feinen Gegenden die Eingeborenen an den Anblick von Weißen gewöhnt und dadurch die Bahn für spätere wissenschaftliche Reisende eröffnet haben. Mit Recht nennt daher ein neuerer um die Kunde Afrikas verdienter britischer Forscher, H. Thompson, die Missionäre im Allgemeinen „die unermüdlichen Bahnbrecher der Entdeckung und der Zivilisation."

Eine gleiche Bedeutung wie die Nachrichten der vorerwähnten Reisenden besitzen, kann mit wenigen Ausnahmen den Ermittlungen, welche wir Reisenden und Missionären von einzelnen anderen Teilen des afrikanischen Küstenlandes zu verdanken haben, beigelegt werden: von den Nachbartälern des Senegal und Gambia, von mehreren Gegenden in Guinea, von den in der Nähe des Cap liegenden Ländern, von dem Königreich Habessinien am oberen Nil. Wenn man die Grundlage berücksichtigt, auf welcher diese Aufschlüsse größtenteils beruhen, so kann man nicht umhin, den Scharfsinn zu bewundern, welchen der berühmte d'Anville bei seiner Beurteilung und Bearbeitung der Materialien entfaltet hat, die er bei der Ausarbeitung seiner großen Karte über Afrika im Jahre 1749 benutzte. Und in der Tat, will man den Zustand der afrikanischen Geographie um die Mitte des 18. Jahrhunderts genau studieren, so muß man die Karte d'Anvilles zur Hand nehmen.

Das Ende dieses Jahrhunderts bezeichnet jedoch eine große Epoche in der geographischen Geschichte dieses Weltteils.

Das, was die Bildung der britischen Gesellschaft zur Beförderung afrikanischer Entdeckungen (1788) zu einer epochemachenden Begebenheit stempelt, ist nicht allein der starke Impuls, welchen diese Gesellschaft zu Reisen und Untersuchungen gibt, sondern namentlich das neue Gepräge, welches sie den Nachforschungen aufdrückt. Von da an haben nämlich die Beobachtungen der Reisenden eine wesentlich wissenschaftliche Richtung nehmen müssen. Mit der Naturgeschichte und der noch immer ziemlich oberflächlichen Beschreibung der Völkerschaften haben die Reisenden ein allgemeineres und besser geordnetes Studium von den Terrain— und den klimatologischen Verhältnissen des Landes verbinden müssen. Man hat einen besonderen Wert auf astronomische Bestimmungen gelegt, weil nur dadurch die Punkte auf den Entwürfen der Karten angegeben werden können, welche unerläßlich und das einzig sichere Mittel sind, um für die Routen der Karawanen und Reisenden untrügliche Anhaltspunkte zu erhalten. Das Studium der Völkerschaften wurde dadurch genauer und gründlicher. Der Typus der verschiedenen Rassen ist mit einer gewissenhaften Treue, welche frühere Berichte nicht gekannt haben, geschildert und dargestellt worden. Man hat ihre moralischen Ideen und religiösen Überzeugungen erforscht, ihre Sitten und Gebräuche verglichen und, so gut man es vermochte, ihre unbedeutenden Sagen gesammelt. Ferner ist ein ganz neues Studium, nämlich das Studium der afrikanischen Sprachen, sozusagen, geschaffen worden und dieses Studium und die Schlüsse, die man aus denselben gezogen hat, haben bereits zu neuen und völlig unerwarteten Resultaten hinsichtlich der Verteilung der Rassen geleitet, welche Afrika bevölkern und gleichfalls auf die gegenseitige Begrenzung derjenigen Gruppen ein Licht verbreitet, welche man jetzt schon wahrnehmen kann. Endlich hat man auf den Küstenländern des mittelländischen Meeres in dem langen Niltal Cyrenaica und dessen Oasen, in Tripoli, Tunis und Algier mit archäologischer Strenge die Altertümer und deren Inschriften studiert, und aus diesem Studium, welches das 18. Jahrhundert kaum geahnt hat, ist für Ägypten eine neue Wissenschaft, die Wissenschaft der Hieroglyphen, hervorgegangen, welche schon berühmte wissenschaftliche Bearbeiter aufzuweisen und von ihrem ersten Anfang an zu wichtigen Resultaten für die älteste Geschichte der Welt geleitet hat.

Einige dieser Untersuchungen, namentlich diejenigen, welche auf das vergleichende Sprachstudium ausgehen, verdanken wir den Forschungen unserer Gegenwart, welche immer ihr Ziel höher und höher stellt und immer größere Schärfe hinsichtlich ihrer Resultate erreicht; jedoch schon die von der afrikanischen Gesellschaft von 1788 hervorgerufenen Expeditionen bieten jenes Gepräge Wissenschaftlicher

Untersuchungen, welches sie hoch über die Mehrzahl früherer Berichte stellt. Die Namen eines Browne, Ledyard, Hörntmann und Mungo Park sprechen deutlich genug von dem ehrenvollen Erfolge dieser Gesellschaft schon während ihrer ersten Epoche und von den großen Diensten, welche sie der Erforschung des Innern von Afrika geleistet hat.

Die Reisen, welche unter der Aegide der afrikanischen Gesellschaft unternommen wurden, mußten notwendigerweise unter der allgemeinen Verwirrung der ersten Jahre unseres Jahrhunderts leiden; die Erneuerung des Weltfriedens im Jahre 1815 gab ihnen einen neuen Stoß vorwärts. Die begonnenen Forschungen wurden fortgesetzt und viele neue erweiterten immer mehr den Kreis der Kenntnisse. Wichtige Untersuchungen fanden auf demjenigen Teile der afrikanischen Küste statt, welche von dem mittelländischen Meere bespült wird, ferner auf den Küsten des atlantischen, des indischen und des roten Meeres. Eine vollständige Umsegelung des Festlandes wurde mit der ganzen Strenge und Genauigkeit unternommen, welche die Nautik erheischt. Seemänner Frankreichs und Englands überboten einander in Eifer und Tätigkeit, diese unermeßliche Aufgabe zu lösen, sowie auch die Forscher beider Nationen sich bestrebten, den Kreis der Kenntnisse hinsichtlich der inneren Teile des Landes zu erweitern. Es muß indes gesagt werden, daß in diesem edlen Wettstreite zweier Nationen, ein Wettstreit, welcher auf die blutigen Kämpfe des Schlachtfeldes folgte, der größte Teil der Unternehmungen und Resultate England zu verdanken ist, welches in einer ihm eigentümlichen Weise von kommerziellen Rücksichten angespornt wurde, ohne welche nun einmal in England nie etwas Bedeutendes auf dem Felde der Entdeckungen zu Stande kommt. Es gibt namentlich zwei große Gegenden, deren Untersuchung ausschließlich den Briten zu verdanken ist: im Norden das Centralbassin des Tsadsees und die niedriger liegenden Teile des Nigertales; im Süden die unermeßlichen Länderstrecken, welche sich von den Cap-Colonien nach dem Äquator hin ausdehnen. Die unmittelbare Untersuchung, ja, man darf fast sagen, die Entdeckung des Tsadsee (1823) eines großen Binnenbeckens im Sudan, dessen Existenz man nur aus den ziemlich unbestimmten Berichten der alten arabischen Reisenden kannte, hat Clapperton und Denham in die Reihe der vorzüglichsten neuen afrikanischen Entdeckungsreisenden eingeführt.

Namentlich aber während der letzten Jahre hat sich bezüglich der Anstrengungen der afrikanischen Forschungen ein doppelter Eifer gezeigt, und diese Anstrengungen sind bereits auf mehreren Punkten mit außerordentlich wichtigen Entdeckungen belohnt worden, die wiederum die Bahn für noch größere und entscheidendere Resultate eröffnet haben. Gleichzeitig an allen Punkten seines unermeßlichen Umkreises angegriffen, hat Afrika den europäischen Forschern täglich einige der Geheimnisse seiner inneren Geographie entschleiern müssen.

Kapitän Necroft, der im Jahr 1844 eine große Nigerfahrt mit einem Schraubendampfer unternahm, nachdem die britische Regierung 5000 Pfd. St. für diese Expedition ausgeworfen hatte, ferner Forbes, Duncan, Irving und andere englische Seeoffiziere haben in hohem Grade den Kreis unserer Kenntnisse von der Beninbucht und von Guinea hinsichtlich der inneren Geographie und der Negerbevölkerung dieser Gegenden erweitert. Die Missionen der anglikanischen Kirche und die des deutschen Missionärs Schön haben gleichfalls ihren Anteil an der Erweiterung der geographischen und ethnologischen Studien der offiziellen Forscher, und man hat ihnen erst, kürzlich höchst lehrreiche Mitteilungen über verschiedene Völkerschaften in der Nähe von Sierra—Leone zu verdanken. In dem Lande am Ober—Senegal herum erinnern wir an die glücklichen Untersuchungen eines Raffenel (1846) und eines Hecquard, welcher im Jahre 1850 in die Fußstapfen des Erstgenannten trat. In dem südlichen Teile des Festlandes knüpfen sich die Namen Livingston, Galton und Andersson an sehr umfangreiche Untersuchungen und Entdeckungen zwischen den portugiesischen Besitzungen auf beiden Küsten und der britischen Kolonie auf dem Cap. Lange Zeit hindurch hat kein Reisender in die inneren Teile von Marokko oder in die Täler des westlichen Atlas einzudringen vermocht; allein die französische Niederlassung in Algier ist ein Hauptsitz fruchtbringender Studien und umfassender Untersuchungen des ganzen nördlichen Erdstriches dieses Weltteils geworden. Das große Werk, welches unter dem Titel „Description scientifique d'Algérie" herausgegeben wird, enthält bereits eine große Menge mannigfacher Aufklärungen und alte Stücke in Betreff der physischen Geographie, der Naturgeschichte, der Ethnographie und der Antiquitäten, und außerdem eine große Anzahl individueller Berichte und Arbeiten voll neuer Tatsachen und nützlicher Aufklärungen. Das Studium der positiven

Geographie geht hier Hand in Hand mit physischen und ethnographischen Untersuchungen, und vorzügliche Karten, welche wir der Unermüdlichkeit französischer Ingenieure zu verdanken haben, begleiten immer die offiziellen Mitteilungen. Die Forschungen französischer Offiziere beschränken sich übrigens nicht allein auf diese Kolonie, es werden auch täglich Erfahrungen über die angrenzenden Länderstrecken und namentlich über den Teil der großen Wüste gesammelt, welche Algier von den Königreichen des Sudan trennt.

Hinsichtlich der östlicheren Teile der atlantischen Küste bis zu der Landzunge, welche Afrika mit Asien verbindet, müssen wir nächst dem gelehrten Tagebuche, welches vor einigen Jahren von. Barth herausgegeben wurde, die Aufmerksamkeit auf eine kleine Schrift lenken, in welcher Bayle Saint John seinen Bericht über einen Ausflug nach der Oase Siwah, den er im Jahre 1847 unternahm, niedergelegt hat. In einer humoristischen und höchst anziehenden Darstellung hat der Verfasser hier einen sehr lehrreichen Bericht von dieser Oase geliefert, welche ehemals von Alexander besucht wurde. Die übrigen Oasen, welche, weiter den Sudan, eine lange Kette im Westen des Niltales bilden (Wada'i und Kordofahn), haben gleichfalls während der letzten Jahre den Stoff zu wichtigen Schriften geboten[2]. Selbst das Niltal ist in seinem oberen Teile der Gegenstand einer großen Untersuchung gewesen, welche auf Befehl des Muhammed Ali (1840) unternommen wurde; und obgleich die Wissenschaft zu beklagen

---

[2] Alfr. Brehm, Reiseskizzen aus Nord-Ost-Afrika. 3 Teile. Jena 1855

hat, daß der Bericht des französischen Ingenieurs d'Arnaud, welcher diese Untersuchung leitete, nicht im Druck erschienen ist, so macht doch die persönliche Mitteilung eines deutschen Reisenden, Ferdinand Werne, welcher sich der Expedition angeschlossen hatte, diesen Mangel weniger fühlbar. Der österreichische Consul Dr. Reitz, die Provicar Dr. Knoblecher, der Missionär Gostner aus Tirol und Andere noch neuere Reisende sind auf dem weißen Nil selbst bis über den Punkt hinaus vorgedrungen, auf welchem die Expedition d'Arnauds Halt machen mußte; und im Ganzen genommen ist der Fluß in diesem Augenblick bis etwas weniger als 4 Grad vom Äquator ausgeschifft worden. Noch zwei— bis dreihundert Meilen (4—5 Grad) einer fortgesetzten Segelfahrt in derselben Richtung, und man wird unzweifelhaft auf die wirklichen Quellen des Nil stoßen, welche so viele Jahrhunderte hindurch der Gegenstand fruchtloser Nachforschungen gewesen sind. Das Ziel wurde, wenn auch nicht erreicht, so doch wenigstens von der Ferne erblickt, und unser Zeitalter kann sich mit der Hoffnung schmeicheln, endlich die Lösung dieses großen geographischen Rätsels zu finden.

Zwischen dem großen Arm des Nil (Bahr—el—Abyad oder dem weißen Fluß) und dem roten Meere erhebt sich ein Alpenland, Habessinien genannt, dessen Gewässer von einem Nebenfluß des Nil (Bahr—el—Azret oder dem blauen Fluß), welchen man längere Zeit für den wirklichen Nilfluß angesehen hat, während er nur ein in denselben mündender Nebenfluß ist, aufgenommen werden. Keine Gegend, nicht allein in Afrika, sondern in der ganzen

Welt, ist während der letzten zwanzig Jahre das Ziel so vieler und so wichtiger Reisen gewesen. Eine unermeßliche Menge physischer, geographischer, naturgeschichtlicher, ethnographischer und historischer Begriffe haben in hohem Grade den Vorrat von Kenntnissen von diesem Lande vergrößert, welchen wir zahlreichen Reisenden, die hier während der letztverflossenen drei und einem halben Jahrhunderte auf einander folgten, zu verdanken haben. Sämtliche Nationen der Christenheit sind hier durch ausgezeichnete Forscher repräsentiert, von welchen mehrere einen hohen Rang in der Wissenschaft erlangt haben. Frankreich durch Lefebre, Röchet d'Hericourt, die Gebrüder Abbadie, Ferret und Galinier; England durch Neke, Harris, Johnson und Pater Gobat; Italien durch Pater Sapeto; Deutschland durch Krapf, dessen Reisegefährten Isenberg, Rüppel, Russegger — eine ausgezeichnete Phalanx, welcher noch mehrere andere Namen hinzugefügt werden könnten. Habessinien ist, als das Ziel gelehrter Forschungen, ein vor allen andern begünstigtes Land gewesen.

Einer der Reisenden, deren Namen wir soeben verzeichnet haben, der Missionär Krapf, hat sich später auf einem andern Schauplatz eine noch größere geographische Berühmtheit erworben. Im Jahre 1844 erhielt er von der Londoner Missionsgesellschaft den Auftrag, im Verein mit Rebmann eine Missionsniederlassung, in der Nähe von Mombaz auf der Ostküste Südafrika zu gründen, und seit jener Zeit hat er sich vollständig der Aufgabe hingegeben, die ihm angewiesen wurde. Um sich in unmittelbare Verbindung mit den umwohnenden Völkerschaften zu setzen, hat er sich ihre verschiedenen Sprachen angeeignet; um diese barbarischen Völker für das Evangelium empfänglich zu machen, hat er sich mitten unter sie begeben, dort ihre Sitten und Gebräuche, ihre religiösen Begriffe und Vorstellungen studiert. In jedem Jahre seit 1844 wurde eine dieser Exkursionen unternommen, oft in ziemlich bedeutender Entfernung von Mombaz, teils in westlicher, teils in nördlicher, teils in südlicher oder südwestlicher Richtung, und jede dieser Exkursionen ist der Gegenstand ausführlicher Berichte gewesen, die sämtlich nach und nach von der Londoner Missionsgesellschaft in den Druck gegeben worden. Krapf ist weder Gelehrter noch Geograph im strengeren Sinne des Worts, allein er ist ein kenntnisreicher Mann, ein feiner Beobachter, ein genauer Erzähler, und wir kennen wenige Berichte, welche eine größere Masse wirklicher Aufschlüsse über das Land und dessen Bewohner geben, als diese einfachen und prunklosen Berichte. Die geographischen und ethnographischen Mitteilungen, welche man hier findet, sind ganz neu; auf einem Flächenraum von mehreren Graden, woselbst die Karte zehn Jahre früher einen vollkommen leeren Raum darstellte, erscheinen hier eine Menge Namen von Völkerschaften, Flüssen, Bergen, Dörfern und kleinen Städten. Auf einem seiner Ausflüge gen Westen hat Krapf eine Bergkette zu Gesicht bekommen, von welcher einige sehr hohe Gipfel mit Schnee bedeckt sind, welche Eigenschaft denselben in der Sprache der Eingeborenen den bezeichnenden Namen der weißen Berge verschafft hat. Von dieser Bergwand aus in einer Entfernung von der Küste von zwei— bis dreihundert

Weilen d.h. 4—5 Grad) haben die bedeutendsten Flüsse, welche die Gegenden bewässern, ihren Ursprung. Jenseits dieser Berge findet man laut der Berichte der Eingeborenen eine sumpfige Länderstrecke mit großen Landseen, von welchen mehrere Flüsse ausströmen, die sich später zu einem großen Fluß, welcher die Richtung gen Norden nimmt, vereinigen. Krapf bezweifelt nicht, daß dieser Fluß, der somit seine Quellen 4—5 Grad südlich von dem Äquator haben muß, der obere Teil von Bahr—el—Abyad ist; und aller Wahrscheinlichkeit nach dürfte diese Vermutung begründet sein. Es war die Absicht des Missionärs, auf einem seiner späteren Ausflüge über jene weißen Berge bis zu dem großen Landsee vorzudringen, von welchem der Fluß des Nordens seinen Ursprung nimmt.

Als die Krone der Entdeckungsreisen in dem brennenden Kontinente ist jedoch die fast gleichzeitig begonnene Expedition, welche Barth mit Richardson und Overweg unternommen hat, und welcher sich später Vogel anschloß, zu betrachten. Diese großartige Expedition, welche die Durchforschung des Innern von Afrika in allgemein menschlicher, wissenschaftlicher und kommerzieller Hinsicht zur Aufgabe hatte, die Untersuchungen englischer Reisenden in Südafrika, nördlich des Caps, sowie die Reisen des Dr. Krapf in Ostasien bilden die drei Ausgangspunkte der afrikanischen Entdeckungsreisen unseres Zeitalters. Aber keine Erforschung ist von so hoher Bedeutung und von so großem Interesse, als diejenige, für welche sich der Heldengeist der Reisenden das Innere Afrikas zum Schauplatze ausersehen hatte, und deren Geschichte wir erzählen wollen.

II.

Richardson, Barth, Overweg.

Expedition der britischen Regierung zur Erforschung des Innern von Afrika — Reise durch die Sahara.

Die Idee zu der Entdeckungsreise, in das Innere von Afrika, ist von dem Engländer James Richardson, der als erstes Opfer derselben fallen sollte, ausgegangen. Seine erste Reise hatte er im Jahre 1845 und 1846 durch den nördlichen Teil von Sahara, Tripoli, nach Ghadamis, Ghat und Mursuk gemacht und zwar mit dem bestimmten Zwecke, dort die Zustände des Sklavenhandels, dessen Ausdehnung und die Bedingungen, unter welchen derselbe stattfindet, zu untersuchen. Er hoffte damals schon dauernde Verbindungen mit den Eingeborenen anzuknüpfen und es dahin zu bringen, daß ein einträglicher Handel mit erlaubten Waren an die Stelle des schändlichen Menschenhandels treten könne. Diese erste Reise bestärkte nur seine Hoffnung; er entwarf darum bald nach seiner Rückkehr den Plan zu einer Expedition nach Mittelafrika, um dort Handelsverbindungen anzuknüpfen. Dieser Plan erhielt im Sommer 1849 die Genehmigung und Unterstützung der britischen Regierung. Der damalige preußische Gesandte am britischen Hofe, Ritter Bunsen, der durch seine hohe amtliche Stellung, namentlich aber durch langjährige befreundete Verhältnisse mit den britischen Staatsmännern aller Parteien auf dieselben einen großen

Einfluß ausübte, ging bei dieser Gelegenheit sofort auf des berühmten Geographen, A. Petermanns Idee ein, daß dem britischen Reisenden Richardson, dessen Kenntnisse für die großen und umfassenden Zwecke, der Expedition bei weitem nicht ausreichend gewesen zu sein scheinen, ein junger deutscher Gelehrter als Naturforscher mitgegeben werden möchte. Bunsen erwirkte sehr bald die Erlaubnis der britischen Regierung hierzu, aber die Mittel, diesen Plan zur Ausführung zu bringen, waren in England nicht so leicht zu erlangen. Bunsen sah sich genötigt, sich deshalb nach Deutschland und zunächst nach Berlin zu wenden.

In Berlin befand sich eben zufällig Dr. Adolph Overweg, ein geborener Hamburger, der sich mit Geologie und den Naturwissenschaften im Allgemeinen beschäftigt hatte. Als an diesen die Aufforderung erging, Richardson als Naturforscher zu begleiten, erklärte er sich sofort dazu bereit. Die Berliner geographische Gesellschaft hatte das Verdienst, durch Bewilligung von 1000 Tlrn. zu vorläufiger Bestreitung der Reisekosten Overwegs Mitsendung zu ermöglichen.

Bei Weitem am Wichtigsten bei dem Entschlüsse Overwegs war, daß durch denselben sein Freund und Landsmann, Heinrich Barth, welcher Historiker, Archäologe und Sprachforscher war, bestimmt wurde, sich der Expedition anzuschließen, und zwar, wie er ausdrücklich erklärte, auf eigene Kosten. Da nach dem Schlüsse der langen Beratungen in England über das Stattfinden der Reise deren endliche Ausführung sehr beeilt wurde, so mußte der Entschluß sehr rasch gefaßt werden. Es geschah dies in der Tat bei Barths Energie im Verlauf weniger Tage, und da Bunsen unseren Reisenden von seinem früheren Aufenthalte in London persönlich kannte, so verwandt er sich auch für ihn bei der britischen Regierung aufs Bereitwilligste und zwar mit dem erwünschtesten Erfolge. Man begriff nämlich in England sehr wohl, daß ein Mann von Barths gründlicher Kenntnis der afrikanischen Verhältnisse und von seinem Sprachtalente, besonders aber seiner Kenntnis des Arabischen und seinem abgehärteten Körper ein überaus nützliches Mitglied der Expedition sein würde. Dennoch ließ man sich, obwohl Richardsons geistige Kräfte und Kenntnisse nur einigermaßen erhebliche Resultate der Reise keineswegs in Aussicht stellten, nicht dazu stimmen, für Barths und Overwegs Reise bis Fessan mehr als 100 Pfund Sterling und nicht mehr als weitere 100 Pfund für die Reise von Fessan nach Borno als Beihilfe zu bewilligen, d.h. zusammen gerade eben nur so viel, als Mungo Park zur Ausführung seiner ersten unsterblichen Reise von der englischen Regierung erhalten hatte.

Die geographische Gesellschaft bewilligte später aus ihren Mitteln einen weiteren Zuschuß von 1000 Tlrn. zu gemeinschaftlicher Unterstützung Overwegs und Barths, eine Summe, die durch die Gnade des Königs Friedlich Wilhelm IV. mit 1000, und durch die physikalische Gesellschaft in Königsberg mit 700 Tlrn. und durch Private ferner um noch 300 Tlr. verstärkt wurde. Aber die so auf etwa 2000 Tlr. angewachsene Summe gelangte nicht mehr an ihre Bestimmung, da längere Zeit von den Reisenden keine Nachricht eingegangen war und man deshalb in London nicht wußte, wohin das Geld gerichtet werden sollte, später Overwegs Tod erfolgte und endlich Barth gewissermaßen in die Dienste der britischen Regierung als Richardsons Nachfolger trat. Ein Teil der Summe wurde später bei dem Abgange der Reisenden Vogel und Bleek nach Afrika zu deren Ausrüstung verwandt.

Was die ferneren Unterstützungen von England betrifft, so wurde zufolge des am 30. Nov. 1849 zu London abgeschlossenen Vergleichs den beiden Deutschen für den Fall, daß sie sich von Richardson trennen und im Osten von Borno Untersuchungen vornehmen wollten, ein weiterer Nachschuß bewilligt. Wie wenig aber, fast von Anfang an, die der Expedition zu Gebote gestellten Mittel ausreichten, zeigte am besten Richardsons Beispiel, der, obgleich als Bevollmächtigter des großen und reichen Großbritanniens reisend, gleich nach dem ersten halben Jahre und noch zu einer Zeit, wo die Verbindung mit Tripoli völlig offen war, zur Bestreitung der Direktionskosten, sich in die Notwendigkeit versetzt sah, von Barth einen Vorschuß zu entnehmen, dann die Tatsache, daß dieser Reisende ein dreiviertel Jahr später mit Schulden gegen Diener und Begleiter starb, weshalb Barth, um die Ehre des britischen Gouvernements aufrechtzuerhalten , sich genötigt sah, mit Hilfe seiner eigenen Mittel Richardsons Gläubiger zu befriedigen.

Schon Mitte November 1849 verließen die beiden Freunde voll heitern Mutes, unbekümmert um die ihnen wohlbekannten Gefahren auf dieser weiten Reise, Berlin und begaben sich nach kurzem Aufenthalte zu London und Paris nach Marseille, von wo sie ein Dampfschiff nach Afrika führte, dessen Boden sie zuerst zu Philippeville am 11. Dezember erreichten. Mit dem Dampfer gelangten sie weiter nach Noua, dann nach Tunis, wo noch viele Reisebedürfnisse angekauft werden mußten, welche in Tripoli, dem natürlichen Eingangstore in das Innere von Afrika, wo sich die Glieder der Expedition vereinigen sollten, nicht zu beschaffen waren, und endlich auf dem Landwege längs der Meeresküste über Susa, Sfax und Dscherbie nach Tripoli selbst. Hier in Tripoli, von wo aus die Reise weiter geschehen sollte, fanden sich im Januar 1850 die drei Reisenden zusammen. Während Richardson in dieser Stadt zurückblieb, um die Vorbereitungen zu Ende zu führen, übernahmen es Barth und Overweg, die Beigegend zu untersuchen, welche sich ungefähr dreizehn Meilen von Tripoli unter dem Namen der Ghariangebirge in einer Ausdehnung von vierzig Meilen von W.S.W. bis O.N.O. erstrecken. Die Ghariangebirge[3] (Troglodytgebirge) sind, genau betrachtet, kein Gebirge, sondern der äußere Rand einer Hochebene, welcher sich 1600—2000 Fuß über das Meer erhebt, und steinig und trocken ist, wie der westliche Teil desselben Randes, so daß man nur in den Wadien, d.h. den Tälern der Vegetation, Oliven, Feigen und Datteln baut. Der Teil der Ghariangebirge, welcher direkt südlich von Tripoli liegt und speziell mit dem Namen Gharian bezeichnet wird, ist der höchste, und seine mittlere Höhe beträgt 2200—2300 Fuß. Gegen Westen sind die Gebirge etwas niedriger und

---

[3] Die ersten ausführlichen Nachrichten über dieses Gebirge verdanken wir dem schwedischen Gelehrten Dr. Rothmann (1776) und der britischen Forscherin Fessan, Cap. Lyon.

gen Osten senken sie sich allmälig bis an das Meer bei den Ruinen von Leptis. Die eigentlichen Ghariangebirge tragen Spuren vulkanischer Bildungen, welche ganz und gar in dem übrigen Teile dieser Berge fehlen; der höchste Gipfel (Tekut 2800 Fuß) ist ein ausgebrannter Vulkan; der Boden ist hier ein roter, fetter, im höchsten Grade fruchtbarer Ton, welcher von den üppigsten Olivenplantagen und Safranfeldern bedeckt ist. In diesem Ton höhlen die Eingeborenen ihre unterirdischen Wohnungen aus. Westlich von dem gharianischen Distrikt tritt uns der weit niedrigere Distrikt Tachonah entgegen, woselbst Getreide in Menge angebaut wird und zahlreiche Ruinen von Türmen, Monumenten usw. an die Römer erinnern. Weiter gen Osten bis ans Meer hinab in dem Distrikt Mesellata befinden sich die reichen Olivenwaldungen der Regentschaft Tripoli. Es war um die glücklichste Jahreszeit, nämlich im Monat Februar, als dieser Ausflug unternommen wurde; die Vegetation stand in ihrer vollen Kraft, die Luft war kühl und angenehm, dann und wann jedoch kalt zu nennen. Eines Morgens vor Sonnenaufgang zeigte das Thermometer 2 bis 3 Grad unter dem Gefrierpunkt und am 2. und 2. Februar sahen sich die Reisenden genötigt, wegen des Schneewetters in ihren Zelten zu bleiben. Allein es war gewiß auch ein, für diese Gegend ungewöhnlich strenger Winter. In Sokna welches 3 Grad südlich und 1000 Fuß hoch liegt, fiel der Schnee in solcher Menge, daß die Einwohner in Furcht gerieten, derselbe würde ihre Häuser zerstören, und in Mursuk, welches noch 3 Grad südlicher liegt, kam auf den Wasserlachen fingerdickes Eis zum Vorschein.

Nachdem die beiden Reisenden von diesem kürzeren Ausflüge zurückgekehrt waren, verschob sich der endliche Aufbruch zur Reise noch um einige Wochen, namentlich, weil das sehr unruhige Wetter die Ankunft mehrerer wichtiger Gegenstände und besonders Instrumente von Malta aus verzögerte, unter welchen das allerwichtigste ein flaches, leichtes Boot, bestimmt zum Befahren des Tsadsee, war; ein Boot, aus welchem wahrscheinlicherweise für den Augenblick die ganze Flotte des Scheichs von Borno besteht. Als dieses Boot endlich eintraf, wurde es in vier Stücke geteilt und von vier Paar Kamelen durch die Wüste getragen.

Endlich gegen Ende März 1850 war die Expedition zum Aufbruch bereit. Da die große Karawane vorausgezogen war, so bildeten die Reisenden eine besondere kleine Karawane von 40 Kamelen, welche ihre Effekten und Waren trugen; außer den drei Europäern befanden sich in diesem Zuge ein Dolmetscher, Namens Uusuf Moknee, zwei arabische Reiter (chaouches) mehrere Diener, unter denen ein Schwarzer aus Sudan, welcher fließend arabisch, italienisch und französisch sprach; ferner ein Bagirmi-Neger, welcher mehrere Sprachen des inneren Afrika redete; endlich mehrere freie Neger, welche unter dem Schutz der Reisenden in ihre Heimat Haussa[4], Borno und Mondava zurückkehrten.

---

[4] Das Fellata-Reich Haussa wird gleichfalls und sehr oft Sudan genannt: allein da dieser Name oft in einem weiteren Sinne, von dem ganzen Gürtel des inneren Afrika im Süden von Sahara, von dem mittelsten Lauf im Westen des Nigers bis nach Darfur im Osten gebraucht wird, so ist, um Mißverständnisse zu vermeiden, im ganzen Verlauf dieser Darstellung Haussa nur in dem weiteren Sinne genommen, in

Den Weg, welchen die Reisenden von Tripoli nach dem Tsadsee einschlugen, ging allerdings, wie der gewöhnliche Karavanenzug, nach Mursuk, wich aber im Übrigen sonst nicht wenig von demselben ab. Man zog z.B. schon auf einem westlicheren, weniger besuchteren Wege, nach Mursuk, während der gewöhnliche Weg (den Vogel später wählte) sich östlich über Bendscholid und Sokna zieht, und anstatt von Mursuk direkt südlich über Bilna durch das Land der Tibbos zu gehen, zog man gen Westen nach Ghat, um durch das Gebiet der Tuareg, namentlich des bis jetzt von den Europäern wenig besuchten Air[5] Sudan zu erreichen.

---

welchem es außer vielen kleineren Staaten von Osten nach Westen, Wadien (östlich vom Tsadsee), Borno (westlich und südwestlich von Tsad), Haussa, Timbuktu und Bambarra am Niger umfaßt.

[5] Man kann Sahara, beziehentlich der vorherrschenden Bevölkerung in drei Gebiete teilen. Im fernen Westen von der Küste bis an den großen Handelsweg von Timbuktu nach Tuat. Südlich bis zum Nieder-Senegal wohnen Araber; dieselben sprechen einen arabischen Dialekt, leben ganz wie die Beduinen, sind aber, namentlich diejenigen, welche an der Küste wohnen, die sittlich am tiefsten gesunkenen von allen Arabern. Vom Karawanenweg zwischen Timbuktu und Tuat gen Westen, bis zum Wege von Mursuk nach Katsena gen Osten wohnen Tuareg oder Tuariken, ein ursprünglich afrikanischer Berberstamm, welcher eine Berbersprache redet, von kupferner (zuweilen jedoch von ganz weißer oder ganz schwarzer) Farbe, mit europäischen Gesichtszügen. Sie sind Muhammedaner und das kräftigste Volk der Sahara. Das östliche Gebiet der Wüste wird von den Tibbos (Tebu) bewohnt, gleichfalls ein ursprünglich afrikanisches Volk, schön gebaut, vom glänzend schwarzer Farbe, jedoch ganz ohne die den Negern eigentümlichen Gesichtszüge; diese haben eine eigentümliche Sprache, sind teils Muhammedaner, teils Heiden. Im Westen haben sie die Tuareg zu Nachbarn, im Süden reichen sie bis an den Tsad, im Norden früher bis an

Von Tripoli zog die Karawane über die sandige Küstenebene mit ihren Dattelpalmen durch die Ghariangebirge auf das hinter denselben liegende öde Hochland, welches sich weit gen Süden bis nach Hamada erstreckt, jedoch im Ganzen gen Süden bis 500 Fuß und noch mehr gen Osten in der Höhe abnehmend, durchschnitten von einer Menge breiter Täler und immer mehr die Natur der Sahara sich aneignend. Während die Ghariangebirge, welche in dem Regengürtel liegen, in ausgezeichnetem Grade die Negation, die Oliven— und Feigenplantagen der Berbern entfalten, so verschwinden allmälig auf der Hochebene die Olivenbäume und die Kornfelder; es fällt dort kein Regen, sondern höchstens nur dann und wann ein kleiner Regenschauer, und der heiße Wind der Wüste begegnet schon hier dem Reisenden und zehrt mit seinem brennenden Atemzuge sowohl an den Kräften der Tiere wie der Menschen.

Auf einer solchen Reise durch dergleichen öde Strecken nimmt es kein Wunder, wenn der Reisende erfreut ist, plötzlich an einer Stelle, wo die Felsen sich erweitern, auf eine kleine Oase, wie die, welche Misda genannt wird, zu stoßen; dieselbe ist von Arabern bewohnt, hat nur 300 Palmbäume, ein halbes

---

den großen nordafrikanischen Oasenzug, von welchem sie im Laufe der Zeit durch arabische Nomadenstämme, südwärts gedrängt wurden, im Osten aber haben sie eine noch ganz unbekannte Grenze gegen arabische Stämme. Sie sind von frühern Ansiedelungen an manchen Orten von eingewanderten arabischen Stämmen vertrieben. Eine Menge wirklicher Neger leben in Sahara unter allen drei genannten Völkern, teils bei denselben als Sklaven eingeführt, teils als freie Handelsleute eingegliedert. Einzelne Juden haben sich des Handels halber in den Oasen niedergelassen.

Dutzend Miniaturfelder mit Gerste besäet und einige wenige Gartenbeete mit Zwiebeln in kleinen Einfriedigungen. Im Nebligen trifft man hier und dort auf der ganzen Strecke bis an Ghariah, welches an dem Rande der großen Hochebene Hamada liegt, auf römische Ruinen, und namentlich sind es die Säulen bei Misda mit den römischen Inschriften und das zu Tagidsche völlig erhaltene römische Grabmonument, dessen Styl ganz an den berühmten Igelstein bei Trier erinnert, welche davon Kunde geben, daß das Land früher im Besitz einer höheren Kultur sich befand. Mit der Südgrenze des eigentlichen Tipolitaniens hörte unzweifelhaft im Altertum das römische Reich oder wenigstens der direkte römische Einfluß auf, d.h. daß in Fessan selbst nicht eine Spur mehr von römischen Überresten gefunden wird. Diese Gegend bildet also auch den Schluß von Barths Tätigkeit als Archäologe. Durch ein wohlkonserviertes römisches Tor sieht man von der Nordseite in das Dorf Ghariah. Die Beschreibung, welche Richardson uns von diesem Dorfe gibt, beweist, welches kümmerliche Dasein die Bewohner der kleinen ärmlichen Oasen führen, wie sie namentlich den Verheerungen der entsetzlichen Saharanatur preisgegeben sind. „In dem westlichen Ghariah", sagt er, „wohnen zwanzig Familienhäupter; allein es gibt dort sehr wenig Kinder, kaum sechzig Seelen im Ganzen, und in dem östlichen Ghariah, welches ganz in der Nähe liegt und sich ein wenig das Ansehen einer Hauptstadt gibt, findet man nur die doppelte Zahl. Weshalb sie nicht längst diese Orte den Schakalen und Raubvögeln überlassen haben, bleibt ein Rätsel. Sie besitzen nicht ein einziges Kamel, sie haben nur zwei bis drei Esel und einige Schafherden und sind in hohem Grade von der zufälligen Einnahme abhängig, welche ihnen die Karawanen verschaffen, indem ihr Tal dieselben auf einige Monate mit dem Nötigen versieht. Zu Zeiten, wo eine größere Regenmenge gefallen ist, verkaufen sie Gerste nach den Nachbartälern; allein dieses Jahr war ein dürres gewesen, und die Ernte in Folge dessen eine geringe. Wenn sie keine Gerste haben, essen sie Datteln, und wenn auch die Datteln ausgegangen sind, fasten sie — eine lange andauernde Faste — und die Hungersnot rafft Einen nach dem Andern dahin. Trotz solcher bejammernswerter Zustände werden doch diese armen Leute mit Steuern geplagt; und in wenigen Jahren wird diese Gruppe von Wadien wahrscheinlich nur dann und wann von den umherstreifenden Arabern besucht werden, und der Ort, wo man ausruhte und sich für die Reise durch die Hamada verproviantierte, wird weiter zurück nach der Nordseite, vielleicht nach Misda, verlegt sein."

Hamada, durch welche die Reise nun weiter ging, eine unermeßliche steinige Wüste von 1300—1600 Fuß Höhe, welche sich ungefähr achtundzwanzig geographische Meilen nach Süden, sechs lange Tagereisen erstreckt. Wie weit sie sich gen Westen ausdehnt, ist unbekannt; im Osten scheint es, als könnten die schwarzen Berge südlich vom Sokna oder der schwarze Harutsch weiter gen Osten den Rand der Hamada bilden. Soweit das Auge reicht, ist kein Baum und keine Spur von irgendeiner Quelle zu erblicken, und die dürftige Vegetation kommt nur hier und dort an der Oberfläche unregelmäßig zum Vorschein. Der Boden ist mit kleinem Gestein bedeckt; Pyramiden von diesem Gestein, mit großer Mühe aufgetürmt, dienen während des Tages den Kameltreibern zu Wegweisern; des Nachts leitet sie der Polarstern und die Antares. Auch die Tierwelt ist spärlich repräsentiert; hier und dort flattern aus dem wenigen Gebüsch einige Stieglitze und Finken auf; nur die begleiten stundenweit die Karawane, während Eidechsen und Schlangen immer quer über ihren Weg dahinkriechen. Die Nacht ist oft sehr kalt mit scharfen Nordwinden, während der Tag brennend heiß ist.

Endlich waren die Reisenden durch die Hamada gewandert, vielleicht die ödeste Strecke auf dem ganzen Wege von Tripoli nach dem Sudan. Von Hamada begaben sie sich einen jähen Abhang hinab nach Wady—el—Hessy, welches 600 Fuß tiefer als Hamada liegt. Darauf betraten sie ein Plateau von schwarzem Sandstein, welcher in einen dunklen gelben Sand zerbröckelt, der die Unebenheiten in der steinigen Oberfläche ausfüllt. Aus dieser Oberfläche erhebt sich der schwarze Felsen in hohen Kegeln mit allerlei phantastischen Gestalten, welche in erstaunlicher Weise an Basaltfelsen erinnern. Ohne diesen gelben Sand würde das ganze Fessan eine leblose Wüste sein, weil in diesem die Palmbäume wachsen und wiederum die Quellen in den mit Palmen bewachsenen Wadien hervorspringen. Das Terrain hebt sich darauf allmälig, ohne jedoch in einem hohen Grade weder zu steigen, noch zu fallen, bis an den Rand des Plateaus von Mursuk und bildet meistens entsetzliche Sandwüsten, welche weit schwieriger zu bereisen sind, als die Hamada, obgleich sie bei weitem nicht eine solche Ausdehnung haben, und auf jede Tagereise wenigstens eine Quelle zu rechnen ist, an welcher gewöhnlich Palmen, zuweilen auch Futter für die Kamele angetroffen wird. Allein nur mit großer Schwierigkeit bewegt sich die Karawane durch den schweren, mühsamen Sand; denn sie hat zugleich den heißen Wind gegen sich. Jeder sitzt, finster vor sich hinblickend, auf seinem Kamele, während diejenigen, welche zu gehen genötigt sind, sich langsam vorwärts schleppen und jeden Augenblick bereit scheinen, in Verzweiflung die Anstrengung aufzugeben und sich niederzulegen, um zu sterben. Ungeachtet sowohl die Kamele wie die Menschen immer die Füße vorwärts bewegen, so scheint es doch, als wenn sie nie weiter kämen. Man vernimmt keinen andern Laut, als den trägen Ruf des Treibers; die Menschen haben keine Kraft, weder zum Sprechen, noch zum Singen, und die vielen Fußtritte geben keinen Widerhall in der Sandwüste. Rote, gelbe oder blendend weiße Wogen heben und türmen sich ringsum in verschiedenen Größen, je nachdem man auf— oder abwärts steigt; hier und dort erblickt man schwarze Flecken, welche schwarze Pflanzen bezeichnen. Jeder Gegenstand verändert und vergrößert sich vor dem Blicke; die Hitze und die schaukelnde Bewegung des Kamels bringt einen leichten Schwindel hervor, und die Außenwelt nimmt eine nebelige Unbestimmtheit ihrer Umrisse, gleichsam wie die von Traumbildern, an. Dies ist ein Wüstenrausch, den man empfunden haben muß, um ihn zu begreifen.

Um so erfreulicher war es für die Karawane, als sie nach Wady—Garbi gelangte, welcher die Sandwüste von der Hochebene Mursuks trennt. Da derselbe reichlich von den herabfließenden Strömen jener Hochebene bewässert und von zahlreichen Bächen durchrieselt wird, so ist er ausgezeichnet angebaut, hat viele Haustiere, viele Waldungen von Dattelbäumen und eine Menge Dörfer. Es war den Reisenden eine wirkliche Labung, unter dem kühlenden Schatten der Palmen dahinzuziehen, diesen Schatten, die sich so schön auf den weißen Sand malen, und mit dem Auge das Flattern der Tauben und anderer Vögel im Gipfel der Palmen zu verfolgen.

Nach Verlauf von neununddreißig Tagen seit der Abreise von Tripoli gelangte die Karawane über die hohe Mursukebene nach Mursuk selbst, der Hauptstadt der Oase Fessan, oder richtiger in die Gruppe von Oasen, welche gemeinschaftlich diesen Namen tragen, und hier viel dichter zusammenliegen, als dies sonst in der Wüste der Fall ist. Wie bekannt, ist Fessan ein Paschalik unter der Oberherrschaft des türkischen Sultans. Fessan wird in zehn Distrikte geteilt, von welchen El—Hoftah, in dem die Stadt Mursuk liegt, der bedeutendste ist. El—Hoftah besitzt einige schöne Gärten, in welchen außer Dattelbäumen mehrere von den Uferfrüchten, als Feigen, Trauben, Pfirsichen, Granatäpfel und Melonen gebaut werden. Obgleich Mursuk sehr hoch liegt, ist es doch ein sehr ungesunder Ort; es liegt nämlich inmitten einer Sandgrube, umgeben von hohen Sandhügeln und in der Nähe von Salzseen, welche abscheuliche Ausdünstungen verbreiten. Dessenungeachtet wurden die Reisenden während eines Aufenthaltes von sechs Wochen von keiner Krankheit befallen.

Ganz Fessan zählt 26000 Einwohner, von welchen 2000 in Mursuk wohnen; dieselben sind von gemischter Abkunft und sehr arm, weil sie durch hohe Steuern ausgesaugt werden; nur Mursuk ist in Aufnahme begriffen, weil es für den Handel ein wichtiger Ort ist. Das hier geführte Regimet ist dermaßen streng, daß, obgleich sich Fessan gegen 75 Meilen von Nord gen Süden erstreckt, diese Provinz doch von 630 bewaffneten Leuten, unter welchen sich nur sehr wenige Türken befinden, in Schach gehalten wird. Die Einnahmen der Regierung werden auf 50,000 Mahbubs jährlich angeschlagen. Von diesen geht fast die Hälfte durch die direkte Besteuerung ein, der Rest ist die Ausbeute von den Dattelpalmenwäldern der Krone, und von den Zolleinahmen. Erlaubte Handelswaren, welche aus dem Innern kommen, zahlen doppelten Zoll, 12 ½ Prozent, sowohl in Fessan wie in Tripoli, während von Sklaven nur einfacher Zoll und wenn diese nach Konstantinopel gehen, gar keiner erlegt wird. Man erntet in Fessan jährlich zwei Mal: im Frühjahr Weizen und Gerste, im Sommer und Herbst Mais, Ghossub, d.h. Hirse und andere Arten von Getreide. Die Ausdehnung des Ackerbaues ist indes so gering, daß man durch kleine hübsche Körbe die Ähren der Hirse und des Mais gegen die wilden Tauben schützt.

Mursuk bildet einen Hauptpunkt in dem Karawanenwegsystem Afrikas; es steht in Verbindung sowohl unmittelbar mit Haussa und Borno als mit einer Menge Ortschaften an der Nordküste (Tripolis Ven-Ghazi, Ägypten) und mit den Oasen auf dem nördlichen Rand der Sahara (Ghadamis, Ghat und Tuat). Von Oktober bis Januar ist hier ein immerwährender Markt, indem um diese Zeit die großen Karawanen von Borno und Haussa anlangen. Der Umsatz beläuft sich alsdann auf 50—60000 spanischer Piaster. Die Hauptwaren sind Sklaven, Sennesblätter und Elfenbein. Ferner werden Ochsenhäute, Ziegenleder und eine nicht unbedeutende Menge von Straußfedern abgesetzt; der britische Consul in Mursuk, ein levantinischer Kaufmann, hat den Gummihandel eingeführt, und man sammelt bereits jährlich hundert Cantaren (ungefähr ebenso viel Centner) Gummi von den Tholuk—Bäumen oder Gummi—Akazien.

Nach einem Aufenthalte von ungefähr sechs Wochen, welche dazu benutzt wurden, Nachrichten von den Gegenden einzuholen, durch welche man jetzt ziehen wollte, brachen die Reisenden unter dem Schutz eines Tuareghäuptlings, Namens Hatitah auf, welcher nach der Aufforderung des englischen Consuls nebst einigen bewaffneten Leuten nach Mursuk gekommen war. Es war dieser derselbe Hatitah, welcher früher Oudney und Clapperton beschützt, und mit welchem Richards auf seiner früheren Reise Freundschaft geschlossen hatte, weshalb der Häuptling sich auch selbst „der Freund der Engländer, der Consul der Engländer" nannte. Obgleich Hatitah einen bestimmten Vergleich abgeschlossen hatte, dahin lautend, daß er für zweihundert spanische Piaster und freie Reise für sich und seine Leute die Reisenden bis nach Ghat eskortieren sollte, so nahm „der englische Consul" jedoch keinen Anstand, immerfort unterwegs bald für sich, bald für seine Leute zu betteln. Der Weg nach Ghat geht größtenteils in direkter Linie gen Westen. Die erste Hälfte liegt noch immer über dem Hochplateau von Mursuk, welches gen Westen, nachdem es sich ein wenig unter 1000 Fuß gesenkt hat, allmälig immer mehr und mehr bis 2000 Fuß erhebt, worauf es etwas westlich sich plötzlich und jäh vor Wady—Telissarah in der Ebene Taita (1300 Fuß) senkt. Bei Telissarah fanden die Reisenden an den Felsen einige besonders interessante Skulpturarbeiten, welche auf das Allerbestimmteste an ägyptischer Kunst erinnerten. An dem einen dieser Skulpturen erblickt man .zwei mit einander kämpfende Menschengestalten; die eine Gestalt trägt einen Vogelkopf, die andere einen Ochsenkopf. Beide sind mit Spieß, Schild und Bogen bewaffnet. Die andere Abbildung zeigt eine schöne Gruppe von Ochsen, welche getränkt werden. Beide sind schön und gut, jedoch nur in Umrissen ausgeführt. Da keine Kamele abgebildet waren, so nahmen die Reisenden an, daß die Skulpturen aus einer Zeit stammen mußten, welche weiter hinter uns lag als die Einführung der Kamele und in welcher man die Ochsen als Lasttiere gebraucht haben mag.

Das Herabsteigen von dem Hochplateau bis in die Ebene Taita geschieht durch einen engen Paß, welcher durch den Felsen gehauen zu sein scheint, und ganz besonders an die Einschnitte und Tunnel erinnert, welche wir behufs Weiterführung der Eisenbahnen durch Berge und Felsen sprengen lassen. Je weiter die Reisenden vordrangen, je mehr nahm der Paß die Form einer Höhle an; oben war er ein wenig offen, und durch diese Öffnung fiel ein mattes Licht herein; an beiden Seiten des Passes befanden sich Sitze, und mitunter sah der Paß ganz und gar einem Tunnel ähnlich; doch war die Wölbung immerhin hoch genug, daß die Kamele dieselbe passieren.

konnten. Dann und wann zeigten sich kleine Öffnungen, in welchen Gruppen von Tholukbäumen zum Vorschein kommen, die eine belebende Wirkung hervorbrachten, wenn auch der Eindruck im Ganzen beängstigend und oft schaudererregend war.

Bei Serdalous nahm der Weg die Richtung direkt nach Ghat. Etwas südlich von Serdalous liegt Dschassar—Kanun (Iasar—Kanoon), daß heißt der Palast der Dämonen, eine ungeheure Felsenmasse fast ganz von Mergelschiefer, welche mit jähen Wänden, Türmen und Gipfeln sich 1800 Fuß über die Ebene erhebt, in der Entfernung ganz wie ein Werk von Menschenhänden, wie eine ungeheure Sammlung von Kastellen und Kirchen erscheint. Laut der Sagen der Tuareg versammeln sich hier die Geister der Wüste zur Beratschlagung und zum Gebet, und brüten hier auf ungeheuren Schätzen. Nach einer Übereinkunft dürfen die Tuareg sich nicht in die Nähe des Palastes der Dämonen wagen, wogegen diese als Vergeltung ihnen mit Rat und Tat beistehen. Auf seiner früheren Reise hatte Richardson versucht, den Dschassar—Kanun zu besteigen; allein er hatte sich auf dem Rückwege verirrt und hätte beinahe das Leben eingebüßt, was die Eingeborenen natürlicherweise nur dem Einflusse der Geister zuschrieben. Da die Reisenden auch dieses Mal neugieriger als die Eingeborenen waren, so hatten sie ein gefährliches Abenteuer zu bestehen, wie man solche in der Wüste erlebt. Barth und Overweg wollten nämlich beide Dschassar—Kanun untersuchen; allein der Häuptling Hatitah weigerte sich aus abergläubischen Gründen, ihnen Schutz mitzugeben. Sie zogen also allein hinauf. Jeder auf einem besonderen

Wege. Durch Überredungen und ein Geschenk von Datteln, Schiffszwieback und einem Schlauch Wasser bewegte Richardson dennoch einen Sudan-Neger, Overweg immer auf dem Fuße zu folgen. Allein der Neger machte ausdrücklich die Bedingung, daß er den Dschassar—Kanun nicht zu besteigen nötig habe. Unterdes verstrich eine Stunde nach der andern; heiße Windstöße strichen durch die Wüste. Keiner von den deutschen Reisenden kehrte zurück, obgleich sie wohl wußten, daß die Karawane nur während der heißesten Stunden des Tages Halt machen dürfe. Endlich gegen fünf Uhr Nachmittags erschien Overweg; er hatte von Durst und Ermattung sehr gelitten; allein die Unterstützung des Negers hatte ihn gerettet. Barth dagegen erschien nicht. Bei Sonnenuntergang begaben sich Overweg und mehrere hinaus, um ihn aufzusuchen; eine Laterne wurde im Gipfel eines hohen Baumes, unter welchem man Halt gemacht hatte, angebracht, und große Scheiterhaufen wurden angezündet; allein Barth kehrte nicht zurück. Am folgenden Morgen mit dem ersten Sonnenstrahl begann die Nachforschung aufs Neue, allein sie führte zu keinem Resultate. Man berechnete, daß Barth nun während vierundzwanzig Stunden, wo ein heißer Wind geweht, kein Wasser zu sich genommen habe. Man versprach endlich demjenigen fünfzig Dollars Belohnung, welcher Barth auffände. Der Nachmittag verstrich, und alle Hoffnung war beinahe verschwunden, als endlich ein Neger die Botschaft brachte, daß ein Tuareg, welcher auf seinem Mahari, einer Art schnellfüßigem Kamele zur Durchstreifung der Umgegend ausgesendet war, Barth acht englische Meilen vom Lager auf der Erde ausgestreckt liegend, ohne sich bewegen zu können, gefunden habe. Vierundzwanzig Stunden hatte er in dieser Stellung zugebracht, entkräftet durch Hitze und Anstrengung. Er hatte die angezündeten Feuer gesehen, war jedoch außer Stande gewesen, einen Schritt gegen sie zu tun, das einzige Wort, welches er auszusprechen vermochte, war: „Wasser, Wasser." Seit vierundzwanzig Stunden hatte er in Sahara kein Wasser genossen! Er hatte sogar sein eigenes Blut gekostet! Die Eingeborenen wollten anfänglich nicht glauben, daß er noch am Leben sei, denn „Niemand," sagten sie, „lebt während des Sommers (es war am 15. Juli) länger als zwölf Stunden in der Wüste ohne Wasser." Am folgenden Tage war Barth jedoch wieder im Stande, die Reise fortzusetzen.

Nach Ghat gelangte man am 18. Juli. Der Weg von Mursuk hatte drei Mal soviel Zeit erfordert wie sonst, und zwar durch mehrere Hindernisse und namentlich durch die Langsamkeit des Hatitah. Die Vegetation der Gräser war in diesem Teile der Wüste kräftiger als in den früheren Wadien gewesen. Der Tholukbaum und Letheb — wahrscheinlich gleichfalls eine Akazienart — traten an die Stelle der Dattelpalme. Die Quellen lieferten reichliches Wasser, man stieß sogar auf Teiche, welche von der letzten Regenzeit in den Wadien herrührten und die sonst ausgetrocknet zu sein pflegten, und in der Nähe von diesen Teichen zeigten sich Carthago—Hühner, kleine Vögel, Füchse, Hasen, Gazellen, sämtlich angelockt durch das köstliche Getränke. Viele Spuren wilder Esel wurden in den Wadien in der Nähe von Ghat gefunden. Ghat ist ein kleines Städtchen von Mauren bewohnt, inmitten des Landes der Azghar—Tuareg. Es liegt auf dem Kamm einer Anhöhe, welcher im Norden über die Stadt emporragt, die nur arm und unansehnlich ist; die Häuser sind nicht wie sonst bei den Mauren übertüncht, sie sind von ungebrannten Ziegelsteinen und Lehm aufgeführt. Die Oase ist nur klein, sie hat eine Länge von ungefähr drei englischen Meilen; ihre Palmenwälder liegen in einiger Entfernung von der Stadt. Vom Gipfel der Anhöhe hat man über die Stadt hinweg im Sonnenschein eine schöne Wüstenlandschaft vor sich; die kleine grüne Oase liegt inmitten der weit ausgedehnten steinigen Wüste; in der Ferne gen Süden wogen die Gipfel der Palmen auf dem Wege nach Air; gen Westen erblickt man eine Hügelreihe über die andere, während man gen Osten über die schimmernden Sandhügel hinweg die ununterbrochene Felsenmauer Urariats erblickt, „welche die Geister als Schuß für ihre Lieblinge, die Tuareg, gegen jeden kühnen Eroberer errichtet haben." Obgleich Ghat seinen eigenen Sultan besitzt, so ist doch die wirkliche Macht in den Händen des Tuaregscheichs, oder wie Hatitah sagte: „Ghat hat dreißig Sultane", unter diesen ist nun einer der Mächtige, welcher die Reisenden von Tripoli beschützt und ihnen Geschenke abfordert, ganz in derselben Weise, wie Hatitah die Engländer beschützt; ein Dritter wiederum schützt die Reisenden, welche vom Sudan anlangen. Richardson hielt sich acht Tage in Ghat auf, um dort einen förmlichen Handelsvertrag zu Stande zu bringen; viele Sitzungen wurden in dieser Veranlassung mit den anwesenden Scheichs gehalten, welche Richardson eine Menge Geschenke abnötigten; der Vertrag kam indes nicht zu Stande, sondern die Unterhandlungen wurden bis zum Wintermarkt verschoben, um welche Zeit eine größere Anzahl Scheichs zugegen sein würde. Richardson war damals der Ansicht, daß der Handeltreibende selbst ohne Vertrag sicher von Mursuk nach Ghat ziehen könne, weil es im eigenen Interesse der Tuareg liege, den Handel zu beschützen.

Am 25. Juli verließ die Expedition Ghat nicht ohne ein ängstliches Gefühl. Der Teil der Wüste nämlich, welcher jetzt vor ihnen lag, war bisher von keinem Europäer betreten worden. In Mursuk und Ghat, wo Richardson früher gewesen war, fühlte er sich gleichsam zu Hause, allein die Gegenden und die Volksstämme, durch welche man jetzt reisen sollte, und mit welchen man zu verkehren haben würde, kannte man so gut wie gar nicht.

Schon am ersten Tage nach der Abreise von Ghat wanderten die Reisenden durch Barket, einer bedeutenden Stadt, umgeben von Palmbäumen und Gärten in der schönsten und malerischsten Gegend, welche dieselben bis jetzt in der Wüste angetroffen hatten. Am 27. Juli stießen sie bei der Quelle Akuws mit einer Karawane von Keloui—Tuareg zusammen, unter deren Schutz sie bis nach Tin—Tellust, der Residenz eines Kelouisultans in Air (Asben der Sudan—Neger) reisen sollten. Das ganze Terrain, über welches die Reise von Ghat nach Air ging, trägt einen solchen Charakter der Abwechselung, daß es nur wenig zu dem allgemeinen Begriff von einer Wüste, von einer weit ausgedehnten Sandfläche, passt. Das Ganze ist ein Bergterrain mit einer Reihe von Gebirgen, Plateaus, Klüften, engen tief eingeschnittenen Tälern, welche letztere überall, durch den Einfluß des Regens mit aufgelöstem Felsgestein bedeckt sind, keine geringe Vegetation von Gräsern und Bäumen hervorbringt. Während die vorherrschende Formation von Mursuk bis nach Ghat und von dort noch fünf Tagereisen weiter bis Aggeri Sandstein von den verschiedensten Farben ist, so besteht dieselbe dahingegen von Aggeri ab, nur aus Granit. Die Berge zeigten sich jetzt mit abgerundeten Kuppen, und die Abhänge mit den jähen Seitenwänden verschwanden. Am 30. Juli gelangte man bei Aggeri zwischen ungeheuren Felsen an einen kleinen See, welcher ganz und gar vom Regen hervorgebracht war. Ähnliche kleine Seen traf man auch an dem folgenden Tage. Die Reisenden gerieten darauf in ein ungeheures Felsenterrain, welches unbewohnt war und sich ungefähr fünfundsiebzig Meilen nach Süden, bald isolierte kegelförmige Felsen, bald ganze Reihen von kleineren Felsen bildend, ausdehnte. Auf der Reise durch dieses Terrain stießen sie plötzlich in den Regionen des Gebirgsplateau auf Wady—Arukam, einen angenehmen Ruheplatz für Karawanen, da derselbe wasserreich ist und viel Schatten gewahrt. Hier, sagt Richardson, bietet sich der großartigste Wüstenprospekt dar, welchen er bis jetzt erblickt hätte; denn Arukam ist eine ungeheure Höhle, amphitheatralisch von allen Seiten von tief eingeschnittenen Felsenklüften umgeben, sogar reich an Gebüsch und Bäumen, unter welchen 30 bis 40 Fuß hohe Tolukbäume, darunter zwei Arten, die sonst in Borno heimisch sind.

Je weiter man gen Süden gelangt, um so deutlicher, vernahm man den Einfluß vom Sudan her, sowohl in der Natur, als in dem Volksleben. Ghat ist schon in Bezug auf seinen Verbrauch an Kleidungsstücken, Wirtschaftsgeräten, und dergleichen abhängiger vom Sudan, als von der Küste, wohingegen Mursuk sich namentlich einen Verkehr mit Tripoli unterhält. Bald verspürte man nun auch eine bedeutende Veränderung des Klimas. Am 15. August erlebten die Reisenden zum ersten Male einen Sudanregen und empfanden zum ersten Male die heiße nasse Atmosphäre des Sudan; allein von dies Tage an wurden sie häufig von tropischen Unwettern überrascht welche mit Blitz und Donner, mit Regen und Windstößen abwechseln; letztere erheben sich plötzlich mit einer solchen Kraft, daß man sich kaum im Sattel zu halten vermag, und sind, nachdem die ganze Karawane durchnäßt ist, ebenso schnell wieder vorüber. Diese plötzlich herabstürzenden Regengüsse sind an und für sich dem Leben und Gut ebenso gefährlich wie die räuberischen Stämme, durch welche sich nun die Reise hinbewegte. Sehr oft wurde die Karawane auf dem Wege nach Ghat und Air durch Gerüchte von Nachstellungen der Haghai—Tuareg beunruhigt; allein durch forcierte Tagesmärsche gelangte sie doch glücklich bis an die Grenze von Air, woselbst sie den Beschreibungen gemäß auf einen gastfreundlichen Empfang rechnete. Doch gerade hier steigerte sich die Gefahr bis seinem Höhepunkte. Die Reisenden wurden zu wiederholten Male von zahlreichen Scharen von Tuareg bedroht, welche anfangs in keiner Weise den Christen erlauben wollten, durch ihr Land zu ziehen, ja sogar deren Leben bedrohten. Jedoch begnügten sie sich schließlich immer mit einem bedeutenden Lösegeld. Unter mehrfachen Gefahren erreichten die Reisenden die von Marabuts I bewohnte heilige Stadt Tintaghoda, nachdem sie zu verschiedenen Zeiten im Ganzen 150 Liver Sterl., an Lösegeld und Geschenken ausgegeben und für diesen Preis nur die Erlaubnis erhalten hatten, nach Tin—Tellust zu ziehen, dessen Sultan, En—Nur über ihr Schicksal bestimmen würde. Wunderlich genug waren die heiligen Marab: bei Weitem nicht so intolerant, wie die Eingeborenen, mit welchen man zuerst Bekanntschaft gemacht hatte. Die Marabuts erklärten dem Volke, „da die Christen von dem großen Sultan der Türkei, von dem Pascha zu Tripoli und allen seinen Marabuts, ferner von dem Pascha und den großen Marabuts in Mursuk, von den Mächtigen in Ghat und den Haghars empfohlen wären, und namentlich weil sie die Namen der Christen in ihren Büchern eingeschrieben gefunden hätten und diese nur gekommen seien, um ihre heilige Stadt zu besuchen u.s.w., so hätten sie sich entschlossen, dieselben mit offenen Armen zu empfangen," wahrscheinlich in der Hoffnung, sie zum Islam zu bekehren. Die Reisenden empfingen hier die ersten Zeichen der Gastfreundschaft in Air, nämlich eine Gabe von zwei Melonen, einigen Zwiebeln und wenigem Weizen. Sie mußten, eine Escorte von dem Sultan in Tin—Tellust erwartend, einige Zeit in Tintaghoda zubringen, und dieser Aufenthalt verstrich ohne Überfall, ja einige gestohlene Kamele wurden sogar wieder zurückgegeben; dahingegen wurden sie von häufigen und gewaltsamen Regengüssen sehr geplagt. „Alles wurde feucht, und die Bewohner sahen alle betrübt und niedergeschlagen aus", sagt Richardson, „ich sah es an den betrübten Gesichtern der Kelouien und der Schwarzen, daß die Regenzeit ihr wirklicher Winter ist; sie gehen zitternd umher und sehen aus, als wären sie halb ertrunken. Unser Bornozelt von Baumwolle schützt uns bis jetzt noch gegen den Regen," — „Ich stand gerade", schreibt er am 31. August, „und bewunderte mein Zelt und stellte Betrachtungen über die neue Landschaft an, in die wir geraten waren — eine Landschaft mit üppiger Vegetation und feuchter Atmosphäre — als aufs Neue das wilde Geschrei ertönte. Die Wasserströme stürzten wieder über uns ein! Der Wady kommt! Dessenungeachtet begnügten unsere Leute sich anfänglich mit dem Geschrei und machten keine Vorbereitungen, dem Wasserstrome Einhalt zu tun; allein nach kurzer Zeit bequemten sie sich doch, durch Hilfe von Äxten und Stöcken einige Dämme aufzurichten. Diese Vorkehrungen hatten natürlicherweise so gut wie gar keinen Sinn. Das Wasser stieg immer höher, und die schäumenden Wogen stürzten wirbelnd zwischen uns herein; ich rief dem Yusuf zu, daß er einen hohen Ort ausfindig machen möchte, wohin wir unsere Sachen transportieren könnten. Er gab jedoch eine ausweichende Antwort, durch welche er verstehen ließ, daß die Überschwemmung sich schon geben würde, wie sie vorhin getan hätte, und daß uns wohl weiter Nichts geschehen würde, als ein wenig durchnäßt zu werden. Alle niedrigen Stellen im Tale waren schon von dem schlammigen Wasser bedeckt, welches sich gewaltsam an den Stämmen der Bäume brach, und endlich so hoch stieg, daß es auch unser Zelt bedrohte. Yusuf errichtete nun so gut es gehen konnte, einen kleinen Damm rings um das Zelt; allein binnen wenigen Minuten war derselbe hinweggeschwemmt, und wir standen im Wasser."

„Jetzt aber trat für uns die unvermeidliche Notwendigkeit ein, abzuziehen. Unsere Leute, die, wie es schien, bis jetzt von der Feuchtigkeit gelähmt gewesen waren, wie man es in den arktischen Gegenden von der Kälte werden kann, fingen jetzt an, sich anzustrengen und führten unsere Zelte und unsere Bagage auf einen andern Boden hinüber, welcher sich bedeutend über den Talgrund erhob und von brausenden Gewässern umgeben war. Der Rest der Karawane ahmte uns nach und bald sahen wir alle auf den Gipfeln der kleinen Inseln campieren, wohin gleichfalls die Kamele getrieben wurden, wenigstens diejenigen, die nicht schon von selbst auf solchen Inseln eine Zuflucht gesucht hatten. Hier bot sich eine gute Gelegenheit dar, den afrikanischen Charakter zu studieren. Die Kelouien machten keine Vorbereitung gegen die Überschwemmung, bis der letzte Augenblick da war, und alsdann schien es, als wollten sie dieselben so verkehrt, wie möglich ins Werk setzen. Sie rollten ihre Ballen mit trockenen Waren ins Wasser als seien dieselben Holzstücke, obgleich sie, wenn sie ein wenig in die Höhe gehoben worden wären, hätten trocken erhalten bleiben können. Unterdessen sangen und tanzten die schwarzen im Schlamm und spielten im Wasser herum, als wenn irgendein großes Glück sie betroffen hätte. Das Wasser stieg noch immer und schäumte über den Rand der Insel. Wir wurden allmälig genötigt, uns bis in die Mitte derselben zurückzuziehen, und da kein Zeichen zum Fallen des. Wassers vorhanden, das ganze Tal, vielmehr schon eine brausende Flut mit schwimmenden Bäumen geworden war, begannen finstere Ahnungen mich zu erfüllen. Ich berechnete mit gespannter Aufmerksamkeit und Besorgnis, wie viel Zoll die Gewässer wohl steigen müßten, bis sie ganz und gar unsere Habe zerstören könnten, und wie viel Zoll, bis sie unser Leben in Gefahr bringen würden. Während ich dastand und mich selbst mit beunruhigenden Gedanken quälte, waren unsere Leute die leichtfertigen Kinder des Augenblicks, die ohne einen Gedanken für den nächsten Tag damit zufrieden waren, daß die Wellen sie noch nicht erreicht hatten, und die unter Gelächter und Scherz der Flut zu spotten schienen, welche stets höher und höher steigend, die höchsten Bäume umwarfen, die Gebüsche wegspülten und im wilden Tanze die kleinen Ränder der Inseln umbrausten. Vielleicht wußten sie, daß wenigstens ihr Leben gesichert, sei; dachten aber nicht daran, daß, selbst wenn wir nach der Küste hinüberschwimmen könnten, und unsere Habe den Wellen preisgeben würden, wir doch immer im Lande eines Feindes uns befänden, ohne Mittel, die Gier des ersten Banditen, der Lust verspüren möchte, uns anzugreifen, zu befriedigen. Ängstlich stand ich da und beobachtete die Fortschritte, welche die Überschwemmung machte. Da schien dieselbe endlich inne zu halten; eine Zeit lang hielt sie sich auf demselben Punkte, wälzte sich durch das Tal, welches ganz vom Wasser erfüllt war. Darauf bemerkten wir ein langsames und ein Wenig später ein immer schnelleres und schnelleres Fallen des Wassers. Die Hoffnung erfüllte aufs Neue unsere Brust, und wir dankten dem Allmächtigen für unsere Rettung. Ich habe bereits mehrere Überschwemmungen gesehen, aber noch nie in einem so großen Maßstabe wie diese, die in der Tat einen ganz afrikanischen Charakter zur Schau trug."

„Die Gewässer standen mehr denn 2 ½ Fuß hoch über die gewöhnliche Oberfläche des Tales. Wäre diese Überschwemmung während der Nacht gekommen, so hätten wir uns kaum retten können; jedenfalls würde der größte Teil unserer Habe und unserer Kamele verloren gewesen sein — die Gewalt solcher herabstürzender Wassermassen ist entsetzlich; eine große Anzahl der Häuser in Tintaghoda wurde hinweggespült, und die Einwohner erklärten, daß sie sich nicht entsinnen könnten, jemals von einem solchen Ereignisse heimgesucht worden zu sein. Man muß ihnen Glauben beimessen, weil sonst gewiß die Stadt auf ein höheres Terrain verlegt worden wäre. Unzählige Bäume waren mit den Wurzeln herausgerissen und von dem mächtigen Strome hinweggeschwemmt worden. Das ganze Aussehen des Tales muß sich in hohem Grade geändert haben. Wir sahen bereits, daß der Boden nach allen möglichen Richtungen umgewälzt war, und als die Überschwemmung am höchsten stieg, hegten wir die Furcht, daß die Insel, auf welcher wir standen, unter unseren Füßen hinweggeschwemmt werden könnte."

Die Escorte von Tin—Tellust war unterdessen angelangt, und wenige Tage nach jener Überschwemmung zog man mit ihr nach der Stadt desselben Namens. Nach den vielen Lobreden über diese Stadt hätte man erwarten sollen, in ihr einen ansehnlichen Ort anzutreffen; aber wir wurden nicht wenig überrascht, als wir in einem ausgedehnten Tale, das hin und wieder mit Bäumen besetzt war, ein großes aber elendes Dorf von ungefähr einhundertundfünfzig Häusern, alle aus Lehmwänden bestehend, vorfanden. Der Dolmetscher wurde in die Stadt gesandt, um den Sultan En—Nur zu begrüßen. Derselbe war krank und litt an Rheumatismus; allein er empfing jedoch den Gesandten freundlich und ließ den Reisenden seinen Schutz, sowohl hin als weiter nach Borno, zusichern. Die Reisenden schlugen ihr Lager auf einigen Anhöhen in de Nähe von der Stadt auf und harrten in solcher Weise auf eine Audienz bei dem Sultan. Als am 5. September die Audienz angekündigt wurde, ging Richardson mit seinen deutschen Reisegefährten ins Dorf hinab. „Sobald wir das Dorf betraten", erzählt Richardson, „erkannten wir sofort ein langes Haus mit Lehmwänden als den Palast des Sultans, — einen wirklichen Palast im Vergleich mit den sonstigen kleinen runden Hütten des Dorfes — und auf denselben richteten wir somit auch unsere Schritte. Wir trafen den mächtigen, Potentaten halb schlummernd auf seinem Lager. Bei unserm Eintreten erhob er sich und mit untergeschlagenen Beinen sitzen bleibend entschuldigte er sich, daß wir ihn im Negligee fänden. Und um uns seine Aufmerksamkeit zu beweisen, band er sich ein schwarzes Band oder einen Turban um den Kopf und nachdem er auf solche Weise, seine Toilette verbessert hatte, nötigte er uns zum Sitzen. Er ist ein ehrwürdiger Schwarzer und hat, wie die Mehrzahl der Kelouien, etwas Europäisches in seinen Zügen, Er soll achtundsiebzig Jahre alt sein und leidet sichtlich an Altersschwäche."

„Der Sultan begann das Gespräch, indem er sich nach unserm Befinden erkundigte und uns fragte, ob wir jetzt nicht ruhiger reisen könnten als früher; er selbst, fügte er hinzu, befinde sich sehr schlecht aber dies sei in dieser Jahreszeit etwas Allgemeines. Er war in einer sehr gesprächigen Laune und erlaubte uns nur mit wenigen Worten zu antworten, fuhr aber selbst, indem er uns mit Komplimenten überschüttete, in seiner Rede fort. Er erzählte, daß das ganz Air sich in einem revolutionären Zustande befände, und wir uns vor Dieben und dergleichen in Acht zu nehmen hätten. Er sprach fast die ganze Zeit und sagte uns endlich, daß, wenn es Gottes Wille sei, wir jetzt ausruhen und uns später in Sicherheit nach Sinder und Haussa begeben mochten. Als ich bemerkte, daß das Gespräch wohl in Stocken geraten möchte, ließ ich die mitgebrachten Geschenke ausbreiten. Der Sultan prüfte genau alle Gegenstände, sprach aber kein Wort. Sein Schwiegersohn ließ uns zu verstehen geben, daß es jetzt Zeit sei, uns zurückzuziehen. Wir taten dieses unter vielen Ehrenbezeigungen und in der Hoffnung, daß unser Besuch einen günstigen Eindruck gemacht habe. Ich war sehr darauf gespannt, zu erfahren, was man wohl von unsern Geschenken dachte. Es waren die größten, die wir noch gegeben hatten, und ich sandte deshalb zwei von unsern Dienern ins Dorf hinab, um nach Neuigkeiten zu spähen. Ich wurde auch nicht getäuscht: der Sultan war zufrieden gewesen und hatte als Afrikaner eine ungeheure Tat von Edelmut an den Tag gelegt! Er hatte sofort, nachdem wir uns verabschiedeten, die sämtlichen Honoratioren der Stadt rufen lassen und sie folgendermaßen angeredet: „Seht hier! Diese schönen Geschenke haben mir die Christen gebracht, dessenungeachtet behalte ich nur für mich selbst einen blauen Überziehrock, den

Rest gebe ich Euch, nehmt alles Übrige." Die Honoratioren wurden bei dieser Einladung sehr erfreut und riefen einstimmig: der Consul nämlich Richardson ist ein vortrefflicher Mann, ein Mann von großem Herzen!"

Allein ungeachtet dieser wohlwollenden Aufnahme und der Geschenke der Reisenden war der Aufenthalt bei Tin—Tellust weder sicher noch angenehm. Niemand vergalt ihnen die Gaben. Sie mußten sich größtenteils von Schiffszwieback ernähren, welchen sie durch die Wüste ihrer Gesundheit halber bei sich geführt hatten. Einige Kamele wurden ihnen gestohlen und täglich wurden sie von Bitten um Geschenke überlaufen, selbst von den Verwandten des Sultans. Vieles wird in diesem wie in allen Sahara-Landen, in welchen mehrere verschiedene Sprachen geredet werden, durch Zeichen ausgedrückt; „aber", sagt Richardson, „kein Zeichen kommt so häufig vor, als das, welches den großen spanischen Tallar vorstellt, einen Zirkel durch den Zeigefinger und den Daumen gebildet." Der Sultan ließ ihnen allerdings sagen, daß er für sie tun würde, was er tun könne; allein er war krank und die Reisenden begannen an seiner Macht zu zweifeln.

Am Nachmittag den 10. Dezember kam Yusuf und meldete von En—Nur in einem drohenden Tone, daß wir zehn Metagallen (ein Metagall ist ungefähr ein halber preuß. Thaler) als Belohnung für das Auffinden jedes der Kamele zahlen müßten; widrigenfalls uns diese Summe abgenommen werden würde. Der Sultan habe ferner erklärt, er sei mit den Geschenken unzufrieden; „dieselben paßten für Sklaven und er habe sie alle dem Volke wieder geschenkt." Es seien gleichfalls einige Marabuts aus Tintaghoda angelangt, welche sich beim Sultan darüber beklagten, daß sie Nichts empfangen hätten.

Die geforderte Belohnung für das Auffinden mußte gezahlt werden; allein die Kamele wurden nun auch wirklich zurückgegeben. Die Reisenden freuten sich schon bei dem Gerücht, daß der Sultan sich jetzt besser befinde und bald nach dem Sudan aufbrechen würde. Da trat plötzlich am Abend des 13. Dezember der Dolmetscher Yusuf zu ihnen und meldete von En-Nur: „daß es der Wunsch aller sei, uns anzugreifen und auszuplündern; um uns zu schützen und uns nach Sinder zu begleiten, müßte er wenigstens 700 Dollars ausgezahlt bekommen." Anfänglich habe er 1000 gefordert, jedoch die Forderung bis 700 herabgesetzt. Durch Unterhandlungen gelang es jedoch, diese Forderung ferner auf 500 Dollars herabgesetzt zu bekommen, nachdem man den Umgebungen des Sultans Geschenke für ungefähr 100 Dollars gemacht hatte. En—Nur versprach nun zugleich einen Brief an die englische Regierung zuschreiben, in welchem er für die Zukunft allen englischen Reisenden Schutz zusagte.

Obgleich die Reisenden in solcher Weise in Tin—Tellust Geschenke von 1000 Dollars gemacht hatten, war es ihnen doch durch Nichts vergolten worden; dagegen wurde es ihnen leichter, ihre Bedürfnisse einzukaufen; sie tauschten sich Alles gegen kleine Gegenstände, namentlich gegen Messer und Spiegel ein.

Zwei Tage später wurde das Lager der Reisenden in der Nacht aufs Neue bestohlen; da man indes schnell bei der Hand war, stellte sich der Diebstahl als unbedeutend heraus; das Wichtigste, was vermißt wurde, waren einige zinnerne Büchsen mit Tee, welche die Diebe wahrscheinlich für Silber gehalten haben mochten; denn nach der Ansicht der Afrikaner führen die Reisenden immer ungeheure Massen von Silber mit sich. Dieses Mal wurde En—Nur ernstlich böse; er ließ ein Rundschreiben an alle Nachbarstädte ergehen, in welchen die Scheichs und das Volk aufgefordert wurden, die Reisenden nicht zu beunruhigen, weil dieselben seine Gäste und seiner Obhut anvertraut seien. Er ließ dem Kadi die Frage vorlegen, ob es erlaubt sei, die Christen in der Nacht auszuplündern und zu ermorden und sandte uns die Antwort des Kadis, welche folgendermaßen lautete: „Nein; die Christen können auf die muhammedanischen Räuber Feuer geben und sie töten," Diese Erklärung betrachtete der Sultan als ganz besonders geeignet, die Stimmung des Volkes für die Reisenden zu gewinnen.

Am 24. Dezember erhielt Richardson die Botschaft von En—Nur: „er habe aus dem Munde verschiedener Leute vernommen, daß sie ein Schwert und einen Brief für ihn von der Königin von England mitgebracht hätten, er habe Nichts getan, was den Consul oder seine Reisegefährten beleidigen könne, er bitte deshalb, es möge Nichts als Wohlwollen und Gerechtigkeit zwischen ihnen bestehen — keine Lüge, sondern Wahrheit und Ehrlichkeit." Richardson betrachtete dies als eine gute Gelegenheit, den Handelsvertrag zu Stande zu bringen. Er entwarf deshalb einen solchen in englischer Sprache und ließ dem Dolmetscher daßelbe in arabischer Sprache tun. Nach einer vorläufigen Benachrichtigung über das, was er beabsichtigte, begab sich Richardson darauf mit dem Schwerte zu dem Sultan. Dieser empfing ihn, von seinen Leuten umgeben, sehr freundlich und schien bei dieser Gelegenheit ganz das zu sein, wofür er sich ausgab, nämlich „der Freund und Consul der Engländer," Nach einer kleinen Erklärung bezüglich des Vertrags überreichte Richardson dem Sultan das Schwert seinen kleinen Seeoffizierdegen mit vielem polierten Messing und reich vergoldet, höchstens zu einem Wert von 5 Livre Sterl.). Der Sultan nahm sowohl Vertrag als Schwert mit vielem Vergnügen entgegen, ließ Richardson das englische Dokument laut lesen, damit er den Klang der Sprache vernehme, und erbat sich eine englische Abschrift, welche ihm auch nebst arabischer Übersetzung zugestellt wurde. Der Degen sagte ihm sehr zu, teils weil er so leicht und er ein so alter und schwacher Mann war, teils weil er so sehr von Gold flimmerte. Nachdem Richardson die Erlaubnis bekommen hatte, die englische Flagge aufzuziehen und Salutschüsse abzufeuern, nahm er Abschied. Um fünf Uhr Nachmittags wurde die englische Flagge auf den Zelten aufgezogen und hundert Gewehrschusse abgefeuert: „das erste Mal, soweit ich mich entsinne, daß diese Zeremonie in der Wüste oder im Sudan ausgeführt worden ist. Allein jetzt flattert gewiß die Unionsflagge in Mursuk und Ghadamis von den Wohnungen der Consuln herab."

Von dieser Zeit an wurde der Aufenthalt der Reisenden in Tin-Tellust weit angenehmer. Der Fanatismus der Bewohner hatte allmälig nachgelassen, der Sultan wurde immer herablassender und vertraulicher mit seinen Gästen; er besuchte dieselben fast täglich in ihren Zelten, trank Kaffee und Tee mit ihnen und plauderte mit ihnen als wie mit seinen alten Freunden. Die Monate September und Oktober verstrichen soweit im Ganzen recht angenehm und die Reisenden harrten während dieser Zeit des Aufbruchs der großen Salzkarawane, unter deren Schutz sie weiter reisen wollten. Gegen Ende des Oktober zogen fast sämtliche männliche Bewohner nach Bilma, um das Salz zu holen, welches die Karawane nach dem Sudan führen sollte. Während des langen Aufenthaltes in Tin—Tellust waren die Reisenden damit beschäftigt, allerlei Erkundigungen, namentlich in Betreff der Sprache, einzuziehen. Richardson war speziell mit den Angelegenheiten beschäftigt, welche sich auf die Expedition bezogen, während Overweg eine ausgebreitete Praxis als Taleb (d.h. Arzt) hatte, und Barth machte auf eigene Hand unter dem Schutz des Sultans eine Reise nach Agades, der Hauptstadt in Air, im fünf bis sieben Tagereisen südwestlich gelegenen Teile des Landes. Seine Reise dorthin, welche sechs Tage in Anspruch nahm, führte über ein sehr interessantes abwechselndes Terrain, bald von schönen Tälern, bald von Bergketten gebildet, durchschnitten von Defilees, welche jedoch auch Platz für eine breite offene Landschaft, „lächelnd und grün wie eine europäische" hätten geben können.

Agades liegt auf einer Hamadah oder einem Plateau, welches aus Sandstein und Granitformationen besteht, ist aber in geringer Entfernung von kleinen Tälern umgeben, in welchen Quellen sprudeln, Gräser und Gebüsch wachsen und von woher die Stadt somit Brennholz und Wasser erhält, und wohin sie ihre Kamele auf die Weide schicken kann. Jetzt besteht die Stadt aus ungefähr 700 Häusern mit 8000 Einwohnern, allein früher hat sie nicht weniger als 50—60 gehabt. Für den Augenblick hat Agades das Aussehen einer fast zerstörten Stadt; die Einwohner sind teils Handelsleute, teils Handwerker. Die Kaufleute besuchen nur die nächsten Märkte im Sudan; dagegen weder Ghat noch Mursuk, (es müßte denn auf ihren Reisen nach Mekka sein), oder Timbuktu. Der Hauptgegenstand des Handels ist namentlich Ghossub oder Hirse, welcher so gut wie als das einzige Nahrungsmittel der Einwohner zu betrachten ist. Die Manufaktur beschränkt sich auf Lederarbeiten und Matten; die Sättel und Sandalen von Agades sind weit berühmt. Die Bevölkerung, welche vielleicht ursprünglich der Berberrasse angehört, ist jetzt sehr gemischt und es ist schwierig, den Originaltypus herauszufinden. In fünf bis sechs Schulen lernen die Knaben schreiben und den Koran lesen, wie denn überhaupt die Kelouien im Ganzen genommen einigen Unterricht genießen. Umherziehende Neger von Borno treten als Lehrer auf, und in der Nähe von Tin-Tellust soll sich eine Schule befinden, wohin die umliegenden Städte und Dörfer ihre Kinder schicken.

Barth wurde in Agades sehr gut von dem dortigen Sultan empfangen; für seine Geschenke empfing er jeden Tag als Gegengabe Fleisch und gewöhnlich zugleich ein Gericht von Getreide, wie es für seinen eigenen Mund bestimmt war. Während seines Aufenthaltes dort wurde ein neuer Sultan eingesetzt. Die Zeremonie bestand darin, daß die Repräsentanten der drei Stämme Kelouien, Itesan und Kolgaris den Sultan von seiner Privatwohnung in die öffentliche Residenz führten, woselbst eine Gado (ein Sitz von Palmzweigen, mit Matten und Teppichen bekleidet) errichtet war; auf diesen Sitz oder auf dieses Lager ließ der neue Sultan sich nieder, jedoch so, daß seine Füße auf der Erde ruhten. Bevor die Kelouien ihn dazu aufforderten, durfte er die Füße nicht auf die Gado legen, das heißt, in orientalischer Weise es sich bequem machen; und in dieser Zeremonie besteht die eigentliche Investitur.

Mit dem Sultan schloß Barth einen Handelstraktat ab, wobei er als Vertretung Richardsons als Agent der britischen Regierung auftrat. Freilich glauben wir nicht, daß durch solche inmitten Afrikas abgeschlossene Verträge viel für englische und europäische Interessen überhaupt gewonnen ist. Der Sultan gab Barth bei seiner Abreise von Agades Empfehlungsbriefe an mächtige Männer im Sudan mit. Während Barths Aufenthalt in Agades veranstaltete der Sultan eine Razzia, bei welcher unter anderen die räuberischen Stämme des nördlichen Air, welche die Reisenden geplündert hatten, bestraft wurden. Die Salzkarawane der Kolgari zog durch die Stadt auf ihrer Wanderung durch Bilina und zählte nach den Aussagen 10,000 Kamele.

Am 2. November brach der Sultan En—Nur endlich von Tin—Tellust auf, um auf einem langsamen Marsche gen Sudan mit der Karawane zusammenzutreffen, welche von Bilma kommen sollte. Der Sultan selber ritt an der Spitze der Karawane, welche einen malerischen Anblick darbot: „Die Damen" ritten auf Ochsen, Kinder und Weiber auf

Esel, die Krieger auf Mehorien, die Kaufleute auf Kamelen; das geharnischte Pferd des Sultans stolzierte allein einher mit sicheren Tritten, ringsum liefen Ziegen mit ihren Lämmern, Schafe, Kamelfüllen und dergleichen. In Tin—Teggana, nicht weit von Tin—Tellust, machte man Halt, um die Karawane aus Bilma zu erwarten, ein Aufenthalt, welcher zum großen Ärger der Reisenden fast einen ganzen Monat währte. Wir benutzen diesen Aufenthalt um dem Leser eine Beschreibung des Landes Air zu geben.

Air, wie dieses Land von den Tuareg genannt wird, während Asben sein alter Sudan-Name ist, liegt ungefähr zwischen 16 Grad 15 Min. und 20 Grad 15 Min, nördlicher Breite und 6 Grad 15 Min. bis 9 Grad 30 Min. östlicher Länge von Greenwich inmitten zwischen dem Nil und der Westküste Nordafrikas. Seine Ausdehnung ist nicht geringer als die des britischen Reiches, das heißt nach jener Begrenzung, welche dort nur für das innerbewohnbare Gebiet gilt. Die Besitzungen der Bevölkerung erstrecken sich weit über diese Begrenzung nach allen Seiten hinaus. Durch seine natürliche Begrenzung ist Air das Übergangsland zwischen Sahara und Sudan. Einerseits erstreckt sich der tropische Regen über das ganze Land bis zu der nördlichsten Grenze, welches nicht der Fall ist mit dem Teil der Wüste, welche östlich und westlich von Air liegt; andererseits besitzt es nicht jene regelmäßige periodische Ernte, welche Sudan aufzuweisen hat, und muß sich deshalb immer vom Sudan aus mit dem nötigen Getreide und anderen Lebensbedürfnissen versehen.

Die Bevölkerung ist für ein Saharaland ziemlich

bedeutend, ungefähr 64,000 Seelen, d.h. ungefähr fünfundzwanzig auf die Quadratmeile, wenigstens also das Doppelte der Einwohnerzahl von Fessan. Zu dieser Zahl gelangte Richardson durch eine Berechnung, indem er von der Anzahl männlicher Bewohner ausging, welche der Sekretair des Sultans En— Nur ihm angegeben hatte; zu dieser fügte er eine ebenso große Zahl erwachsener Weiber, ferner einen Sklaven auf je fünf Einwohner unter den Erwachsenen und zwei Kinder auf jeden erwachsenen Mann. Die größte Stadt des Landes ist Agades mit ungefähr 8000 Einwohnern. Fünf bis sechs Städte haben noch über 1000 Einwohner, während die Mehrzahl der Städte, im Ganzen 181, zwischen 100 und 1000 Einwohner besitzt.

Air besteht abwechselnd aus Gebirgsgruppen und Tälern; allein die Berge bilden keine größeren zusammenhängenden Reihen oder ausgedehnte Plateaus. Das Land senkt sich im Allgemeinen gen Westen Dodschem, ein Zentralpunkt der höchsten Gruppe des Landes erreicht eine Höhe von ungefähr 5000 Fuß; östlich von Dodschem erstreckt sich der mächtige Berg Naghzem, welcher allerdings nicht so hoch, vielleicht nur ungefähr 3500 Fuß ist, dagegen aber eine bedeutende Ausdehnung besitzt. Der südliche Teil von Air ist eine Hamadah, welche die Grenz— und Wasserscheide zwischen Sahara und Sudan bildet, auf welcher Agades liegt. Im nördlichen Teil ist die Formation Granit und Sandstein, im südlichen Teil brechen Basaltstein und Trachyt durch die horizontalen Lagen des Sandsteins durch.

Das Klima hat teils die Natur von der Sahara, teils die vom Sudan. Es ist angenehmer, als das des ersteren, und weniger gefährlich, als das des letzteren, im Ganzen gesund und der europäischen Körperkonstitution zuträglich. Während der Wintermonate scheint die Temperatur mitunter auf den Gefrierpunkt herabzusinken; auf der südlichen Hamadah findet man, wie von den Eingeborenen erzählt wurde, dann und wann Eis. Die Regenzeit, welche regelmäßig eintritt, dauert von der Mitte des August bis zu Anfang des Oktobers. Es regnet selten des Nachts; vielmehr treten die Regengüsse gewöhnlich nachmittags ein, während der Morgen schön und heiß ist. Ungefähr um drei Uhr des Nachmittags beginnen nach wenigen Stößen eines afrikanischen Westwindes die Regengüsse und dauern bis eine Stunde vor der Abenddämmerung. Da der Regen gegen Ende des Septembers im Abnehmen war, trat der Wind an seine Stelle und wehte von ein bis vier Uhr des Nachmittags mit gewaltsamen Stößen. Von dieser Stunde an legten sie sich jedoch gewöhnlich wieder. Gewitter kommen, wenn erst die Regenzeit begonnen hat, täglich vor. Zu anderen Zeiten weht der Wind aus Osten.

Der reichliche und regelmäßig herabströmende Regen macht, daß Air eine ganz andere Vegetation zur Schau trägt, als irgendein anderes Land, welches wir unter derselben Breite im nördlichen Afrika kennen. Der Regen dient nicht allein zur Ernährung der Vegetation, sondern auch zu deren Zerstörung. Auf der Reise nach Damergu gewahrten die Reisenden, wie früher in Tintaghoda, unzählige Bäume, welche durch die gewaltsamen Überschwemmungen mit den Wurzeln aus dem Boden herausgerissen waren. Zu Anfang der Regenzeit kleidet sich das ganze Land in ein fruchtbares herrliches Grün, so daß die Reisenden, indem sie sich den Nördlichen Grenzen näherten, in dem Wahn befangen waren, sie kamen nach Sudan. Die Landschaft südlich von Tin—Tellust schien ihnen um diese Jahreszeit, namentlich nach Sonnenuntergang, große Ähnlichkeit mit Alt—England zu haben, indem Die Dämmerung es alsdann nicht erlaubte, daß die Eigentümlichkeit der Bäume hervortreten konnte; die Dumpalmen erinnern dann an die gestutzten Ulmen längs der Einzäunungen. Außer diesen Palmen sind die hervorragendsten Baumarten Akazien und Mimosen, namentlich Tholuken, ferner der Suak— und der Ethelbaum, so auch der prachtvolle Baure, welchen Barth auf dem Wege nach Agades antraf; ein Exemplar maß 26 Fuß im Umkreis und hatte eine Höhe von 80 Fuß. Die Einwohner schonen Alles, was Baum und Gebüsch heißt; denn ohne Bäume würde es weder Schatten nochgrüne Matten geben, und manches Tal, welches jetzt bewohnt ist, würde ohne Gebüsch öde sein. Es gibt hier in der Tat Waldungen von bedeutender Ausdehnung und diese nicht allein in den Wadien, sondern auch auf den Hochebenen. Verschiedene Arten von Schmarotzerpflanzen sind hier zu Hause; namentlich kommt eine sehr häufig vor, deren Blumen denen des Caprifolium ähneln, aber ohne Duft sind. Diese Art von Schmarotzerpflanze findet sich fast auf allen Tholukbäumen und tötet oft deren Zweige, aus welchen sie ihre Nahrung saugen. Air bringt viele Pflanzen hervor, deren Anbau den Menschen Nahrung gewähren könnte. So z.B. Ghossub, Getreide, Wein, Datteln und verschiedene Arten Gemüse. Der Boden wird nur in der Nähe der Städte beackert; auf dem Wege nach Agades, südlich von Dodschem, gewahrte Barth Sklaven vor den Pflug gespannt und gleich Ochsen vorwärts getrieben. Allein durchschnittlich ist diese reiche Erde unbewohnt und von einem wilden kränklichen Pflanzenwuchs bedeckt; hauptsächlich nähren die Einwohner sich deshalb von den Produkten, welche sie aus dem Sudan beziehen und die sie dort gegen Salz eintauschen. Sennesblätter werden jetzt im ganzen Air gesammelt; allein sie sind gegenwärtig sehr billig und erreichen in Tripoli bei Weitem nicht den früheren Preis. Indigo fanden die Reisenden schon bei Amfisas, etwas südlicher als Tin—Teggana. Derselbe wird sehr leicht mit den gewöhnlichen Pflanzen verwechselt, unter welchen er wächst. Der Indigo ist eins der Produkte, welches zu der Wiedergeburt Afrikas beitragen könnte, wenn dieselbe durch einen erlaubten Handel geschehen soll. Ferner ist Air reich an einer kleinen Art Korinthen von keinem unangenehmen Geschmack, dieselben werden dort Abizzen genannt, an wilden Wassermelonen, zwar klein und bitter, zuweilen aber doch von den Einwohnern genossen, an wildem Blumenkohl, welcher an vielen Stellen die Oberfläche des Bodens bedeckt und in langen Reihen und Kreisen wächst, je nachdem das Wasser die Samenkörner abgesetzt hat. Derselbe wird jedoch nicht benutzt, da er einen sehr herben Geschmack besitzt.

Wie die Keloui den Boden nicht bebauen, so jagen sie auch nicht; das Land ist deshalb reich an wilden Tieren, In den Bezirken namentlich, welche sehr gebirgig und öde sind, findet man manche versteckte Höhle der Löwen, und dieses Tier steigt in großer Anzahl von den Felsen herab, um nach Beute zu spähen. Außerdem gibt es Schakale, Wölfe, Hyänen, wilde Schweine, wilde Rinder, Wadans, (eine Art wilder Schafe), Gazellen, Affen, Hasen. Die südliche Hamadah ist die Heimat der Giraffen; keine Landschaft eignet sich auch so sehr für ein in dem Grade unbeholfenes Tier; es wächst hier eine Menge von kleinen Tholuken, von welchen sie sich nähren, während die Umgegend offen und von den Höhlen der Raubtiere entfernt liegt. In derselben Landschaft findet man große Scharen von Jerboas (Springmäusen); unter den Vögeln gibt es hier Strauße und verschiedene Arten von Adlern; unzählige kleinere Vögel bevölkern die Bäume, und viele Arien von Tauben, Spechten, Stieglitzen und dergleichen, ferner Rebhühner, Perlhühner usw., kommen hier zum Vorschein. Von kriechenden Tieren gibt es hier mehrere Arten Schlangen, die jedoch gerade nicht sehr groß sind, und Eidechsen. Während diese letzteren durch die ganze Wüste unaufhörlich zwischen den Füßen der Kamele herumspringen, wurden sie im Süden von Wady—Unan und südsüdöstlich vom Bakhzengebirge seltener. Von Skorpionen gibt es eine große Menge in verschiedenen Farben. In der Hamadah lebt eine Art große Schildkröte.

Die Einwohner werden sämtlich von den Kaufleuten des Nordens Tuareg genannt. Sie sind in der Wirklichkeit verschiedenen Ursprungs und gehören nach den Angaben der Eingeborenen zwei großen Stämmen, den Kelouien und Kolgori an. Die Kelouien sind wahrscheinlicherweise unechten tuaregschen Ursprungs mit einem Gemisch von der Sudanrasse;

die Kolgori wohnen von Agades, längs des Weges nach Sokot und weiter tief hinein, woselbst der Einfluß der Tuareg stark im Zunehmen zu sein scheint. Die Kelouien, welche den vorherrschenden Stamm in Air bilden, sind hohe, lebhafte, ein wenig von ihrer Beleibtheit belästigte Menschen; einige haben Körperbau und Gesichtsbildung fast mit den Europäern gemein, jedenfalls sind viele unter ihnen ebenso schön, wie die Araber; andere sind von schwarzer Farbe. Die Weiber sind kleiner, werden oft ebenso fett wie die Araberinnen an der Küste und erreichen nicht selten einen ungeheueren Grad von Embonpoint, was hier hoch angeschlagen wird, weil die Araber im Sahara, namentlich diejenigen, welche gen Westen wohnen, die Schönheit des Weibes nach dem Gewicht beurteilen. Um nämlich für schön zu gelten, muß dort ein Weib eine unförmliche Fettmasse geworden sein, und eine vollkommene Schönheit muß das volle Gewicht eines Kamels besitzen. Um die erforderliche Anmut zu erlangen, genießen die jungen Mädchen Kamelmilch und andere nahrhafte Speisen in großen Quantitäten, und unter den Arabern am niedern Senegal senden die jungen Ehemänner ihre Frauen nach den fetten Grasweiden südlich des Flusses, damit sie durch die fette Milch und Butter dort erreichen, was ihnen noch an Schönheit abgeht.

Die Einwohner leben durchschnittlich in Hütten von dem trockenen Stroh einer schönen Wanze, Namens Bou—Rekabah und in der Form eines kegelförmigen englischen Heuschobers, die gleich undurchdringlich für die Sonne wie für den Regen, gebaut sind. Nur wenige Häuser sind von Stein und

Lehm aufgeführt; einzelne sind nur Hütten mit einem Dache, auf vier Pfählen ruhend. Ein wichtiges Bedürfnis; ist hier das Lager, während die Einwohner in Fessan und anderen nördlichen Teilen der Sahara, sowie auch im Sudan auf Häuten und Strohmatten liegen, welche sie auf den Boden ausgebreitet haben, besitzen die Kelouien ein hübsches Lager von Palmenzweigen, durch welches sie der Feuchtigkeit während der Regenzeit und den Angriffen der gefährlichen Schlangen und Skorpionen entgehen. Die Nahrung besteht hauptsächlich in dem Korn. des Ghossub und des Ghafuley oder Guineakornes, häufig mit einander vermischt; ferner in Mais, Reis und Butter, welche sämtlich durchschnittlich vom Sudan eingeführt werden. Der Käse wird in kleinen eckigen Stücken geformt, drei Zoll lang, zwei Zoll breit und einen Viertelzoll dick. Derselbe wird frisch genossen und hat einen üblen Geruch. Viele trocknen und pulverisieren ihn, legen ihn darauf in Ghossubwasser, welches weiß wie Milch und sehr erfrischend ist. Der dadurch hervorgebrachte Teig ist weiß, und wird, wenn er erst eintrocknet, so hart wie ein Stein. Ferner erblickt man viele Herden von Schafen, Kamelen und Rindern, allein es wird nur wenig animalische Nahrung genossen. Unsere Reisenden hatten sich über vier Wochen in Tin-Tellust aufgehalten, ehe ein Ochse dort geschlachtet wurde, und alsdann genossen sie nach ihrer Abreise von Tripoli zum eisten Mal frisches Rindfleisch, Die Ochsen werden namentlich als Zugtiere und zum Transport der Güter von Air nach dem Sudan gebracht. Die Esel, deren es eine ungeheure Menge gibt, werden gleichfalls dazu verwendet, Getreide von Sudan her zu holen; und da die Einwohner Airs zerstreut in kleinen Städten in einer Entfernung von wenigen Stunden wohnen, so sind diese Tiere sehr dazu geeignet, die Armen und ihre Habe zu tragen. Die Reicheren haben, wie alle Tuareg, Kamele aus der Meharirasse und in vieler Hinsicht ist es der Besitz dieses prächtigen Tieres, welches den Unterschied zwischen den Kelouien und der Bevölkerung weiter im Süden macht. Bei ihren Vergnügungen und Aufzügen, die sonst ganz nach Sudanischer Art eingerichtet sind, macht das langsam auftretende Kamel einen eigentümlichen Eindruck, während das Kamel der Meharirasse sich von den übrigen Dromedaren durch seinen hohen, schlanken Wuchs, seine schwarzen lebhaften Augen, sein sanftes gelehriges Wesen und namentlich durch seine Ausdauer und seine Schnelligkeit auszeichnet. Ein Mehari vermag an einem Tage ungefähr fünfundvierzig deutsche Meilen zurückzulegen, und darum pflegen die Reisenden auf diesen Tieren in sieben Tagen von Marokko nach Niedersenegal zu reisen. Die Industrie in Air ist unbedeutend und blüht nur in Agades, woselbst, wie bereits erwähnt, hauptsächlich Lederarbeit und gefärbte Matten fabriziert werden.

Die Regierungsform hat teils einen monarchischen, teils einen patriarchalischen Charakter mit einem demokratischen Elemente. Der Sultan von Agades bildet eine Art von höherer Autorität und ist der einzige Sultan, welcher Todesurteile fällen darf. Er wirb stets aus derselben Familie gewählt; aus einer Familie, die in Haussa wohnt und der Sage nach von Stambul stammt. Er wird jedoch in einer bestimmten Form von dem Häuptling, den Ältesten und der Bevölkerung selbst eingesetzt. Unter den mächtigen Häuptlingen sind besonders hervorzuheben der Sultan in Asudi und Sultan Louftu, En—Nur nicht zu vergessen, welcher für den Augenblick vielleicht die größte politische Bedeutung haben dürfte. Jeder dieser Großwürdenträger hat immer seine Armee von Vasallen und Sklaven um sich und ist zu gleicher Zeit Kaufmann und Hirt.

Ein Hauptartikel des Handels sind die Sklaven, die Wüste ist in den Händen der Kelouien. Die Sultane erheben von jeder Karawane, welche durch ihr Land zieht, einen Zoll; allein ihre eigenen Untertanen sind frei von jeder Art von Abgabe. Nur zuweilen, wenn es dem Sultan an Proviant fehlt, macht er eine Razzia nach einem entfernten Stamm und sucht sich dort nach Belieben Vieh und Sklaven aus. Die Kelouien sind toleranter, als die übrigen Stämme Saharas.

Wir verließen unsere Reisenden in dem Lager En—Nurs bei Tin—Teggana. Am 12. Dezember endlich brach die Expedition von hier aus auf. Die Reise ging direkt südlich bis zur südlichen Hamadah; von dort nahm sie eine südöstliche Richtung. Am 14. Dezember vereinigte man sich mit der Salzkarawane von Vilma. Das Salz, welches die Tibbos aus den Salzsümpfen gewinnen, tauschen die Tuareg sich gegen Ghossub ein. Es wird teils in der Form von Säulen, welche ungefähr 16 Zoll hoch sind, einen Durchmesser von 4 Zoll haben, und wovon zehn die volle Last eines starken Kamels ausmachen, teils in Kuchen von feinerem und gröberem Salz transportiert; jene sind größer und von einem ungefähren Gewicht von 50 Pfund; diese aber kleiner und ungefähr 30 Pfund schwer.

Durch ein Terrain, das mit fruchtbaren Tälern und sehr kahlen Strecken fortwährend abwechselte und wo das Land nur gegen Osten in der Richtung von Bilma offen war, ging die Reise über Basalt, Thon, Granit und Sandsteinboden östlich um das breite und mächtige Gebirge Baghzem. Am südöstlichen Fuße desselben gelangte man in das fruchtbare Tal Wady—Unan, welches sich in Süden in den fruchtbaren Ebenen verläuft; die Reisenden zogen hier durch tropische üppige Waldungen von Dumpalmen bis an den Rand der südlichen Hamadah. Dieselbe ist zwar nicht von einer so großen Ausdehnung wie die nördliche, doch erfordert sie durchschnittlich eine Reise von vier Tagen; sie ist gleichfalls nicht in dem Grade von Wasser entblößt wie die nördliche; während der, heißen Jahreszeit soll aber alle Vegetation verdorrt sein und während vier Tage trifft man oft kein Wasser. Der Granit verschwindet hier und der Sandstein ist vorherrschend; einzelne Spuren von Lava werden hier und dort am Wege angetroffen. Man bemerkte die Fußstapfen von Straußen und Trappen, letztere dort Habaras genannt, ebenso von Gazellen und Giraffen, und hier ist überhaupt die Nordgrenze, bis an welche diese Tierarten sich in Afrika hinbewegen; ferner gewahrte man eine große Menge von Springmäusen und, wie bereits erwähnt, lebt hier eine große Art Schildkröte, 2 ½ Fuß lang und 1 ½ Fuß breit. Am dritten Tage dieser Reise gelangte man durch eine vollständige Wüstenebene, fast ganz aus Sand bestehend. Daselbst lebten eine Menge Raubvögel; man erblickte zu gleicher Zeit zwanzig große schwarze Geier, welche an dem Leichnam eines Kamels zehrten; auch sah man hier zu gleicher Zeit elf Strauße, welche ruhig, als seien es Schafe, nebeneinander weideten.

Am 1. Januar 1851 zogen die Reisenden über den ödesten Teil dieses Plateaus und stiegen darauf allmälig den Abhang hinab, welcher nach dem Sudan führt, wo sie auch sofort statt des dürren, wasser— und pflanzenlosen Felsbodens des Plateaus, welchen sie fast von Tripoli an, das selbst nur als eine Oase in der Wüste gelten kann, bisher monatelang überschritten hatten, Wasser— und Kulturstrecken mit einer im Allgemeinen seßhaften Bevölkerung, namentlich aber eine üppige Waldvegetation antrafen. Die Karawane hatte mehrere Tage von einer rauhen kalten Luft zu leiden. Es wehte ein scharfer Nordostwind, bei welchem das Thermometer mit Sonnenaufgang 7 Grad zeigte, und mehrere Kamele rissen sich von den erfrorenen Händen der Treiber los. Am folgenden Tage gelangten die Reisenden ganz aus der hohen Wüste in eine Wildnis von kleinen Tholukbäumen, die aber bei weitem nicht so hoch waren, wie diejenigen, welche sie in Air angetroffen hatten; die Bäume waren voller Vogelnester, der Boden ganz und gar teils mit der Karenziapflanze, welche eine Frucht trägt, die den Eingeborenen zur Speise dient, und die sich gleich Kletten an Alles anhängt und dadurch sowohl Tiere als Menschen sehr belästigt, teils mit anderen Kräutern bedeckt. Man traf hier eine große Menge Ameisenhaufen und Spuren von dem Ameisenfresser. Tags darauf erreichte man Rasamat, woselbst Herden von Schafen und Rindern Kunde gaben, daß das Land bewohnt sei. Die Einwohner welche Tuareg aus dem Stamme Tagama sind, empfingen die Reisenden sehr freundlich und erboten sich, ihnen Lebensmittel zu verkaufen, darunter Hühner und Gänse, junge Strauße und Straußeneier, Giraffenfleisch, welches dem Rindfleisch ähnlich schmeckt.

Die Giraffenjagd versorgt die Bewohner dieses Dorfes größtenteils mit Lebensmitteln und die Häuser sind wahrscheinlicherweise zum großen Teil mit Giraffenhäuten oder Ochsenhäuten gedeckt. Je weiter man vorwärts rückte, um so üppiger wurde die Natur. Am 5. Januar erblickte man bei Guurek ein anderes Dorf, welches den Tagama-Tuareg gehört, an einem kleinen See, in einer Waldung von üppigen Bäumen gelegen. Die Landschaft ringsum war lachend und ähnelte der Landschaft Esser im Herbst. Man traf hier Gazellen in Menge und Perlhühner in Strichen von dreißig bis vierzig Stück; Tauben und kleinere Vögel in großen Scharen und viele Geier.

Die Karawane bewegte sich nun an einer großen Strecke von Ghoffubstoppeln vorüber und durch Dörfer mit Schobern und Keimen von Ghossub in Damergu hinein, welches eigentlich zum Sudan gehört, von den Eingeborenen jedoch nicht immer dazu gerechnet wird, weil es sich unter der Herrschaft der Tuareg befindet und zum größten Teil von Sklaven der Kelouien bevölkert ist. Dieses Land, welches 2—300 größere und kleinere Dörfer besitzt, hat eine große Bedeutung für den Handel dieser Gegend, da es die Kornkammer von Air ist.

Am 7. Januar lagerte man sich am Dorfe Tadschelal, welches dem Sultan En—Nur gehört. In einem Teich schoß Overweg einige Enten, ein Beweis, daß man sich jetzt in einem Lande mit Wasser befand. Hier gewahrte man eine wichtige Veränderung bezüglich der Temperatur, welche jetzt drückend heiß wurde. Um eine so große Strecke von Sudan so genau wie möglich zu untersuchen, faßten die Reisenden den Entschluß, sich hier zu trennen, um auf verschiedenen Wegen nach Kuka, der Residenz des Scheichs von Borno am Tsadsee zu gelangen. Richardson schlug in östlicher Richtung den direkten Weg zuvörderst über Sinder nach der Hauptstadt Bornos, Kuka, ein; Barth nahm den Weg nach Südwesten nach dem Lande Haussa und dessen beiden großen, durch Clapperton vor einundvierzig Jahren besuchten Handelsstädten Katsena und Kano, und Overweg ging auf einem Umwege gen Westen durch Guber und Mariadi. Die Trennung geschah am 11. Januar 1851. „Wir sagten einander", schreibt Richardson, „mit bewegtem Herzen Lebewohl, denn in Zentralafrika dürfen die Reisenden, wenn sie verschiedene Wege einschlagen, nicht darauf rechnen, sich wieder zu begegnen." — Eine traurige, aber richtige Ahnung. Warum die Trennung geschah, ist unbekannt; ja es scheint fast, daß sie nicht aus richtigen Prinzipien erfolgte, da die drei Europäer zusammen in den Augen der Eingeborenen sicherlich eine Art Macht gebildet hätten, wogegen sie sich nun durch die Trennung der gegenseitigen Unterstützung selbst in Hinsicht der Sprachkenntnis im Falle der Not beraubten.

Bleiben wir vorläufig in dem Reiseberichte hier stehen. Bevor wir jedoch die Wüste ganz hinter uns liegen lassen, wollen wir noch einen Blick auf die

Reise durch dieselbe zurückwerfen.

Es wird gewiß nicht fehlen, daß die Mehrzahl der Leser ein Bild von Sahara bekommen hat, welches nicht wenig von demjenigen verschieden war, welches ihm in anderen Reiseberichten entgegentrat. Es ist bis zu den letztverstoßenen Jahren immer gesagt worden, daß Sahara eine ganz horizontale sich nur wenig über dem Meeresspiegel erhebende niedrige Ebene, ein ungeheures Sandmeer sei, welches fast keine anderen erhabenen Punkte besäße, als die, welche der Wind in aufgehäuften leicht wieder zerstörbaren Sandhügeln zu Wege brächte, einige Felsenleihen hier und dort ausgenommen, und daß namentlich in dem östlichen Teil, sich ein Sandmeer ausdehne, in welchem große Strecken oft viele Tagereisen hindurch ohne Pflanzenwuchs und ohne irgend ein lebendes Tier sich hinzögen. Selbst diejenigen Leser, welche durch die Bereicherung der Erdbeschreibungen der späteren Jahre Etwas davon haben verlauten hören, daß es nicht so ganz und gar richtig sei mit der einförmigen ebenen Natur Saharas, daß hier und dort wahrscheinlich hohe Bergketten sich befänden und viele Strecken wahrscheinlich Felsenterrain seien, werden doch über das Bild erstaunen, welches wir den Vermessungen Overwegs (die ersten wissenschaftlichen und die einzigen, welche das eigentliche Sahara betreffen) von der Queransicht der Wüste verdanken, durch welche die Reise sich bewegte. Man wird bereits bemerkt haben, daß Sahara in Bezug auf diesen Teil keine einförmige niedrige Ebene, sondern ein sehr abwechselndes Hochland ist.

Wer wollen etwas näher die Resultate der Reise

in Bezug auf diesen Punkt zusammenstellen. Von der Küste des mittelländischen Meeres bis nach Ghat zogen die Reisenden über drei hohe Plateaus, von bedeutender. Ausdehnung. Erst traten sie auf das Ghari Plateau, anfänglich 2000 Fuß, später sich allmälig bis ungefähr 500 Fuß herabsenkend; darauf folgte die einförmige Hamadah, die 1300—1600 Fuß hoch sich durch zwei Breitegrade erstreckte. Die Wadien in einer Höhe von 600—700 Fuß und kleine Sandwüsten von 1000 Fuß ist Hamadah von dem dritten Plateau, dem des Mursuks getrennt. Mursuk selbst liegt ungefähr 1500 Fuß über dem Meeresspiegel. Der niedrigste Punkt auf diesem Plateau erreicht eine Höhe von 1000 Fuß, während andere Punkte zwischen 1800—2200 Fuß ergaben. Nach dem Herabsteigen von dem Plateau Mursuks scheint die Karawane bis nach Ghat in einer Mithöhe von 1250—1450 Fuß sich bewegt zu haben, desgleichen auch eine Strecke südlich von Ghat, bis man die wilde Felsengegend passiert, welche zwischen Ghat und Air liegt, woselbst ein Wady (Adschunscher) 2956 Fuß über dem Meeresspiegel, und die umgebenden Berggipfel wahrscheinlich gegen 4000 Fuß erreicht haben mögen, Von Tin-Tellust in Air wurde seine Höhe auf 1894 Fuß bestimmz und die südliche Hamadah wird gewiß nicht eine gerade sehr niedrige Lage gehabt haben. Obgleich also Sahara ein hohes Land ist, haben wir doch dort keine hohen Berge angetroffen; in Air fand sich allerdings nicht wenige isolierte Berge (Baghzen, Dodschen und mehrere), allein sie erreichten nur eine Höhe von 3000—5000 Fuß, Bergketten von weiterer Ausdehnung wurden gar nicht angetroffen, es sei denn das Bergterrain zwischen Air und Ghat und der Uariat welcher von keiner bedeutenden Höhe von Norden gen Süden östlich vom Ghattale sich erstreckt. Es ist deutlich, daß der südliche Teil dieses Abschnittes von der Wüste etwas mehr Gebirgscharakter besitzt, als der nördliche, welcher letztere dagegen durch seine ausgedehnten Hochebenen, die mit ihren steilen Wänden den Anschein haben, als wenn sie plötzlich aus dem Boden Saharas emporgeschossen seien, ein charakteristisches Äußeres gewinnen. Vergleichen wir die hohen Plateaus mit europäischen Höhen, dann ist der höchste Teil des Gharian von gleicher Höhe mit den bedeutendsten Hochebenen Europas, in Spanien und Morea. Die zwei andern Plateaus können gleichgestellt werden mit den höchsten Teilen der helvetischen und süddeutschen Hochebenen während niedersteigende Wady (500 Fuß mit den böhmischen Höhen verglichen werden kann.

Dieser Teil der Wüste ist demnach kein niedriges, sondern ein hohes Land, nicht eine einförmige Ebene; sondern ein abwechselndes Hochland — zum großen Teil allerdings eine Reihe ausgedehnter in verschiedener Höhe liegender Flächen. Dieser Teil von Sahara war auch kein Sandmeer; nur ein verhältnißmäßig geringer Teil desselben zeigte sich als ein solches. Weil nun aber dieser Teil, welchen wir von Sahara kennen gelernt haben, ein Hochland ist, so folgt daraus nicht, daß ganz Sahara gleichfalls denselben Charakter trüge. Allein es wird immer wahrscheinlicher, daß wenigstens der größte Teil hoch liegt. Die Vermessungen Vogels im Jahre 1853 auf seiner Reise von Tripoli über Sokna nach Mursuk und von dort nach Bilma, zeigen, daß der etwas östlich liegende Teil der Wüste gleichfalls ein Hochland ist. Allerdings war das Terrain zwischen dem Saum Gharians und Sokna weit niedriger als jene Wüsten (Bondschem liegt nur 200 Fuß über dem Meeresspiegel); allein als er südlich von Sokna durch einen Engpaß der schwarzen Gebirge in einer Höhe von über 2000 Fuß ein Plateau bestiegen hatte, erstreckte daßelbe sich ununterbrochen in einer Höhe von 1360 —1590 Fuß ganz bis nach Mursuk, und es scheint also, als wenn das Mursukplateau im Osten mit der Hamadah zusammenhänge. Von Aschenumma, in der Nahe von Nilma, schreibt Vogel, „er habe gefunden, daß die große Wüste ein Plateau von ziemlich gleicher Höhe zwischen 1200 und 1500 Fuß sei." Was wir also mit wissenschaftlicher Sicherheit erfahren haben, macht es wahrscheinlich, daß die Berichte der Eingeborenen von hohen gebirgigen Teilen des Sahara sich wirklich im Ganzen richtig verhalten hat. Der ganze südliche Teil der Wüste der Tibbus (die libysche Wüste) scheint laut solcher Berichte ein hohes Gebirgsland zu sein; gegen Süden kennen wir namentlich die zwei hohen Gebirgsgegenden Borgu und Uadschunga, welche in einer solchen Höhe liegen, daß die Einwohner sich in Felle kleiden. Der bekannteste Berg im Gebiet der Tibbus ist jedoch Tibesty, in nordöstlicher Richtung von Bilma, welcher der Erzählung nach in einer Entfernung von vier Tagereisen sichtbar wird; es ist ferner bekannt, daß die Tibbus in einem großen Teile ihres Landes eine Zuflucht gegen die Angriffe der Tuareg auf ihren isolierten Felsen besitzen, welche sich mit jähen Wänden aus den Felsengründen erheben. Diese Felsen sind dermaßen jäh, daß, wie die

Araber sagen, „du ihren Gipfel nicht erblicken kannst, ohne deine Saja (eine Mütze) zu verlieren", und Vogel vergleicht sie gewiß sehr treffend mit dem Felsen, auf welchem die Festung Königstein in Sachsen liegt. In Betreff des westlichen großem Teils von Sahara haben wir gleichfalls Berichte von Seiten der Eingeborenen über Bergketten und Berggegenden, z.T. über die schwarzen Gebirge, welche sich von der Küste aus tief in das Innere des Landes erstrecken sollen, von einer Bergkette, welche die Oase Tuat gen Osten umgibt und mehreren anderen; aber namentlich ist das gewaltige, drei— oder vierseitige Haghargebirge mit seinen jähen Seitenwänden, jede Wand einhundertfünfundzwanzig Meilen lang, berühmt; daßelbe soll sich aus einem unermeßlichen Sandmeer erheben und einen ausgezeichneten Zufluchtsort für den mächtigsten und räuberischsten aller Tuaregstämme, den der Haghartuareg, abgeben, welche sich in ihrem hohen Berglande in wollene Kleider und Pelzwerk hüllen müssen. Indes bleibt doch noch immer sowohl im nördlichen Teil des östlichen Sahara als namentlich in dem größeren westlichen Teil Raum genug für ausgedehnte Sandflächen und Salzwüsten übrig, von welchen wohl Tanezrust, auf dem Wege zwischen Tuat und Timbuktu, nach Berichten der Eingebornen die berüchtigtste sein dürfte; allein es entsteht dann wiederum die Frage, ob dieselben dereinst von so niedriger Lage befunden werden, wie diese früher angenommen worden ist.

Was endlich das Pflanzen- und Tierleben anbelangt, so muß allerdings eingeräumt werden, daß Sahara die ödeste und größte Wüste der Erde ist;

allein die Leser werden doch wahrscheinlich dessenungeachtet empfunden haben, daß selbst der ödeste Teil der Wüste, durch welchen wir gereist sind, nicht ganz den früheren übertriebenen Schilderungen von dem Mangel an Tieren und Pflanzen des Sahara entspräche; selbst in der nördlichen Hamadah trafen wir doch zuweilen auch Gebüsch und kleine Vögel an. Wir haben gleichfalls gesehen, daß die Bedingungen, von welchen das Pflanzen— und Tierleben in der Wüste namentlich abhängig gemacht werden muß, vorhanden sind, daß der Regen durchaus nicht in der Ausdehnung fehlt, wie früher angenommen worden ist. Allerdings wird Sahara wohl noch immer als ein regenloser Gürtel zu bezeichnen sein; allein die Regengüsse scheinen doch ziemlich häufige Ausnahmen zu bilden, und es dürften vielleicht noch mehrere Gebiete aufzufinden sein, welche gleich der Oase Air in dem Grade Ausnahmen sind, daß sie ihre regelmäßige Regenzeit besitzen.

III.

Letzte Reise Richardsons.

Der Aufenthalt Richardsons in Sinder. — Dessen Tod.

Die Reise Richardsons ging von Tagelel in Damergu, woselbst die Reisenden sich trennten, gen Südosten bis nach Sinder, einer Provinz von Borno. Die Grenze zwischen Damergu und Sinder, politisch betrachtet also auch zwischen Sahara und Borno, wird von einem über fünf geographische Meilen langen Wald gebildet, welcher an einigen Stellen undurchdringlich, an anderen sehr dünn ist. Durch eine Landschaft mit wellenförmigem Boden zog Richardson von hier nach der Hauptstadt Sinder in der Provinz desselben Namens, schön zwischen grünen Hügeln gelegen. Der Anblick von Getreidekeimen auf freiem Felde flößte ihm hier ein angenehmes Gefühl von der Sicherheit des Eigentums ein, welche im Gegensatz zu den andern Ländern, durch die er gezogen, hier stattfinden müsse. Er beeilte sich, von den Tuareg wegzukommen, ritt allein in die Stadt hinein, nachdem er die Familie des En—Nur in den Vorstädten, wo dieselbe ihre Residenz hat, verlassen, und fand den gastfreundschaftlichsten Empfang. Auf Befehl des Scheichs von Borno — wahrscheinlich in Folge der Briefe, welche von Mursuk nach Kuka, teils an die Reisenden selbst, teils an den Scheich über die Reisenden eingegangen waren — fand er hier ein eigenes Haus für sich, und ein Sklave war aus Kuka angekommen, um ihn dorthin führen. Er wurde weder bei der Ankunft in der Stadt, noch später, wenn er umherspazieite, mit dem bekannten gewöhnlichen Ruf „Kafer!" (Ungläubiger) begrüßt. Selbst die Tuareg, sowie die fremden Kaufleute in Mursuk behandelten ihn mit großer Aufmerksamkeit.

Da der Sultan von Sinder sich darauf vorbereitete, eine Razzia gegen die Nachbarlandschaften auszuführen, sah Richardson sich genötigt, in dieser Stadt einen Aufenthalt von fast vier Wochen zu nehmen. Während dieser Zeit wurde er reichlich mit Allem versehen und zog eine Menge von Erkundigungen nach allen Richtungen ein. Sinder oder Damagram ist die nordwestliche Provinz des jetzigen Reiches Borno; früher hatte es abwechselnd Haussa und Borno gehört; Aufstände sind hier häufig, indem die Leute in diesem Teile der Welt sich nicht in eine Zentralregierung fügen können. Die Landschaft ist schön, wellenförmig und bildet wahrscheinlicher Weise die Wasserscheide zwischen dem Kwora (Niger) und dem Tsadsee, hat außerordentlich fruchtbare Gegenden, von deren Areal jedoch nicht der zehntausendste Teil bebaut ist. Es scheint, als wenn die Mehrzahl der Produkte Sudans hier zu finden ist; man baut in den Gärten bei Sinder die Hennapflanze — eine Färbepflanze — Baumwolle, Indigo und Tabak: ferner von Gemüsearten Zwiebeln, Bohnen, Tomatos und eine Menge kleiner Kräuter, die der Sauce des „Bazin" und anderen Mehlspeisen zugesetzt werden. In den Hecken der Gärten wächst der Ricinusbaum sehr häufig, Indigo ist hier zu einem außerordentlich niedrigen Preise zu haben; allein die Kaufleute wollen sich nicht darauf einlassen, daßelbe zu verhandeln. Auf seiner Reise durch die Provinz gewahrte Richardson, daß der Ghossub ziemlich angebaut wurde; an einzelnen Stellen erblickte er gleichfalls Weizen, Baumwolle, Tabak, Indigo, Pfeffer, Zwiebeln, Datteln (welche zwei Mal jährlich tragen), Melonen, Kürbisse und zwei verschiedene Arten Kartoffeln. Die Haustiere bestehen aus Pferden, Eseln, Rindern, Schafen, Ziegen und einigen wenigen Kamelen. Die Katze ist den Bewohnern eine große Plage, weil sie ihre Hühner auffrißt; dahingegen scheinen nur wenig oder gar keine Ratten und Mäuse heimisch zu sein. Von wilden Tieren sind namentlich zu merken: Löwen, Hyänen, Schakale, wilde Schweine und wilde Rinder; Adler trifft man in Menge an, sowie auch Eidechsen. Das Land hat Eisen, und eingeborene Schmiede wissen daßelbe zu bearbeiten und Gerätschaften, als Hacken, Beile, Äxte und dergleichen, daraus zu fertigen; aber ihre größte Geschicklichkeit entfalten sie in Verfertigung von Sklavenketten. Im Ganzen genommen ist hier keine Industrie. Die Weiber besorgen die Küche, ihre Toilette und drehen sich in dem beliebten Tanz nach den Tönen der Trommeln. Die Männer tun gar Nichts; sie treiben sich umher, wenn sie nicht gerade auf Raubzüge aussehen; denn von diesen leben sie, und die einzige Erziehung, welche die männliche Jugend genießt, geht darauf aus, sie für die Razzias auszubilden — was übrigens außer Sinder noch von vielen anderen Negerländern gilt. Mit dem Handel wollen sich die Einwohner von Sinder auch nicht befassen. Handel im Großen ist in den Händen der Fremden, teils zureisender Kaufleute, wie von Mursuk und Air (z.B. des En—Nur und seiner Kollegen) teils einheimischer, z.B. einiger Tibbos. Unter den einheimischen Kaufleuten befand sich zur Zeit ein geborener Jude, Namens Ibrahim; derselbe war vom Norden hergekommen und hatte des Handels wegen den muhammedanischen Glauben angenommen; er ist glücklich in seinem Handel und wird auf 6000— 7000 Dollars geschätzt. Ferner besitzt er außer einer Frau, die er mit sich aus Mursuk gebracht, zwei oder drei schwarze Frauen und mehrere Kinder.

Sinder wird von einem eingeborenen Regenten, Sultan oder Sarki Ibrahim unter der Hoheit des Scheichs von Borno regiert. Rein der größte Einfluß wird doch von dem Sheriff, einem Agenten des Scheichs von Borno, ausgeübt, welcher auf die Interessen des Reiches, namentlich auf dessen Verhältnisse zum Auslande, zu achten, ferner die Oberaufsicht über sämtliche Autoritäten hat; mit anderen Worten, der Spion des Scheichs ist. Als Richardson dem Scheich seine Aufwartung machte, wurde er durch das Äußere des Mannes überrascht. Derselbe ist dem Anscheine nach ganz und gar ein Europäer, seine Gesichtszüge sind intelligent und sinnend, die Gesichtsfarbe ist weiß. Er war aus Fez, hatte im Kriege gegen die Franzosen unter Abd el— Kader gedient und sich nur einige Jahre in Borno aufgehalten. Der Scheich, so schien es wenigstens, hatte an ihm einen tüchtigen Agenten. Er steht seiner Gelehrtheit und Frömmigkeit, sowie seiner Wohltätigkeit und Tapferkeit wegen allgemein in hohem Ansehen; — „er hat 40000 Franzosen mit eigener Hand erlegt!"

Sultan Ibrahim ist ein Neger von fünfzig Jahren, mit einem Gesicht, welches von Laune und vielleicht von Intelligenz zeugt. Er ist ein Fürst in afrikanischem und asiatischem Style, besitzt dreihundert Frauen, hundert Söhne und fünfzig Töchter. Die Weiber sind keine Gefangenen im Harem; sondern sowohl die Frauen wie die Töchter gehen allein auf der Straße umher. Diese letzteren werden den Großwürdenträgern des Hofes zur Ehe gegeben, und man trifft sie oft außer dem Palast mit ihren Liebhabern zusammen. Der Sultan empfängt jährlich eine Bestätigung seiner Autorität von Kuka aus, allein er hat dieselbe schon über dreißig Jahre inne gehabt. Als Richardson, welcher jetzt auf europäische Weise gekleidet war, mit Ausnahme des Hutes, den er statt der Fez trug, während er durch die Wüste in arabischer Tracht gereist war, dem Sultan seine Aufwartung machte, um ihn seine Gaben sein Stück Mousselin zu einem Turban, einen roten Turban, drei Hüte, Zucker, zwei farbige Trinkgläser, ein paar Trinkgläser, ein paar Kaffeetassen, einige unechte Ringe, einige Paar Handschuhe, zwei baumwollene Tücher, zwei oder drei kleine Spiegel, ein wenig Pulver und fünfzig Kugeln zu übergeben, wurde er in eine Art Fort mit außerordentlich drückenden Lehmwänden geführt. In einer Art Vorhalle, welche ziemlich dunkel war, indem nämlich der Palast so gebaut ist, daß das Sonnenlicht und die Sonnenhitze nicht eindringen kann, fand er ungefähr fünfzig Soldaten, unbewaffnet und mit unbedecktem Kopfe, ferner einige Gouverneurs der Nachbarstädte, sämtlich mit unterschlagenen Beinen auf dem Boden sitzend. Auf Geheiß mußte sich Richardson in derselben Weise in der Nähe einer von Erde aufgeworfenen Bank niederlassen; er harrte solchergestalt eine Viertelstunde, als die Ankunft des Sultans durch den Ruf der Soldaten, der Sklaven und der Hofleute verkündet wurde. Seine Hoheit nahm Platz auf der Erdbank, während sein Gefolge sich auf den Fußboden mit untergeschlagenen Beinen niederließ und Einige von ihnen den Staub von der Erde aufnahmen und denselben über ihre entblößten Kopfe unter dem Rufe warfen: „Lange lebe der Sultan, Gott gebe ihm seinen Segen!" Es war zum ersten Mal, daß Richardson diese so herabwürdigende Negerhuldigung der Gewalt vor Augen hatte. Der Sultan war sehr gut gelaunt und gnädig, unterhielt sich scherzend mit Richardson und nahm dessen Geschenke wohl auf. Unter diesen wurde ihm eines heimlich überreicht, nämlich die Kugeln und das Pulver, weil von Kuka eine Aufforderung gekommen sei, man möge dem in der Regel unzufriedenen Sultan keine Kriegsmunition schenken; Richardson glaubte indes, daß eine so unbedeutende Gabe von Munition den Sultan sehr freuen, ohne daß er deshalb dem Scheich von Borno gefährlicher sein würde. Als der Sultan einmal während des Gesprächs laut auflachte und sein Gefolge ebenso laut darin einstimmte, rief er selbst, um den Lärm zu besänftigen, ein lautes „Still!" aus. Nach Überreichung der Gaben zog sich Richardson zurück; bei dem Abschied nahm er seine Kopfbedeckung ab, eine Huldigung, durch welche sich sämtliche Anwesenden sehr geehrt fühlten, indem sie glaubten, daß dadurch ihrem Fürsten eine besondere Achtung erzeigt worden sei.

Der Sultan bewies sich erkenntlich, indem er Richardson einen Ochsen sandte. Der Sheriff war nicht weniger aufmerksam; von ihm empfing unser Reisender Reis, Honig, Eier, Hühner, Milch, Tomatos, alles in Überfluß. Richardson begab sich deshalb einige Tage später zum Sultan, um demselben seine Schätze, namentlich einige Perspektivkästen, ein Kaleidoskop, eine Uhr und einen Kompaß zu zeigen. Er traf, wie das erste Mal, eine Menge Hofleute und Sklaven an, welche im Sande saßen und vertraulich von allerlei Gegenständen plauderten. Er mußte ebenso wie das vorige Mal ungefähr eine halbe Stunde warten, bis Seine Hoheit eintrat. Die Hofleute und Sklaven warfen wieder den Staub über ihre Köpfe, fielen vor dem Sultan nieder und riefen: „Gott gebe Dir den Sieg über Deine Feinde!" Während der Sultan seinen Platz auf der Erdbank einnahm, hielten die Sklaven zwei Stücke Zeug, Barrakanen, vor ihm ausgespannt, damit er mittlerweile den Blicken der Anwesenden entzogen wurde. Das ganze Zimmer war mit Leuten angefüllt, unter diesen mehrere Tuareg. Das Vorzeigen der Merkwürdigkeiten begann. Seine Hoheit war anfangs etwas schüchtern und wollte nicht durch die Gläser des Perspektivkastens blicken; allein da die andern den Anfang gemacht hatten, folgte er ihrem Beispiel. Darauf wurde der Kompaß geprüft; die Uhr und der Schlüssel machten ihm viel Freude. Während dieses alles geschah, präsidierte Seine Hoheit zugleich dem Gericht, als wenn er durchaus keine Zeit zu verlieren hätte. Mehrere Rechtsfälle wurden, während er in das Kaleidoskop blickte, entschieden. Ein Mann z.B. stürzte plötzlich herein und rief: „O Sultan! Meine Flau will nicht länger mit mir zusammenleben, sie ist von mir fortgelaufen und zu ihrem Vater gegangen. Ich will Dir drei Ochsengeben, wenn Du sie wieder zurückholst und es dahin bringst, daß sie wieder mit mir zusammenlebt." Der Sultan lächelte und antwortete nur: „Hm! Deine Frau will nicht mit Dir zusammenleben? Was kann ich dazu tun?"

Ein Anderer trat vor und rief: „O Sultan! ich bin ein Dieb; allein Du mußt mir verzeihen. Ich stahl diese Matte (er hielt die Matte in die Höhe) weil ich ein armer Mann bin. Ich gebe sie zurück." Seine Hoheit antwortete: „Gieb die Matte zurück; wir werden sehen, was wir tun können."

Ein Dritter lieferte eine Menge gestohlener Sachen zurück. Darauf trat ein dreisterer Mann mit einer Gabe von einem Nachbardorfe vor, bestehend in zwei großen Klößen von Ghossub und einem Bündel Brennholz. Der Mann machte viel Lärm und hielt sein Geschenk in die Höhe. Seine Hoheit blickte ihn an und sagte: „Schön, schön! Setz es hin!"

Der Sultan ist in der ganzen Provinz wegen seiner Strenge, die er mit einer gewissen Unparteilichkeit auszuüben scheint, gefürchtet. Er ist ein gutes Beispiel des Negercharakters, im Allgemeinen mild, weibisch, fröhlich, gerade, aber augenblicklich im Stande, die abscheulichsten Grausamkeiten zu begehen. Der Sultan läßt Niemand hängen oder köpfen; das würde eine gar zu milde Strafe sein. Er läßt ihm die Brust öffnen und das Herz herausnehmen, oder er läßt die Leute bei den Füßen aufhängen, damit sie eines langsamen Todes sterben. Wahrscheinlich fügt sich der Sultan in Borno einer solchen Barbarei, weil er es nicht wagt, seinem Vasall die Gewalt zu entziehen.

„Eines Tages", erzählt Richardson, „ging ich

nach dem Richtplatz hinaus und fand denselben mit Menschengebeinen und Überresten von Hyänen bedeckt, deren Höhlen ganz in der Nähe sind. Etwas weiter gelangte ich an den Baum des Todes, einen alleinstehenden Baum, welcher aus einer Felsenritze hervorwächst, 40—50 Fuß in der Höhe misst und von der Art ist, welche man hier Kanisa nennt. Mein Begleiter wollte sich dem Baum nicht ganz nähern; er versicherte mir, daß, wenn einer sich unter dessen Zweige begäbe, sofort eine Ordre des Sultans ergehe, daß man ihn töte oder bei den Füßen an dem Baume aufhänge. „Siehst du nicht, daß der Platz unter den Zweigen des Baumes ganz reingefegt ist? Das tut der Henker alle Tage; kein Anderer darf es 'tun; tut einer das, so muß er sterben." Mir wurde ganz übel bei der Erzählung von all den verschiedenen Grausamkeiten, welche der Henker auf dieser Stelle ausübt; noch nie war mein Herz so krank, noch nie war ich bei den Verbrechen und Grausamkeiten der Menschen so empört gewesen; der Baum selbst war ein wahres Bild des Todes; er trug ein dunkles undurchdringliches Laub, und im obersten Gipfel hatte er gleichsam einen großen Kopf, indem dort der Gipfel breiter, als weiter unten die Krone war, und dieser Kopf war mit fünfzig schmutzigen Raben, den Handlangern des Scharfrichters, welche die Leichen der Verurteilten verzehren, gekrönt. Die Zahl der Hinrichtungen ist sehr groß, jährlich ungefähr dreihundert. Der Sultan soll dem Gerüchte nach sogar kleine Verbrechen, z.B. Verleumdung mit Verlust des Lebens bestrafen.

Die öffentliche Reinlichkeit wird am Tage von einer Art kleinen schmutzigen schwarzen oder braunen Raben befolgt, welche außerordentlich zahm sind. Sie gehen auf der Straße umher und sind zahmer wie die Hühner. Des Nachts wird die Renovation von den Hyänen besorgt, welche ihre Höhlen außerhalb der Stadt verlassen, um in den Straßen derselben herumzulungern.

Die Regierung des Sultans in Sinder wirft ein trauriges, aber interessantes Licht über die Natur des Sklavenhandels in Afrika. Wünscht sich der Sultan einige Gournüsse (die Frucht des Gour-Nussbaumes, welcher in einigen Beiggegenden von Guinea allgemein wächst und wegen des gewürzhaften Geschmackes seiner Früchte sehr geschätzt ist) und fehlt es ihm an Geld, dieselben zu kaufen, so sendet er seine Offiziere nach irgend einem der naheliegenden Dörfer aus, und diese rauben alsdann bei Hellem Tage zwei oder drei Familien, welche sie dem Sultan überbringen, der sie sofort in Gournüsse umsetzt. Stiehlt ein Knabe einige Nadeln, so wird er auf dem Markte verkauft, und wenn es dem Sultan an Geld gebricht, wird nicht nur dieser Knabe, sondern auch dessen Vater, Mutter, Brüder und Schwestern und wenn es dem Sultan sehr an Geld gebricht, alsdann auch dessen Onkel und fernere Anverwandten gleichfalls verkauft. Bei der Ankunft in Sinder war der Sultan in sehr großer Verlegenheit und es wurde deshalb weit und breit von einer Razzia gesprochen die er mit mehreren Tausenden von seiner Armee unternehmen wollte, mit anderen Worten von einer Menschenjagd, welche ihm circa tausend Sklaven einbringen sollte. Durch welche Gegenden dieselbe gehen sollte, wußte man jedoch nicht und würde man auch nicht eher erfahren, bis die Razzia selbst zur Ausführung käme; allein man wußte sehr wohl, daß der Sultan durchaus kein Bedenken tragen würde, Menschen in dem Lande seines eigenen Oberherrn aufzutreiben. In solchen Fällen nimmt er dann zum Vorwand, daß er nur diejenigen überfallen hat, welche Ungläubige und noch im Geheimen dem Heidentum ergeben sind, Übrigens soll der Sultan selbst den Bäumen opfern, welche zur Zeit des Heidentums heilig waren. Von der gewonnenen Ausbeute übersendet der Sultan dem Scheich einen bedeutenden Teil, z.B. ein Fünftel; ferner erhält jeder der Teilnehmer seinen Teil im Verhältnis zu seinem Rang und seinem Glück.

Am 1. Februar des Morgens hieß es in der Stadt: „Der Sarkin kommt zurück!" Alle liefen herbei, um ihn zu sehen. Es war aber noch nicht der Sultan selbst, sondern eine Abteilung der Gefangenen. Zuerst kam ein einziger Reiter, der den Wegweiser machte und die armen Gefangenen folgten ihm, als wenn sie ihr ganzes Leben hindurch daran gewöhnt gewesen wären. Der Vortrat wurde von kleinen nackten Knaben gebildet, welche ganz vergnügt und frei umherliefen, ferner von Müttern mit ihren Säuglingen an der Brust, von jungen Mädchen, einige fast erwachsen, andere noch reine Kinder, von Greisen mit krummen Knien und weißwolligen Köpfen, von alten Weibern, wahren Gerippen, welche sich auf lange Stöcke stützten; darauf kamen die starken jungen Männer, mit Ketten um den Hals zusammengekettet. Unter den Zuschauern am Tore standen die Gläubiger des Sultans, „mit gierigen Blicken in ihren schläfrigen Augen"; sie machten Rechnung auf schnelle Zahlung. Erst Nachmittags hielt der Sultan selbst seinen Aufzug; ihm voran kamen einzelne Reiter, darauf Reihen von Reitern, die auf die Tore des Forts hingaloppierten, um den Leuten ihre Reitertüchtigkeit zu zeigen; darauf folgte eine Truppe von ungefähr fünfzig Mann mit Trommeln; mitten unter diesen befand sich der Sultan. Der ganze Reiteraufzug hatte durchaus nichts Imponierendes; ewige Wenige trugen auf dem Kopfe eine Art Helm von Messing mit einem vom Kranze desselben emporschießenden Horn; Andere trugen eine Art von Panzerhemd von wollenem Zeug, um den Spitzen der vergifteten Pfeile widerstehen zu können: es war die Leibgarde des Sultans. Unter den Reitern befanden sich einzelne Leute von Borno, welche tüchtigere Reiter waren, als die von Sinder.

Die Ausbeute dieser Razzia wurde sehr verschieden angegeben; von 3000 bis zu 600 Sklaven herab; die wahrscheinlichste Angabe dürfte 600 sein, von welchen der Sultan 400 und außerdem einige Ochsen bekommen sollte. Von vielen der alten Sklaven wurde angenommen, daß sie auf dem Markt kaum den Preis eines Schillings erreichen würden. Nur Wenige von den Sklaven werden nach Norden geschickt, die meisten werden in Zentralafrika verkauft. In Sinder hat fast jeder Hausherr einen Sklaven, welcher in Ketten umhergeht, oder richtiger, umherhüpft, da ihm die Kette beim Gehen sehr im Wege ist. In Kuka hat ein reicher Mann mehrere Tausend Sklaven, Die besten Sklaven gehen nach Nufi am Niger, von wo sie nach Amerika verschifft werden, während zur Vergeltung eine Menge amerikanischer Waren, z.B. Callicos, Pulver, Rum, Dollars, Gewehre und Kauris über Nufi und Kano nach Mittelafrika gehen.

Es ist indes nicht allein der Sultan von Sinder, welcher sich in solcher Weise Geld verschafft. Sowohl Sklaven als Freie aus Borno besitzen Dreistigkeit genug, jeden aufzugreifen, den sie unterwegs, sowohl in den Dörfern wie auch in Sinder selbst antreffen und denselben alsdann auf den Markt zu schleppen. So z.B. ging der Sklave, welchen der Großwesir in Kuka Richardson zu dessen Begleitung entgegengesendet hatte, nicht allein als Freiwilliger mit auf die Razzia des Sultans, sondern verleitete auch einen der eigenen Diener Richardsons, welcher ein freigegebener Neger war, mitzugehen, Richardson erfuhr dies erst, als Beide fort waren. Als er am Abend des Einzuges zurückkehrte, entdeckte er die Beute der beiden Neger von der Razzia in der Nähe seiner Hütte. Dieselbe bestand in einem Weibe mit ihrem Kinde und in einem jungen Mann. Da die Schwarzen sich somit sehr oft als die ärgsten Feinde ihres eigenen Stammes zeigen, kam Richardson immer mehr zu der Überzeugung, daß nur eine Eroberung durch eine fremde christliche Macht, wie England oder Frankreich, im Stande sei der Sklaverei vollständig ein Ende zu machen. Der Sultan hat sich bis jetzt gefürchtet, die Verbrecher von Borno gesanglich einzuziehen; allein an demselben Tage, an welchem er seinen Einzug von der Razzia hielt, bekam er eine Depesche aus Kuka, welche ihm das Recht verlieh, gegen die Leute von Borno nach Willkür zu verfahren.[6]

---

[6] Die Nachrichten, welche Richardson in Sinder von den Sklavenpreisen in Mittelafrika und auf den nördlichen Märkten einholte, liefern mehrere interessante Aufschlüsse. So zum Beispiel zahlt man für die männlichen und weiblichen

Aus den allgemeinen Bemerkungen über Sinder, wollen wir hier noch folgende aufnehmen. Die Stadt zählt kaum mehr als 10,000 Einwohner. Die Armee besteht aus 1000 Mann (Reitern, mit Speeren, Schildern und Schwertern bewaffnet; ferner aus 4 bis 5000 Bogenschützen, nur mit Pfeil und Bogen versehen). Die Häuser sind teils aus Matten, teils aus Lehm mit Strohdächern oder nur aus Lehm gebaut. Im Innern befand sich nicht ein Möbel irgend einer Art; selbst vornehme Damen, wie die Anverwandten des Sultans, lassen sich auf dem Fußboden nieder und nehmen in solcher Weise Besuche an; doch heißt es, daß sie des Nachts auf Häuten oder Matten ruhen. Zwei Hauptstraßen, welche in der Richtung von Süden nach Norden durch die Stadt laufen, haben eine bedeutende Breite, 12 Kamele können auf denselben nebeneinander gehen. Vor den Häusern dir Großen befanden sich kleine Plätze, wo Müßiggänger, von welchen es stets in den Straßen wimmelt, immer umherlungern. Durchschnittlich geschieht jede Wertberechnung nach Kauris, das heißt nach der kleinen Muschel cyprea moneta, von welchen 2500 den Wert eines Dollars haben. Für vier Kamele, welche Richardson dem Sheriff von Sinder verkaufte, erhielt er 120,000 Kauris in vier Beuteln von Binsen. Man braucht Zeit, diese Münze zu zählen, und sie ist natürlicher Weise ebenso lästig mit

---

Sklaven nur im Verhältnis zu der Tüchtigkeit, welche er oder sie augenblicklich besitzt; ferner ergiebt sich der Vorteil beim Sklavenhandel schon daraus, daß ein guter Sklave, welcher in Kano 10 bis 12 Dollars kostet, in Tripoli für 60 bis 65, in Konstantinopel für 90 bis 100 Dollars, und eine gute Sklavin, deren Preis in Kano 32 Dollars, in Tripoli für 100, in Konstantinopel für 130 Dollars verkauft wird.

sich zu führen. Es gibt in Sinder zwei Markttage, einen großen am Donnerstag und einen kleinen am Freitag. Es wimmelt auf dem Markte von allen Gegenständen, teils von den gewöhnlichen, wie Eiern, Rindern, Schafen, Kühen, teils von fremden eingeführten Artikeln, wie Honig und getrocknetem Fisch aus Kano (der Fisch hat einen üblen Geruch, da er nicht gesalzen wird); endlich erblickt man auf den Märkten eine Menge verarbeiteter Waren und Sklaven.

Am 8. Februar zog Richardson mit seinem Gefolge von Sinder der nach Kuka. Er ritt ein Pferd, welches ihm der Sultan zum Geschenk gemacht hatte, übrigens ein sehr schlechtes Pferd. Die Reise ging in südöstlicher Richtung durch waldige Gegenden mit offenen Landschaften, in welchen Ghossub angebaut war. Der Boden war wellenförmig durch eine Reihe von niedrigen Hügeln; hier und da lagen Granitblöcke auf dem Boden umhergeschleudert; in den tiefen Tälern stand noch das Wasser, welches die Regengüsse hinterlassen hatten, und man stieß dort auf Wasser— und Sumpfvögel. Im Dorfe Dedegi geschah es zum ersten Mal, daß die Einwohner beim Anblick der Karawane entflohen; sonst war es gewöhnlich, daß die Eingeborenen auf die Reisenden einstürmten, entweder aus Neugier oder um sie auszuplündern. Der Grund zu diesem ungewöhnlichen Betragen war, indes leicht zu ermitteln. Die Einwohner hatten entdeckt, daß es eine Borno-Karawane sei, und fürchteten deshalb für ihre Habe und ihre Freiheit.

In Damergu, einer Gruppe von Dörfern, woselbst man vom 9. bis 10. Februar übernachtete, wurde

Richardson die Gelegenheit geboten, seine Beobachtungen über das Leben der Provinz Sinder fortzusetzen. Die Einwohner dort waren träge, ganz wie in der Hauptstadt. Zwei Drittel der Männer trieben sich umher oder lagen auf dem Boden ausgestreckt; das andere Drittel war mit der Baumwolle, welche man dort webt und mit Indigo färbt, mit Verarbeitung von Matten beschäftigt, oder sie hüteten die wenigen Tabak—, Indigo— oder Baumwollenpflanzen, welche man in den Gärten angebaut hatte. Vielleicht werden sämtliche Männer doch während der Zeit des Säens und der Ernte etwas zu tun haben; allein auch diese Arbeit ist eine leichte. Man düngt die Erde, indem man die Stoppeln des vorigen Jahres anzündet oder die Bäume des noch nicht urbar gemachten Landes in Brand steckt; wenn der Regen gefallen ist, säet man das Getreide, und nun tut man weiter Nichts, bis es für die Ernte reif ist. Die Hühner und überhaupt alle Haustiere sind hier kleiner als in Europa; doch sind die Rinder von ziemlicher Größe und haben gespaltene Hörner (der Ausdruck branching horns, welchen Richardson gebraucht. bezeichnet wahrscheinlich so viel wie gespalten). Die Schafe tragen keine eigentliche Wolle, sondern eher Haare wie die Hunde, sowie denn auch ihre Schwänze ganz denen der Hunde gleichen. Obst und Gemüse werden in diesen Dörfern nicht angebaut, nicht einmal Zwiebeln, die sonst allgemein angetroffen werden.

Von hier aus ging die Reise gen Osten über ein in hohem Grade wellenförmiges Terrain mit wenigen Bäumen, aber mit mehr angebautem Land. Bei Guddemuni zog man einem großen, zwei Stunden langen, eine Viertelstunde breiten See entlang, in dessen Nähe man durch Hilfe einer künstlichen Bewässerung während der trockenen Jahreszeit etwas Weizen baute, welcher nach Kano ausgeführt wird, während man auf dem hügeligen Terrain Hirse baut. Durch eine Landschaft, welche im Ganzen dieselbe Natur zeigte, wie die frühere von Sinder aus, zuweilen in dem Grade schön und parkähnlich, daß fast nur die Dumpalmen ihr den europäischen Anstrich benahmen, gelangte Richardson in die Provinz Manga. Die Dattelplantagen und Gärten erreichten hier eine bedeutende Höhe, und es schien, als wenn die Einwohner betriebsamer seien. Der Sultan von Manga schützt sie nämlich besser gegen die Bewohner von Borno, als der Sultan von Sinder, sowie er es denn auch versteht, die Tuareg, welche hier, wie weiter gen Westen auf der Grenze zwischen Sudan und der Wüste wohnen, in Respekt zu halten. Am 14. Februar gelangte man in der Hauptstadt von Manga, Namens Gurai, an; der letzte Teil der Reise hatte somit in nordöstlicher Richtung, das Antlitz gegen Sahara gewendet, stattgefunden. Von dieser Seite her hatte man einen heißen Wind bemerkt, während man in Sahara selbst diesen Wind immer von Süden her verspürt hatte. Gurai ist eine Stadt von ungefähr 7000 Einwohnern und ohne große Bedeutung für den Handel. Sie ist durch einen Graben und eine Hecke, teils von lebenden Bäumen, teils von Zweiggeflecht, welches in einer bedeutenden Breite aufgetürmt ist, befestigt, eine Befestigungsart, welche ganz für die Kriege, die man in diesen Ländern führt, genügt. Die Bewohner hier zeigten eine größere Neugier, die Fremden zu sehen, als die Bewohner von Sinder, welches seinen Grund darin hatte, daß ihre Stadt mehr von der allgemeinen Landstraße entlegen ist. Am Tage nach der Ankunft begrüßte Richardson den Sultan und überreichte ihm Geschenke. Er wurde in einen ähnlichen Palast oder Fort, wie jenes in Sinder, eingeführt; derselbe hatte gleichfalls eine Vorhalle, in welcher er ungefähr eine Viertelstunde warten mußte, während Leute von allen Seiten dort hineinstürzten. Endlich wurde Richardson zu dem Sultan hineingeführt, welcher ein Schwarzer von ungefähr fünfzig Jahren und ohne gerade stark ausgeprägten Negercharakter war. Der Sultan saß auf einer Erhöhung, angetan mit einem wahrhaft königlichen Gewande, nämlich einem losen Mantel von purpurfarbenem Seidenzeuge, über welchen ein schwarzer besetzter Burnus geworfen war; dazu trug er einen sehr schönen Turban von hübscher ägyptischer Form. Der Empfang war sehr freundlich. „Ich schüttelte ihm die Hände und zog meinen Hut ab. Hier war kein Werfen mit Staub, wie in Sinder. Man fand den Sultan auf seinem Sitze, alle seine Hofleute und Beamten um sich. Er erkundigte sich nach meinem Befinden und fragte mich über die Tuareg und bemerkte: „Die Tuareg fürchten Dich." Vielleicht haben Einige dieses Stammes geglaubt, ich sei gekommen, das Land auszuspionieren, damit die Königin von England es in Besitz nehmen könne. Seine Hoheit untersuchte in der kleinlichsten Weise meine europäische Kleidung und tat in Betreff derselben viele Fragen. Die Leute zogen mir die Stiefeln aus und brachen unwillkürlich, als sie mein weißes Bein unter den Strümpfen gewahr wurden, in einen Ausruf des Erstaunens aus. Mein Gesicht und meine Hände sind ziemlich gut gegerbt und meine europäische Hautfarbe ist an diesen Körperteilen nicht so sichtbar, wie an den bedeckten Gliedern. Der Sultan stellte darauf noch eine Menge Fragen, z.B. ob in Europa Krieg geführt wurde, ob Friede zwischen England und der Türkei herrsche, und er würde noch mehr gefragt haben, wenn nicht 200 bis 300 Personen zugegen gewesen wären. Das Ganze war eine Szene afrikanischen Prunkes, aber ohne Unmenschlichkeiten, ohne Blut, ohne Schlachtopfer oder kriechende Zeremonie."

Der Sultan übersandte der Karawane als Gegengeschenk viel junge Ochsen. Abends besuchte Richardson auf Verabredung wieder Seine Hoheit, um seine Schätze und Seltenheiten vorzuzeigen. Der Sultan, diesmal in ein einfaches Gewand gekleidet, über welchem er einen ähnlichen Burnus, wie am Vormittage, trug, saß auf dem Fußboden auf einem Teppich. Noch einmal hatte Richardson eine Audienz beim Sultan, um ihm einige Arzneien zu überreichen, die er sich ausgebeten hatte, nachdem er vernommen, daß Richardson wunderbare Arzneien besäße. „Am liebsten", sagte der er, „wünschte ich etwas von jeder Sorte, damit ich gegen alle möglichen Übel geschützt bin, die sich später einstellen möchten." Nach einem langen Gespräche, während dessen eine Menge Fragen über Europa getan und beantwortet, und dem Sultan bei Arzneien überreicht worden waren, und nachdem der Dolmetscher El Nusus jede Arznei hatte kosten müssen, ließ der Sultan Richardson seine Pferde vorführen, einige ganz häßliche und schlechtgebaute Tiere, die jedoch hier für ausgesuchte Pferde galten.

Von Guari zog Richardson am 19. Februar auf einem Kamel, welches der Sultan ihm geschenkt hatte, gegen Osten; er fühlte sich bei der Fortbewegung auf dem Kamel weit besser, als bei dem Ritt von Sinder aus auf dem dort zum Geschenk erhaltenen Pferde. Nach einer Reise von zwei Tagen, durch ziemlich öde Gegenden, befand er sich am 21. in Sufimana, einem Dorfe auf einem Hügel, wo Gartenbau gepflegt wurde. — Hier hört das Tagebuch Richardsons auf; die letzten Notizen desselben sind eine Erzählung von dem Scheich des Dorfes, welcher ihn um eine Arznei bat, durch welche er die Freundschaft und das Lächeln eines Jeden, aber namentlich die Gunst des Sultans von Gurai, erlangen könnte.

Die Gesundheit Richardsons war seit langer Zeit erschüttert; die senge Sonne Saharas hatte er nie ertragen können, und jetzt bei der Annäherung des Frühlings, wurde ihre Gewalt stärker. Zu gleicher Zeit war die Temperatur unstet; oft führt dieselbe Wind, sowohl Hitze als Kälte mit sich. Seit langer Zeit daran gewöhnt, sich des Kamels zu bedienen, hatte ihn der Ritt zu Pferde sehr angegriffen. Ohne eigentlich, wie es scheint, von dem Klimafieber befallen zu sein, erlag er in der Nacht vom 3. bis 4. März 1851 in Unurutua, sechs Tagesreisen von Kuka entfernt, in einem Alter von einundvierzig Jahren der Anstrengung der Reise. Hinweggerissen, bevor er das Ziel seiner Reise erreicht, war es ihm noch gelungen, zu beweisen, daß sich freundschaftliche Verhältnisse mit den Bewohnern Zentralafrikas zu Stande bringen lassen. Er starb, umgeben von den Eingeborenen, welche jedoch seinen Nachlaß schonten, seine Leiche unter einem großen Baume begruben und sein Grab gegen Gewalttätigkeiten schützten. Hadschi Beschir, der Großwesir von Borno, hat Barth wiederholt das Versprechen gegeben, dafür zu sorgen, daß das Grab Richardsons in Ehren gehalten werde. Auf einer Reise hatte Barth zufälliger Weise Nachricht von dem Tode Richardsons, drei Wochen nachdem derselbe eingetreten war, erhalten; er eilte nun so schnell wie möglich, um dessen Papiere und Nachlaß zu retten. Die ersten (die bis wenige Tage vor dem Dahinscheiden geführten Tagebücher und die Wörtersammlungen) sandte er an die englische Regierung ein[7] und nahm nur die Creditive und Papiere heraus, welche zur Förderung seiner Reisezwecke notwenig waren. Von dem Diner Richardsons erhielt Barth eine nicht sehr deutliche Einsicht in seine Krankheit, Kurmethode und in seinen Tod; jedoch ersah er daraus, daß Richardson einige Tage vor seinem Tode den Entschluß, den er aufgeben mußte, weil er keinen Führer nach Bilma finden konnte, und zwar aus dem Grunde, weil er sich außer dem Bereich des Karawanenweges befand. Eine Mitteilung in dem Berichte, den Barth nach der Heimat geschickt hatte, war von einem großen psychologischen Interesse. Ein Mann, welchen Richardson als Dragoman oder Dolmetscher benutzt hatte, erzählte nämlich: daß es Richardon in Sinder geträumt habe, es käme ein Vogel vom Himmel herab und der Vogel fiel zur Erde. Sehr beunruhigt

---

[7] Sie wurden durch Richardsons Freund, Bayle St. John, in zwei Bänden unter dem Titel herausgegeben: Narrative of a mission to Centra-Africa, performed in the years 1850-1851 by the late James Richardson. London 1853.

durch diesen Traum, sei Richardson zu einem Mann gegangen, welcher die Träume der Leute aus einem entsetzlich großen Buche deutete, und derselbe habe gesagt, sein Traum prophezeit ihm den Tod, durch welche Deutung es in der Tat scheint, daß Richardson an seinen nahe bevorstehenden Tod geglaubt habe. Diese sonderbare Geschichte erklärt sich leicht, wenn man folgende Stelle in dem Tagebuche Richardsons liest: „Heute (31. Januar) kam ein großer Fighi zu mir, um jedweden Traum, den ich ausgelegt haben möchte, zu deuten; er hatte seinen Tiffir—el—Helam bei sich. Ich erzählte ihm, daß mir die verwichene Nacht geträumt habe, ich sähe zwei Personen von den Zweigen eines Baumes herab zur Erde fallen. Er schlug nun eine Stelle seines Buches des Inhalts auf, daß, was ich auch vornähme, unvollendet bleiben würde. Eine sehr angenehme Nachricht! Mir scheint, wir haben genug von schlechten Nachrichten gehabt. Die Stelle, welche prophetisch auf mich deutete, lautete buchstäblich wie folgt: „Und Jedweder, welcher im Traum einen Baum fallen oder etwas vom Baume fallen sieht, wird das nicht vollführen können, was er sich vorgenommen hat." Man erkennt leicht, daß der darauf erfolgte Tod Richardsons von den Eingeborenen mit dieser Traumgeschichte in Verbindung gebracht und der Zusammenhang so umgedichtet worden ist, wie er am besten zu ihrer gewöhnlichen Vorstellungsweise paßte. Wahrscheinlich hat die Bestimmtheit, mit welcher die Geschichte erzählt worden, und der einstimmige Glaube, welchen die Eingeborenen ihr schenkten, Barth veranlaßt, ihr einige Bedeutung beizulegen.

IV.

Ausflüge Barths und Overwegs.

Die Ausflüge Barths und Overwegs von Kuka aus in das östliche Sudan.

Von dem Tode Richardsons an besitzen wir keinen zusammenhängenden chronologischen Bericht, kein Tagebuch über die Reise in Innerafrika; wir müssen daher die spätere Geschichte der Expedition ganz und gar nach den in die Heimat gesandten Berichten, Briefen und dergleichen Mitteilungen niederschreiben. Allerdings wurde das Tagebuch Overwegs nach seinem Tode nach Europa gesandt; allein daßelbe ist gerade in Betreff der Reiseroute nach Sudan größtenteils in einem unleserlichen Zustande (die Mehrzahl der Notizen sind nur mit Bleistift niedergeschrieben gewesen); welches davon Zeugnis gibt, daß die körperlichen Kräfte Overwegs dermaßen erschöpft waren, daß sie für die Beschwerden der Reise in jenen Gegenden nicht mehr gewachsen waren.

Der Leser wird sich erinnern, daß unsere drei Reisenden von Tagelel nach verschiedenen Richtungen auszogen, um sich später in Kuka zusammenzufinden. Die Reise Barths ging gegen Südwest durch eine dichte Waldung, welche durch Banden von Fellatas sehr unsicher gemacht wurde, in das Reich der Fellata, nach Katsena, der Hauptstadt einer der Provinzen des Reichs; hier wurde er mehrere Tage zurückgehalten, indem der Gouverneur ihm eine bedeutende Summe abforderte, um ihn durchreisen zu lassen. Er zog darauf gegen Südosten nach Kano, welches er hinsichtlich seiner Handelsgröße, die schon Clapperton höchst interessant geschildert hatte „das London Sudans" nannte, und hielt sich hier vom Anfang des Februar bis zum Anfang des März auf, um Aufklärungen über das Fellatareich Haussa einzuholen. In diesem Bestreben wurde er besonders dadurch unterstützt, daß er fließend die Sprache der Einwohner sprechen konnte. Sein Aufenthalt in Kano war im Übrigen nicht angenehm: die Einwohner belästigten ihn sehr, seine Gesundheit litt durch die ungesunde Lage seines Aufenthaltes und die Menge von Waren, welche er und sein Reisegefährte Overweg in Mursuk eingekauft hatten; um sie auf den Märkten von Kano gegen sudanisches Geld und sudanische Waren umzusetzen, mußten sie zu sehr niedrigen Preisen verkaufen, welches Alles, verbunden mit den Räubereien im Sahara, ihre Geldmittel bedeutend verringerte.

Aus den Erkundigungen, welche Barth von dem Fellatareich einzog, ging hervor, daß der Sultan, welcher in Sokoto wohnt und sich Emir—el—Mumanin Ali Ben Bello nennt, selbst im Stande ist, 10,000 Pferde ins Feld zu stellen, während wenigstens zwölf Provinzen ihm untertan sind, deren Gouverneure gleichfalls Titel eines Sultans führen und zusammen 20,000 bis 25,000 Pferde stellen können. Der Mächtigste von diesen ist der Sultan in Kano, einer Provinz, welche wenigstens um die Hauptstadt herum fruchtbar und vorzüglich angebaut ist und die reichste von allen sein soll; dieser Sultan allein stellt

7000 Pferde, hat bedeutende Einnahmen von dem Markte in Kano und übersendet täglich 1000 Muscheln (Kauris) nach Sokoto zur Hofhaltung des dortigen Sultans. Der mächtigste Gouverneur nach diesem ist der Sultan in Boschi (Bautschi), welcher in Jakoba residiert; allerdings vermag dieser nur 2000 Pferde zu stellen; statt dessen hat er eine Unzahl von Bogenschützen, welche die besten vom Sudan sind. Von den übrigen Provinzen unter der Botmäßigkeit des Sokoto-Sultans sind Zegzeg mit der Residenz Zaria, und Adamaua mit der Residenz Jola namentlich bekannt und von bedeutender Ausdehnung, Katsena hat viel von seiner früheren Macht durch die immerwährenden Kriege mit den Guben und Mariadis verloren. Außer diesen Fellatabesitzungen, welche dem Sultan in Sokoto untergeben sind, gibt es noch zwei Fellataprovinzen am Kwora, Namens Nyffi (oder Nufi) mit 2000 Pferden, und Alyori (Youri) mit 5000 Pferden, welche dem Sultan von Gondu, Chalilu, Tribut entrichten.

Am 5. März verließ Barth Gondu, um gegen Osten durch bornoische Provinzen nach Kuka zu ziehen, indem er vor der Trennung mit Richardson die Verabredung getroffen hatte, daß sie sich am 1. April in dieser Stadt wieder zusammenfinden sollten; auf dieser Reise war es, wo Barth gelegentlich die Kunde von Richardsons Tod erhielt. Nachdem er so schnell wie möglich an Ort und Stelle dieser traurigen Begebenheit geeilt war und sich sämtlicher Papiere Richardsons versichert hatte, zog er nach Kuka, woselbst er am 2. April 1851 eintraf. Er stellte sich sofort dem Scheich in dessen Palast vor, und zwar als einer der noch am Leben gebliebenen Christen, welche von England gekommen seien, um ihm im Namen der Königin Gaben zu überreichen. Der Scheich empfing ihn mit vieler Güte und Gastfreundlichkeit; in Kuka fand Barth Briefe von Europa vor, und die Freude, welche er empfand, da er nach Verlauf von neun Monaten Kunde aus Europa erhielt, war gewiß, wie er selbst sagt, unbeschreiblich. Erst am 7. Mai traf Overweg von seiner Reise in Kuka ein. Bis dahin machte Barth mit der ihm eigentümlichen Ausdauer Vorbereitungen zur Untersuchung des Tsadsees und zog Nachrichten über alle Teile von Zentralafrika ein. Hierzu war der Zeitpunkt seines Aufenthaltes sehr günstig, da er in Kuka viele Pilger aus den westlichen Teilen Afrikas antraf, einige auf ihrer Hinreise nach Mekka, andere auf ihrer Rückreise von dort begriffen. Es gelang ihm, in solcher Weise mehrere wichtige Reiserouten nach verschiedenen Richtungen zu erhalten; ein Reisender, welcher an einer zweijährigen Fellata—Razzia Teil genommen hatte, gab ihm sogar eine Reiseroute zu einem Volke an, welches am Meere gen Westen wohnte. Endlich brachte Barth auch während dieser Zeit Ordnung in die Angelegenheiten der Expedition, welche sich, namentlich was die Finanzen betraf, bei seiner Ankunft in Kuka nicht in dem besten Zustande befanden. Der Wesir in Borno riss ihn jedoch aus seiner ärgsten Verlegenheit, indem er ihm 100 Dollars vorschoß. Es wurde ihm nun möglich, wenigstens zum Teil Richardsons Dienerschaft zu bezahlen.

Von Tagelel war Overweg gen Westen nach Guber und Mariadi, zwei unabhängig heidnischen Ländern, gereist, welche zwischen dem Tuareglande gen Norden (Damergu) und dem Fellatareich gen

Süden liegt, und also ganz von muhammedanischen Völkern umgeben sind. Vor ungefähr fünfzig Jahren waren auch diese Gegenden von den Fellatas erobert, allein fünfzehn Jahre später empörten sich die Assenas, d.h. die Heiden in Mariadi und warfen das Joch ab. Diese befinden sich nun in einem ewigen Krieg mit ihren Nachbarn, und bis jetzt ist die ganze Macht des Sultans von Sokoto nicht im Stande gewesen, die ausgezeichneten Bogenschützen dieser Heiden zu besiegen oder in ihrem waldreichen Land festen Fuß zu fassen. Die Hauptstadt Mariadis liegt in einer weitausgedehnten, fruchtbaren, waldigen Ebene, fünfundzwanzig geographische Meilen N.O.N. von Sokoto, und ist von wohlangebauten Gärten umgeben. Die Einwohner von Mariadi und Guber sind ein Gemisch von Tuareg und Negern und ein schönes kräftiges Volk. Overweg verbrachte zwei angenehme Monate in diesen Ländern, indem er häufig mit den gastfreundlichen Einwohnern vom Morgen bis zum Abend an ihren Jagden teilnahm und sich an der verhältnismäßig kühlen und erfrischenden Atmosphäre labte. Die Sultane von Mariadi und Guber, mit welchen Overweg in ihrer eigenen Sprache reden konnte, gaben ihm viele Nachrichten über ihre Sitten und erhielten auch dafür von ihm eine Idee von denen der Christen, und es schien, als begriffen sie Alles. Sie besichtigten mit Verwunderung viele der schönen Gegenstände, in deren Besitz er sich befand, und fanden die Art seines Benehmens sehr angenehm. Allein eines vermochten sie nicht zu begreifen, nämlich daß ein Mann nur eine Frau haben dürfe. In Mariadi nämlich legt der Mann, sobald er im Stande ist, irgend etwas zu erübrigen, und sich einen einfachen Anzug gekauft hat, den ganzen Rest seines Vermögens in Frauen an. Wünscht einer sich zu vermählen, so schenkt er den Eltern nur 4 bis 5 Dollars oder 2 bis 4 Stück Rindvieh, und die Heirat ist geschlossen. Diese Einkäufe steigern sich ganz im Verhältnis zu den Einnahmen. Overweg wurde als Arzt, namentlich in Augenkrankheiten, häufig consultiert. Seine weiße Hautfarbe war jedoch ein Gegenstand des Schreckens und Abscheues, und die Kinder liefen entsetzt und schreiend fort, wenn sie ihn von fern erblickten.

Über Sinder, woselbst er den Tod Richardsons erfuhr, reiste Overweg einen etwas südlicheren Weg als den, welchen Richardson eingeschlagen hatte, nach Kuka, wo er am 7. Mai 1851 eintraf. Die beiden Reisenden erhielten von dem Scheich ein gutes Haus von bedeutender Größe zur Wohnung, und wurden täglich mit Fleisch, Reis, Weizen, Butter und Honig versehen.

Es war der große Plan unserer Reisenden, gegen Süden von dem Tsadsee durch das Festland Afrikas ganz bis nach dem indischen Ocean zu ziehen. Indes war es notwendig, daß man sich erst einige Kenntnis von den Ländern verschaffte, welche bereist werden mußten. Auf seinem Wege von Kano nach Kuka hatte Barth oft ein Land gen Süden, Namens Adamaua, als das fruchtbarste und schönste Land von Zentralafrika rühmen hören. Unter dem Schütze eines Kaschellas (Kapitäns), welchen der Scheich von Borno ihm, nicht ganz mit seinem Willen übereinstimmend, mitgab, und begleitet von einem sehr bereisten Mann von Jakoba in Bautschi, welcher sich viele Jahre hindurch in Adamaua aufgehalten hatte, unternahm Barth eine Reise nach Yola, der Hauptstadt in Adamaua, und zwar vom Ende Mai bis Ende Juli 1851, während Overweg sich darauf vorbereitete, den Tsadsee zu beschiffen. Diese Reise ging von Kuka aus gegen Süden, durch Bornoprovinzen, welche bis Mabani in Udschi vollkommen flaches Land waren, mit Ghossub, Ghafuley, Baumwolle und ein wenig Indigo angebaut. Gegen Süden nahm die Baumvegetation zu; anfänglich nämlich bemerkte man nur kleine Tholukbäume, welche doch Demjenigen, welcher aus der nackten Gegend Kukas kam, einen angenehmen Anblick gewährten; allein weiter gen Süden traf Barth auf große Akazien, auf wilde Feigenbäume, auf Garbi, einen schönen Baum mit kleinen Blättern und einer der Kirsche ähnlichen Frucht, sowie auch Bauré, gleichfalls ein prachtvoller Baum. Die südlichste Provinz von Borno, Namens Udschi, ist die schönste und fruchtbarste und die meist bevölkerte des Reiches, so wie Kano es im Fellatareiche ist.

Südlich von Udschi liegt ein Land von einer Größe von 10,000 englischen Meilen zwischen Mandat gen Osten und Babel gen Westen, und von einem heidnischen Volke, Namens Marghi, bewohnt. Sowohl Adamaua als Borno eignen sich die Herrschaft über das Marghiland zu. Daßelbe ist jetzt größtenteils öde und in Folge der Sklavenjagden mit dichter Waldung bedeckt; doch soll es noch immer 20,000 Mann, bewaffnet mit Pfeil und Bogen, mit drei oder vier Speeren und einer eigentümlichen eisernen Waffe, welche im Handgemenge angewendet wird, eine Ellelang und ¾ Zoll dick und mit einer gekrümmten Spitze, ins Feld stellen können. Die Marghi sind ein schönes hochgewachsenes, wohlgestaltetes Volk mit einer eigentümlichen Sprache; einige sind schwarz, andere kupferfarbig. Ihre Dörfer bestehen aus Gruppen von Hütten für jede einzelne Familie. Die Hütten waren besser gebaut als die, welche Barth bis dahin in Borno gesehen hatte. Die Marghi gehen ganz nackt, nur tragen sie einen kleinen Ledergürtel um die Lenden und eine Menge hübsche eiserne und elfenbeinerne Ringe um Arme und Beine. Die Weiber durchstechen ihre Unterlippen, die Männer das rechte Ohr, aber keiner von ihnen macht Einschnitte in das Gesicht oder in den Körper. Jedes Dorf betet seinen eigenen Gott in einem heiligen Haine von prächtigen Bäumen und mit einem Graben umzogen, an. Der Hain dient in Kriegszeiten als Citadelle und hierher bringen die Einwohner alle ihre Kostbarkeiten. Ein Felsen in der Nähe der Hauptstadt, Kobtschi genannt, ist der Gegenstand großer Ehrfurcht, und dort werden die Gottesurteile vollstreckt, welche viel Ähnlichkeit mit den europäischen Gottesurteilen des Mittelalters haben. Der Tod eines Greises wird durch Freudenfeste gefeiert, der eines jungen Mannes durch Trauer und Wehklagen. Es heißt von Marghi, daß es ein gefährliches Land für die Durchreisenden sei, welches auch der Fall war, als Barth die Hinreise unternahm. Allein auf der Rückreise wurde er mit sehr vieler Freundlichkeit behandelt. Das Land besteht aus einer Ebene mit Waldungen, welche reich an Elephanten sind; während der Regenzeit verändert sich fast die ganze Ebene in Sumpf und Morast. Dieselbe erstreckt sich gen Osten nach dem Mandavagebirgen, welche Barth deutlich als eine isolierte Bergkette unterschied, und die somit nicht, wie man früher angenommen hat, ein Teil einer bedeutenden Bergkette seien, welche sich durch diesen ganzen Teil von Zentralafrika von S.S.O. nach N.N.W erstrecken soll. Gegen Südosten geht die Ebene in eine Landschaft mit Hügeln über, welche zu der Granitformation gehören, bis zum Gipfel bewachsen sind und von unabhängigen heidnischen Stämmen bewohnt werden. An der Südgrenze von Marghi stieß Barth auf den ersten, stets wasserreichen Fluß, den er, seitdem er das mittelländische Meer verlassen, gesehen hatte. Derselbe war ein Nebenfluß des Schary und erhielt eine große Menge Fische.

Das Land Adamaua wird von Barth wegen seines üppigen Graswuchses und seiner zahlreichen Viehherden gelobt. Die Atmosphäre war dort kühl und erfrischend, und der Himmel den größten Teil des Tages bewölkt; Gewitter traten fast täglich ein. Das Land hat überall ein reiches schönes Äußeres; die Häuser waren solider gebaut, als in den nördlichen Gegenden vom Sudan, weil hier die Regenzeit länger, nämlich sieben volle Monate dauert. Die Bevölkerung ist bedeutend; man begegnet jede dritte oder vierte Stunde großen Städten, zwischen welchen kleine Dörfer liegen, die ausschließlich von den Sklaven der herrschenden Fellatas bewohnt sind. Diese verrichten alle Arbeit z jeder Fellata, selbst der ärmste, besitzt wenigstens 2 bis 4 Sklaven. In keinem Lande der Welt ist die Sklaverei zu einer solchen Ausdehnung gelangt, wie in Adamaua, dessen herrschende Bevölkerung in einem immerwährenden Krieg mit den Heiden der Gebirge verwickelt ist. Die

Sklaven machen deshalb mit dem Vieh zusammen den Reichtum der Bevölkerung aus. Die Häuptlinge besitzen zahllose Scharen von diesen Elenden, aber dessenungeachtet führt Adamaua wenig Sklaven aus, weil sich dieselben nicht leicht auf den Sudanmärkten verkaufen lassen, indem sie, wenn sie aus ihrer Beigegend kommen, leicht sterben. Nichtsdestoweniger bilden doch Sklaven und Elfenbein die Hauptgegenstände des Handels. Die große Menge von Elephanten macht das Elfenbein in Adamaua außerordentlich billig; zwölf Tagereisen südlich von Yoli in Baya findet man noch größere Scharen von Elephanten, Die Waren, welche eingeführt werden, sind namentlich Turbedis (dunkelgefärbtes Baumwollenzeug), Röcke, Glas, Perlen und Salz. Die Muscheln oder Kauris haben in diesem Lande keinen Wert; der Tauschhandel geschieht durchschnittlich durch kleine Streifen, groben Baumwollenzeugs, welches Gebbegas genannt wird; die Gebbegas bestehen aus blauen und weißen, 3 bis 4 Zoll breiten Baumwollenstreifen von schöner Arbeit, welche an mehreren Orten vom Sudan gewebt werden. Diese Streifen werden später sehr künstlich zusammengenäht; allein in der Form von Streifen kursieren sie als Münze. Vogel beklagt sich deshalb in einem Briefe aus der Wüste der Tibbos über die Mühe und den Zeitverlust, welchen das immerwährende Abmessen und Abschneiden von Kattun verursacht.

„Der wichtigste Tag meiner ganzen afrikanischen Reise", sagt Barth, „war am 18. Juni, als wir bei Taepe den Fluß Benue dort erreichten, wo der Faro sich in denselben ergießt. Von dem Tage an, wo ich Europa verließ, habe ich keinen so großen und imponierenden Fluß gesehen. Benue oder „die Mutter der Gewässer", welcher weit größer als Faro ist, hat an der Stelle, wo er meist überschritten wird, eine Breite von einer halben englischen Meile, einer Tiefe von 9 Fuß. Auf unserer Rückreise, elf Tage später, fanden wir eine Zunahme der Tiefe um 1 Fuß. Der Fluß Faro war 2 ½ Meilen breit und 3 Fuß tief, allein die Tiefe hatte bei unserer Rückkunft 7 ¼ Fuß zugenommen. Beide Flüsse haben einen sehr starken Strom und ergießen sich gen Westen nach dem Kwora (Niger). Wir segelten in Böten, welche aus einem einzigen Holzstamm gemacht, 25 bis 35 Fuß lang und 1 bis 1 ½ Fuß breit waren, über den Benue. Dahingegen wateten wir durch den Faro, wenn auch nicht ohne Schwierigkeiten, weil derselbe eine starke Strömung besitzt, Benue soll neun Tagereisen südöstlich von Yola, und Faro sieben Tagereisen von dem Felsen, Namens Labul, entspringen. Während der Regenzeit wird das Land in bedeutender Ausdehnung von beiden Strömen überschwemmt, welche gegen Ende des Juli ihren höchsten Stand (Benue 40 bis 50 Fuß) erreichen, auf welcher Höhe sie sich während vierzig Tagen, also bis zum Anfang des September, halten, wo dann die Gewässer zu fallen beginnen. In Folge dieser Überschwemmung eignet sich das Benuetal vorzüglich zur Anpflanzung von Reis, welcher auch hier gebaut wird. Beide Flüsse wimmeln von Krokodilen; der Benue soll Gold mit sich führen."

Nachdem Barth über den Fluß gesetzt, betrat er zuerst eine sumpfige Gegend, darauf eine schöne dicht bewohnte Landschaft, welche sich bis Yola erstreckte. Hier langte Barth am 22. Juli an. Yola ist die Hauptstadt in Fumbina oder Adamu, wie dieses Land jetzt nach dem Vater des gegenwärtigen Herrschers Mallem-Adama, der es eroberte, genannt wird. Die Stadt liegt in einer ziemlich sumpfigen Ebene, welche während der Regenzeit von einem Arm des Flusses überschwemmt wird. Sie bedeckt ein großes Areal, 2 ½ englische Meilen von Osten gen Westen und 1 ½ Meilen von Norden gen Süden. Sämtliche Häuser sind von Lehm, nur das nicht, welches der Sultan und seine Familie bewohnt. „Wir ritten auf den Palast des Sultans zu", erzählt Barth, „und wurden in einem Hause einquartiert, welches einem feinen Häuptlinge gehörte, mein Empfehlungsbrief von dem Scheich von Borno wurde abgegeben und machte im Ganzen einen guten Eindruck. — Der Brief stellte mich als einen Fremden, als einen Christen dar, welcher gleichfalls sein heiliges Buch besäße und also kein Heide sei, der Adamaua besuche, um dort die Taten des allmächtigen Gottes zu erforschen und zu bewundern. Diese letzten Worte machten jedoch den Fellatahäuptling rasend, allein eine noch ärgere Wirkung brachte der Brief hervor, welchen mein Begleiter, der Kaschella, abgab und in welchem der Scheich von Borno in einer ziemlich energischen Weise seine Forderung auf das streitige Grenzland geltend machte. Drei Tage darauf wurde mir deshalb eine Botschaft des Sultans überbracht, dahinlautend, daß ich die Stadt verlassen und auf demselben Wege zurücklehren müsse, den ich gekommen sei. Diese ärgerliche Ordre wurde mir von dem Bruder des Sultans Mallem—Mansur übergeben, welcher nach ihm die größte Macht besaß, mir viel Freundlichkeit während meines Aufenthaltes erzeigt hatte, und nun einen Versuch machte, mich zufriedenzustellen. Er versicherte mir, daß ich dem Sultan sehr willkommen sein würde, wenn ich ihm einen Brief von seinem Herrn in Sokoto überbrächte. Als ich Mallem—Mansur die Geschenke überreichte, die für ihn bestimmt waren, sagte er, daß der Sultan, sein Bruder, mir zwei Sklaven zum Geschenk gesendet habe und nun auch die für ihn bestimmte Gabe fordere. Ich erklärte, daß ich die Geschenke des Sultans nicht annehmen könnte, da es von meinem Standpunkte aus eine Sünde sei, Sklaven zu besitzen, und daß ich ebenso wenig einem Sultan, der mir in solcher Weise sein Land zu verlassen befohlen hatte, das kleinste Geschenk machen würde, als solches von ihm annehmen. Kurze Zeit darauf verließen wir Jola, begleitet von zwei Reitern, welche den Befehl hatten, uns sicher bis über die Grenze zu geleiten."

Das wichtigste Resultat dieses kurzen Ausfluges nach Adamaua und in praktischer Hinsicht vielleicht das bedeutendste der ganzen Reise, ist die Entdeckung des Flusses Benue; denn da derselbe dem Anscheine nach der obere Lauf vom Tschadda, einem sehr bedeutenden Nebenflüsse von Osten nach dem Kwora sein muß, so ist dadurch der Hoffnung Raum gegeben, daß der europäische Handel unmittelbar den Kwora und Tschadda hinauf, die dichtbevölkertsten Länder südlich von dem Tsadsee zu erreichen im Stande sein wird Noch eine interessante geographische Ausbeute lieferte dieser Ausflug. Barth leugnete nämlich, daß es in diesem Teil von Afrika schneebedeckte Berge gibt, da selbst der höchste Berg in Adamaua, der Atlantika, welcher wahrscheinlicher Weise über 10,000 Fuß hoch ist, keinen schneebedeckten Gipfel hatte, während die Mehrzahl anderer Gebirge, wie es schien, nicht mehr als 3000 Fuß über den sie umgebenden Boden emporsteigen.

Als Barth gegen Ende des Juli 1851 von Kuka zurückkehrte, war Overweg noch mit seiner Untersuchung des Tsadsees beschäftigt. Der Leser wird sich erinnern, daß ein Boot zur Beschiffung dieses Sees gebaut, in mehreren Stücken auf vier Paar Kamelen durch die Wüste transportiert worden war. Diese Stücke ließ Overweg von arabischen Zimmerleuten zusammensetzen und in Maduari östlich von Kuka, lief das Boot unter dem Namen „Lord Palmerston" in Anwesenheit einer ungeheuren Menge Zuschauer, welche vor Verwunderung außer sich waren, vom Stapel. In der Nähe von Maduari befindet sich ein Hafen, woselbst dann und wann Handelsverkehr zwischen den Bornoesen und den unabhängigen Biddumaen, welche auf den Inseln des Sees wohnen, stattfindet. Es gelang Overweg bald, sich auf einen freundschaftlichen Fuß mit der Besatzung einiger großen Bote zu setzen, welche gerade im Hafen lagen und zwei Mann zu bewegen, ihm als Dolmetscher und Matrosen auf seinem Kreuzzuge zu folgen.

Die Ufer des Tsadsees sind von einem sumpfigen Gürtel umgeben, welcher mit Schilf, hohem Gras und Wald bewachsen ist. Auf einer früheren vorläufigen Untersuchung hatte Barth sich vier Tage zu Pferde mühsam einen Weg durch diesen Gürtel gebahnt — das Wasser stieg oft über den Rücken des Pferdes — bis er den See selbst zu Gesicht bekam; er war fast zu der Ansicht verleitet worden, daß es eigentlich gar kein See sei, sondern nur eine zusammenhängende Reihe von Sümpfen.

Am 28. Juni schiffte sich Overweg ein und öffnete sich in Gesellschaft mit zwei Biddumaenbooten während sieben Stunden einen Weg in den engen Gassen oder Rinnen zwischen den kleinen mit dichtem Schilf bewachsenen Inseln, und zwar zum großen Entsetzen sowohl der Menschen, als der Tiere; denn nicht allein die Biddumaen, welche man zufälliger Weise in Booten oder auf umhertreibenden Balken sehr schnell schwimmend antraf, erstaunten beim Anblick des Mastbaumes mit dessen weißen Segeln, sondern auch die Flußpferde, welche in großen Scharen die Kanäle und Inseln unsicher machen, steckten immerfort die Köpfe über die Wasserfläche und starrten die fliegenden Segel an. Gegen Abend erreichte man den offenen See (Inkibul) und machte während der Nacht das Boot bei einer der schwimmenden Schilfinseln fest, welche von großen Schwärmen leuchtender Insekten umschwärmt sind. Während der zwei folgenden Tage steuerte man gegen Nordost über den offenen Teil des Sees, welcher nur 8 bis 12 Fuß Tiefe hat, und wo man kaum einen Fisch, ein Flußpferd oder irgend einen Wasservogel erblickte, von welchen Tieren die schmäleren Kanäle an der Küste gewimmelt hatten. Am Abend des 30. erreichte man die große Gruppe von kleinen und großen Inseln, welche von den Biddumaen bewohnt sind und durch kleine Kanäle, ganz wie die Inseln an den Ufern, getrennt sind. Overweg wurde mit großer Freundlichkeit von den Bewohnern empfangen, namentlich war der Empfang auf der großen Insel Belariga ausgezeichnet. Diese Insel ist vier englische Meilen lang und eine Meile breit; sie ist reich an Ghossubfeldern und hat schöne Weiden voll grasender Rinder. Schon bevor man ans Land stieg, war man auf einige der Einwohner dieser Insel gestoßen, welche erzählten, daß ihr Häuptling, benachrichtigt von dem ihm zugedachten Besuch, nach Kuka gereist sei, um Overweg selbst auf die Insel zu geleiten. Als er nun ans Land stieg, wurde er von den an den Ufern versammelten großen Scharen herzlich bewillkommnet; die Männer drückten ihm die Hand, die Weiber begrüßten ihn mit ununterbrochenem Jubelruf und Gesang. Man führte ihn zu einem schön liegenden hervorragenden Punkt der Insel, woselbst ein Zelt errichtet wurde, und brachte ihm Milch und andere Lebensmittel in Überfluß, Am Abend ehrte man den Gast durch einen großen Aufzug, und immerfort versicherte man ihn der Freundschaft Aller. Am Morgen darauf begaben sich alle Bewohner, sowohl Alt als Jung, auf ihre Ghossubfelder; aber des Abends versammelten sie sich zu festlichen Freudentänzen bei welchen Overweg seine Geschenke an die Bewohner austeilte.

Nach einem Aufenthalt von vier Tagen auf Belariga setzte Overweg seine Richtung nach den andern Inseln dieser Gruppe fort, eine Strecke von einigen Belariga—Biddumaen begleitet, welche mit ihren Handflotten über die engen Kanäle schwammen. Er erreichte jedoch nicht die östliche Seite des Sees, wahrscheinlich weil dieses Ufer von einem Volke, Namens Uaday beherrscht wird, welches sich in Feindschaft sowohl mit Borno, als mit den Bewohnern der Insel befindet. Drei Jahre vor der

Ankunft Overwegs hatten die Uadayen den östlichen Biddumaen über tausend Stück Vieh entführt. Overweg schlug auf seiner Rückfahrt ungefähr denselben Weg ein, den er hinausgesegelt war und traf am 8. August in Maduari ein.

Durch seine Untersuchungen hatte es sich bestätigt, daß der Tsadsee ein Süßwasser und außerordentlich seicht ist; die größte Tiefe, welche angetroffen wurde, betrug 15 Fuß. Die Tiefe und der Umfang des Sees wechseln indes zu den verschiedenen Jahreszeiten und in den verschiedenen Jahren sehr bedeutend. Zuweilen sind die Kanäle zwischen den Inseln, in welchen Overweg jetzt ohne Hindernisse umhersegelte, ganz trocken, ja mitunter soll der ganze See nach den Berichten der Eingeborenen austrocknen; allein zu anderen Zeiten werden die Inseln wiederum dermaßen überschwemmt, daß die Einwohner mit ihrer Habe auf den Gipfeln der Sandhügel, welche sich auf den vielen Inseln befinden, Zuflucht suchen müssen.

Nach der Untersuchung Overwegs ist der Umfang des Sees bei Weitem nicht so groß, als Denham angenommen hat; denn während dieser die Länge von Westen nach Osten auf hundertunddreißig englische Meilen schätzt, schlägt Overweg die durchschnittliche Ausdehnung in dieser Richtung nur auf sechzig bis achtzig Meilen an. Diese Frage ist übrigens durchaus nicht mit Sicherheit zu entscheiden, bis man neue Beobachtungen angestellt, namentlich nicht eher, als man den ganzen See umschifft oder zu Lande umkreist hat. Kurz vor seinem Tode erhielt Overweg eine Zusage des Scheichs von Borno, daß er ihm durch eine Escorte auf einer Reise um den See seinen Schutz angedeihen lassen wollte; früher hatten die politischen Beziehungen zu den Staaten östlich von dem See es nicht erlaubt, an die Ausführbarkeit eines solchen Planes zu denken. Der größte Teil des Sees ist von einem ungeheuren Labyrinth von kleinen Inseln angefüllt; die größte Insel, welche Overweg ausmaß, war nicht über fünf englische Meilen lang. Zwischen den besuchten Inseln und dem westlichen und südlichen Ufer befindet sich das größte offene Wasser, ungefähr fünfzehn englisch Meilen auf jeder Seite, Inkebul, d.h. das weiße oder klare Wasser genannt, zum Unterschiede von dem schwarzen Wasser, d. h. dem trüben Wasser an den Ufern und in den engen Kanälen; namentlich soll der nordwestliche Teil des Sees nach den Aussagen der Inselbewohner einen sehr verwickelten Archipel bilden. Außer Flußpferden, welche an der Seite von Borno schwarz, hingegen zwischen den Biddumaeninseln hellbraun oder rötlich sind, gibt es Krokodile und eine Mannigfaltigkeit von Fischen, namentlich in der Nähe der Ufer und der Inseln. Nach den Berichten der Eingeborenen leben auch Schildkröten von ungeheurer Größe in demselben.

Die Inseln in der Mitte, und gen Nordosten sind von den Biddumaen bewohnt. Dieselben sind ein unabhängiger heidnischer Stamm mit einer eigentümlichen Sprache, welcher nicht nur nie von den mächtigen Nachbarn des Festlandes bezwungen, sondern im Gegenteil ebensowohl die Herrscher und Herren der Seeküste sind, wie diese, indem sie einen ununterbrochenen Seeräuberkrieg mit den muhammedanischen Völkerschaften an allen Seiten des

Sees führen. Sie sind eine nicht gerade hohe, sondern schöne und lebhafte Rasse mit regelmäßigen Gesichtszügen. Die Mehrzahl ist schwarz wie Ebenholz, einige jedoch sind dunkelbraun. Sie sind unter den Schläfen mit zwei kleinen Narben gezeichnet, und es scheint unter den heidnischen Negern eine sehr allgemeine, jedoch nicht eine Sitte ohne Ausnahme zu sein, daß sie Figuren (Schouschoua) in ihr Gesicht einschneiden, die bei den verschiedenen Stämmen auch verschieden an Zahl sind; jedoch darf diese Sitte dem Koran gemäß bei den muhammedanischen Negern nicht zur Ausübung gebracht werden. Die Biddumaen sind anständig gekleidet, sowohl Männer als Frauen; sie tragen gewöhnlich Röcke, von schwarzer Farbe, Sandalen und eine Menge von Zierraten, namentlich Halsbänder von weißen und roten Perlen und hübsche elfenbeinerne Armbänder. Die Weiber tragen einen eigentümlichen Kopfputz, welcher Ähnlichkeit mit Schmetterlingsflügeln hat und vom Kopfe in einer Ausdehnung von 15 Zoll horizontal absteht. Ihre Hauptwaffen sind Lanzen und Speere, mit welchen die Männer in den Krieg ziehen und die Flußpferde und Krokodille jagen. Ein Beweis ihres freundlichen Charakters ist der, daß sie sowohl den Schua-Arabern als den vertriebenen Kanembuen gestatten, unter ihnen zu wohnen; von den Ersteren haben sie etwas Arabisch gelernt. Außer Böten von Planken von 40 bis 50 Fuß Länge (eines, welches Overweg ausmaß, hatte eine Länge von 43 Fuß, eine Breite von 6 Fuß und eine Tiefe von 2 Fuß) benutzen sie kleine Flöße von Schilf und Rohr. Segel kennen sie gar nicht, sie schieben die Böte mit langen Stangen vorwärts, mit welchen sie fast überall den Grund erreichen können; sie sind zwar im Besitz einiger sehr kleinen Ruder, allein sie bedienen sich derselben so gut wie gar nicht; sie schwimmen ausgezeichnet. Außer dem Ghossub bauen sie ein wenig Baumwolle an und besitzen zahlreiche Herden von Vieh, sowohl von Rindern wie Ziegen und außerdem viele Pferde,

Die unermüdlichen Reisenden unternahmen noch von Kuka aus, wo ihnen immer ein freundlicher Empfang zu Teil wurde, mehrere Ausflüge nach den Ländern südlich, südöstlich und nordöstlich von dem Tsadsee. Diese Reisen liegen indes noch nicht ganz klar vor Augen und wir können deshalb für jetzt nur im Allgemeinen über die Resultate derselben berichten.

Der erste Ausflug wurde in der Richtung von Nordost unternommen und hatte den Zweck, die Länder östlich und nordöstlich von dem Tsadsee zu besuchen und, wo möglich, das Gebirgsland Borgu zu erreichen, welches mitten zwischen dem Tsadsee und Ägypten liegt. Der Sultan von Wada'i, östlich von dem Tsadsee, war gerade gestorben und sein Land in einen Bürgerkrieg verwickelt. Der arabische Stamm Auelad-Sliman, welchen die Türken von den Küsten des mittelländischen Meeres bis zu den Gegenden nördlich und nordöstlich des Tsadsees vertrieben haben, wo derselbe in Feindschaft mit Borno lebt, hatte den Entschluß gefaßt, die inneren Uneinigkeiten des Wada'ivolks zu benutzen, um ein Territorium, Namens Kanem, zurückzuerobern, welches sie früher im Verein mit Borno beherrscht hatten. Der Scheich von Borno gab den Reisenden eine

Escorte von arabischen Reitern mit, welche sie sicher in das Lager der Araber führen sollte; zugleich brach eine kleine bornosche Hilfsmannschaft mit ihnen auf.

Nach einer Reise von vierzehn Tagen um das nordwestliche Ende des Tsadsees erreichten die Reisenden am 1. Oktober das Lager der Araber, welches aus ungefähr zweihundert arabischen Familien und einer Abteilung von Tebo bestand. Sie wurden mit Reiterevolutionen in großem Style empfangen. Sogleich nahmen sie Teil an den Feldzügen oder Razzias des arabischen Stammes, und es bot einen malerischen Anblick dar, wenn das Lager in Bewegung war und einen Zug bildete, welcher sich bis eine halbe Meile weit mit seinen 5000 Kamelen, seinen vielen Tausend Rindern und Schafen und einigen hundert Pferden erstreckte; die Frauen, die Kinder und die Habseligkeiten befanden sich auf Lasttieren, die ersteren unter einer malerischen Überdachung, welche Ähnlichkeit mit einer Hütte hatte, während die Männer den Zug umschwärmten, um ihn gegen die immerwährend drohenden Angriffe zu sichern. Übrigens endete die Razzia ohne entscheidenden Erfolg; die westlichen Tebostämme von Kanem wurden allerdings unterjocht, allein indem der Zug weiter vordrang, wurden die Araber in der Nähe der Hauptstadt von Kanem unverhofft von einer Übermacht überfallen und in die Flucht geschlagen. Barth und Overweg retteten nur durch einen schnellen Rückzug ihr Leben und ihre Instrumente; und da sie nicht eine neue Wendung des Kriegsglückes abwarten wollten, um nicht die Zeit zu vergeuden, zogen sie sich sogleich nach Kuka zurück, woselbst sie am 14. November anlangten.

Diese Reise hatte keine großen Resultate herbeigeführt; die wichtigste Ausbeute war die, daß die Europäer, welche durch den Aufenthalt in Borno sehr geschwächt waren, eine Jahreszeit, welche in Kuka sehr gefährlich ist, nämlich die Regenzeit, in Kanem verbracht hatten, welches Land im Ganzen genommen gleich Damergu weiter gen Westen ein Übergangsland zwischen Sahara und Sudan ist. Das Klima ist hier, wenn es auch heiß genannt werden muß, doch weit reiner und gesunder als in Borno. Die Reisenden lehrten demnach gestärkt und erfrischt nach Kuka zurück, ein Resultat, wozu indes auch der Genuß von gesunder Nahrung, namentlich von Kamelmilch, bedeutend beigetragen hatte. Kanem zeigte sich den Reisenden, als sie von dem Tsadsee kamen, als ein ansteigendes Terrain mit ausgedehnten wellenförmigen Sandebenen, welches nur wenig Menschen, aber viel Bäume, namentlich Akazienarten, und viele wilde Tiere besaß. In dem westlichen Kanem fehlte es an Fels und Gestein und die Vertiefungen in der Oberfläche waren dort keine Täler, sondern regelmäßige zirkelrunde oder ovale Einsenkungen, in welchen die Quellen nebst einer reichen Vegetation anzutreffen sind; in dem westlichen Kanem zeigten sich wieder Täler, welche von Osten gen Westen liefen, und in welchen Felder mit Mais und ein wenig Weizen, sowie auch dichte Palmenwälder gefunden wurden. Die Dattel— und Dumpalme wachsen nebeneinander in Kanem; die Bevölkerung, die Tebo, zeigen leine Lust zu tapferer Gegenwehr; sie ziehen sich am liebsten vor angreifenden Feinden zurück und verbergen sich in ihren

Waldungen oder in ihren Schluchten zwischen den Felsen oder in Höhlen unter der Erde. Ungefähr ein Jahr später, einige Tage vor dem Tode Overwegs, gelangte die Nachricht nach Kuka, daß Kanem von der arabischen Armee unterworfen sei.

Schon am 25. November 1851 war wieder eine Gelegenheit vorhanden, unter dem Schutz eines Kriegsheeres, das aus einem arabischen Stamme, dem Auelad Sliman, d.h. Kinder Solimans, der aus Tripolitanien ausgezogen war und aus Bornoern bestand, den Versuch zu wagen, die unbekannten Gegenden zu erreichen. Der Scheich von Borno sandte eine große Armee von 10,000 Reitern und ebenso vielem Fußvolk aus, welche das Volk in Mandara züchtigen sollte. Das Heer bewegte sich über eine ungeheure Ebene und näherte sich den Grenzen von Mandara, gleichfalls einer Ebene, welche nur wenig Bäume aufzuweisen hat, aber soweit sie von den Kanoris (den Bornoesen) bevölkert ist, in vorzüglicher Weise Ghossub, Baumwolle und Zwiebeln produziert, bis sie weiter gen Süden, wo sie mit Schuo-Arabern bevölkert ist, nur wenig angebaut (Reis ist hier die Hauptkultur), aber reich an Elephanten, Löwen und Giraffen ist; hier begegnete die Armee Gesandten von dem Sultan von Mandam, welcher Unterwerfung gelobte. Die Armee wurde deshalb dazu benutzt, einen Einfall in die ferneren gen Süden und Südosten liegenden Länder zu unternehmen. Dieselbe drang, immer über eine Art von Ebene, in Musgo ein, ein Land, welches von den Bornoprovinzen durch eine unbewohnte Wildnis nach Filis Obadscha getrennt ist, woselbst die wilden Tiere, Löwen, Giraffen und Elephanten regieren.

Musgo ist der flachste horizontalste Landstrich, welchen die Reisenden im Sudan angetroffen haben; dermaßen flach, daß selbst die strömenden Gewässer dort die größte Zeit des Jahres still stehen und sich in eine Menge verschiedene Teiche absondern; nur während der Regenzeit vereinigen sich diese Teiche wieder und strömen entschieden in einer Hauptrichtung, nämlich gegen den Tsadsee, gegen welchen das Land eine schwache Abdachung zeigt; einige jener Teiche schwellen um diese Zeit zu mächtigen Flüssen an. Das Bornoheer drang ohne besonderen Widerstand in das dichtbevölkerte Land ein. Die Bevölkerung ist nicht schön, aber es ist ein wohlproportionierter Stamm; derselbe flüchtete jedoch nach kleinen Scharmützeln in die Wälder. Er schien nicht besonders kriegerisch zu sein, oder sich durch Zusammenhalten auszuzeichnen; dahingegen deutete Alles darauf hin, daß es ein arbeitsames Volk sei; seine Felder waren gut bestellt, namentlich mit Ghossub, und die Häuser mit vielen Bequemlichkeiten versehen. Als die Armee Wulia, unter 10 Grad nördlicher Breite liegend, erreicht hatte, bildete sie eine Art befestigten Lagers, von wo aus sie Razzias nach allen Richtungen hin unternahm. Auf zwei dieser Razzias begleiteten sie unsere Reisenden, und auf beiden wurde dem Heere bei Serbenel, einem Nebenflusse des Schari, Halt geboten, weil derselbe zu tief war, um ihn zu durchwaten, und überdies noch die Feinde auf dem entgegengesetzten Ufer im Hinterhalt lagen und Jeden töteten, der sich in den Fluß wagte. Mit einer Beute von 5000 Sklaven und 1000 Stück Rindern gelangte das Heer am 1. Februar 1852 in Kuka an. Berge hatten die Reisenden nur auf dem

Territorium des Mandara erblickte.

Kurz darauf zogen unsere beiden Reisenden wiederum auf kleine Ausflüge aus, allein diesmal Jeder für sich. Barth brach zuerst auf. Als Bagirmi, ein Reich sudöstlich von dem Tsadsee, zu dieser Zeit in Frieden mit Borno lebte, hegte er die Hoffnung, daß das Empfehlungsschreiben von dem Scheich in Kuka ihm dort einen guten Empfang bereiten würde. Dies war indes bei Weitem nicht der Fall, Durch Logone, ein Reich, welches sich längs des Flusses Logone oder Serbenel, des genannten Nebenflusses des Schari erstreckt, erreichte er glücklich den Schari— oder Asufluß, denjenigen Fluß, welcher namentlich den Tsad mit Wasser versorgt und zugleich die Westgrenze von Bagirmi bildet, allein es wurde ihm untersagt, den Fluß zu überschreiten, weil ein Bewohner von Bagirmi, welcher in Kuka gewesen war und sich dort nicht genügend geehrt gefühlt, das Gerücht verbreitet hatte, daß Barth ein großer Zauberer sei, welcher nur umherreise, um das Land in Aufruhr zu bringen. Auf einer anderen Stelle weiter am unteren Laufe des Flusses gelang es ihm jedoch, über denselben zu setzen; aber unter verschiedenen Vorwänden hielt ihn das mißtrauische Volk an mehreren Orten zurück. Endlich bekam er die Erlaubnis, die Hauptstadt Namens Masena, zu betreten, und hier hielt er sich nun eine lange Zeit auf, ohne weiter vorwärts dringen zu können. Am 6. Juli erhielt er von Kuka die Nachricht, daß dort Briefe und eine bedeutende Geldunterstützung von Europa angekommen seien. Er sehnte sich nun, sobald wie möglich sich mit seinem Reisegefährten zu vereinigen, um größere Unternehmungen ins Werk zusetzen; allein der Sultan in Masena hielt ihn dort noch einen ganzen Monat zurück, damit er einem großen Festzuge beiwohnen möge. Endlich am 8. August gelang es ihm, Masena zu verlassen; in zehn Tagen zog er zurück nach Kuka durch die große Ebene, welche um diese Zeit nach dem Regen außerordentlich üppig und reich an Wachstum war, indem selbst kleine Nebenflüsse zu mächtigen Strömen angeschwollen waren und ein Teil des Loggene unter Wasser stand. Wenn Barth auch auf dieser Reise nicht gerade vieles mit eigenen Augen gesehen hatte, so war die Ausbeute doch keine geringe zu nennen. In Masena, welcher Ort die Hauptstadt in einem offiziellen muhammedanischen, aber im Grunde halbheidnischen Lande ist und auf der großen Route der muhammedanischen Pilger aus dem westlichen und inneren Afrika liegt, hatte er eine Menge Nachrichten über die Länder und Völker gen Osten bis nach Darfur eingeholt, so daß er im Stande war, von dem Land vom Tsadsee bis nach Darfur eine ziemlich genaue Karte zu zeichnen. Die Gebirgsgegend nimmt erst in dem östlichen Teile von Bagirmi ihren Anfang, während der übrige Teil des Landes eine Ebene ist, und durch den Schari mit dem Wassersystem des Tsadsee zusammenfällt. Dieses Wassersystem läßt Barth, wie es scheint, nicht unmittelbar mit dem des Nils zusammenfallen, indem er beide durch zwei kleinere mit den anderen parallelen Wassersystem trennt. Das eine derselben ist das des Fritteifees in Wada'i, mit dessen Hauptfluß Batha, welcher ihm die Gewässer von dem westlichen Teile des Marchgebirges in Darfur zuführt; dieses Becken soll in gar keiner .Verbindung mit dem des Tsadsees stehen. Das andere ist ein sehr wenig entwickeltes System, bestehend aus kleinen Teichen und Flüssen, welche keine bestimmte Richtung, namentlich in Folge der horizontalen Erstreckung des Landes, besitzen. Sie sind ganz von demselben Charakter, wie die früheren bei Musgo erwähnten; aber die Lage und Natur dieses Systems ist, wie Barth selbst eingesteht, sehr unklar.

Die Nachrichten, welche er in Masena einholte, setzten ihn auch in den Stand, eine ausführliche Abhandlung über Geschichte und Ethnographie der Bagirmi—Wada'i und deren Nachbarvölker niederzuschreiben und ziemlich reiche Wörtersammlungen zu den Sprachen in Loggene, Bagirmi und Wada'i, sowie weniger reiche Wörtersammlungen, jedoch von wenigstens zweihundert Wörtern, zu acht anderen Sprachen zu liefern. Er machte auch die Beobachtung, daß europäische Handelswaren auf den bestehenden Handelswegen schon jetzt die östlichen Gegenden von Bagirmi erreichten.

V.

Overwegs Tod.

Overwegs letzte Wanderung. — Sein Tod in Maduari am Tsadsee. Die Todesnachricht in Europa. — Dr. Vogels Nachsendung.

Vom 24. April bis zum 22. Mai 1852 hatte Overweg eine Reise in die südwestlichen Provinzen Bornos gemacht, welche an das Reich der Fellata grenzen. Es war sein Plan, in dieses Reich einzudringen, allein der Großwesir in Kuka hatte ihn vor Überschreitung der Grenze gewarnt, wenn er sich nicht im Voraus durch eine Escorte von Fellatas schützen könnte. Die Ebene erstreckt sich über hundert englische Meilen in südwestlicher Richtung von Kuka aus und besteht teils aus sandigem, teils aus lehmigem Boden. Die Vegetation derselben hat ganz und gar den Charakter der Savannen: Gras, welches in der trocknen Jahreszeit zum größten Teil verdorrt und wenige niedrige Bäume, namentlich Tholuken und Mimosen, sowie einige Büsche, welche in der dürren Zeit ihre frische grüne Farbe verlieren. Die Bevölkerung, die aus Kanons und Schuhas besteht, baut Ghossub an. In der trocknen Jahreszeit wimmelt die Ebene von Straußen und Gazellen, in der Regenzeit von Löwen und Elephanten. Gegen die Hügel nach Süden war die Vegetation kräftiger und das Gras wuchs dort bis zur Höhe eines Mannes zu Pferde. Südlich vor der Ebene nimmt eine Hügelregion ihren Anfang, die außerordentlich fruchtbar und wohlangebaut ist; in Gudscheba baute man fünfzehn verschiedene Arten eßbare Pflanzen, und von siebenundvierzig Bäumen, welche die Einwohner mit besonderen Namen zu benennen wußten, trugen zweiunddreißig Arten eßbare Früchte, drei Arten eßbare Wurzeln und Blätter. Weiter gen Westen sind diese Hügel aus rotem Sandstein mit flachen Gipfeln und von Klüften und Tälern durchbrochen, und hängen vielleicht mit dem westlichen Plateau Afrikas zusammen. Diese Formation tritt an mehreren Orten hervor, namentlich weiter gen Osten in den Marghishügeln, welche in der Richtung von N.W. nach .S.O. sich 400 bis 500 Fuß über den sie umgebenden Boden erheben; die daran stoßenden Ebenen bestehen aus rotem Ton, aus welchen sich Felsen mit eingesprengtem Eisenstein erheben, hier sind deshalb viele Spuren von Eisenwerken. Auf der Nordseite von den Marghishügeln fand Overweg die größten Sandsteinbrüche Mittelafrikas; einige Fuß unter der Aluvialerde lagert der Quarz in einer Mächtigkeit von 2 bis 3 Fuß; durch die Gewalt des Feuers machen die Einwohner das Gestein zum Bearbeiten geeigneter, bebauen es dann durch Hilfe von Äxten und bilden daraus Blöcke, welche sie mit stumpfen eisernen Meißeln und Kieselsteinen von der Größe eines Menschenkopfes zu Mühlsteinen zerspalten. Zwischen der östlichen und westlichen Sandsteinformation fand Overweg in Baber eine entschiedene Basaltbildung, welche durch eine Formation von Kalkstein mit Versteinerungen (Ammonit und Belemnit) und Gips (vielleicht eine Juraformation) emporschießt.

Diese von Overweg bereisten Länder erkennen

im Ganzen die Oberhoheit von Borno an; allein aus vielen Zügen geht es klar hervor, daß diese Oberhoheit oft nicht viel zu bedeuten hat. Overweg traf oft auf wandernde Fellatastämme mit großen Herden von vorzüglichem Vieh, und zwar so groß und stark, daß die Löwen sie nicht anzugreifen wagten. In dem nordwestlichen Teile dieser Landschaften wohnen die Kerrekerris, ein Volk, welches sich namentlich von Plünderung ernähren soll. Dora, eine Stadt westlich von Gudscheba, war fast öde; dieselbe war im Jahre 1830 dermaßen von den Fellatas mitgenommen worden, daß der Sultan von 230 Pferden gar keins und von 70 Frauen nur 3 zurückbehielt. In den Babergebirgen sind die nördlichen Stämme allerdings Muhammedaner und erkennen die Hoheit von Borno an; allein die südlichen Stämme des Babervolkes sind Heiden und unabhängig, sowie mehrere andere Stämme dieser Gegenden, unter welchen die Rymien südlich von Baber Menschenfresser sein sollen. Im Osten von Baber wohnen gleichfalls mehrere heidnische Völker, von welchen der Leser aus dem früheren Teil der Reise schon die Marghin kennt. Bei allen den verschieden Stämmen, auf welche Overweg stieß, fand er einen wohlwollenden gastfreundlichen Empfang, mochten sie nun Muhammedaner oder Heiden sein. Es wurden ihm in Überfluß und zu einem sehr billigen Preise Nahrungsmittel angeboten; an einem Orte zahlte er z.B. für ein Schaf den Werth von ungefähr zwei Silbergroschen; die gutwilligen kindlichen Menschen fühlten sich für jede wohlwollende Dienstleistung sehr belohnt, wenn sie nur die wunderbare „Molo", die Spieldose Overwegs, anhören durften, eine Musik, für welche sie gern ihren Schlaf geopfert hätten. Nur in Fika, dem südwestlichsten Punkt, welchen er auf dieser Reise berührte, ganz nahe an der Grenze des Fellatareiches, eine Stadt, welche stark befestigt war und sich rühmt, noch nie, nicht einmal von den Fellatas, eingenommen worden zu sein, machte man eine Ausnahme von dieser Regel. Als Overweg sich in der Umgegend umschaute und einen Hügel besteigen wollte, welcher nach Aussage der Einwohner eine schöne Aussicht über die Stadt gewähren sollte, rottete das mißtrauische Volk sich zusammen, obgleich einige aus ihrer Mitte ihn auf den Hügel geführt hatten. Er Hielt es nun am klügsten, seinen Wanderstab weiter zu setzen; allein der Sultan gab ihm zu verstehen, daß er nicht die Vorurteile hegte, von denen der Pöbel in Betreff der Absichten seiner Reise durchdrungen sei.

Während Overweg in Kuka die Rückkunft seines Reisegefährten aus Bagirmi erwartete, kamen am 24. Juni die lange erwarteten Depeschen aus Europa mit Vorschüssen von bedeutenden Geldmitteln an. Lord Palmerston hatte außer der früheren Summe noch 800 Pfund Sterling bewilligt, und außerdem war nach dem Wunsche Overwegs für 65 Pfund Sterling eine Menge Ware, namentlich Metallwaren, z.B. Nadeln, Messer, Scheren, Rasiermesser, Uhren, Kompasse und dergleichen eingekauft und abgesendet worden. Alles von ausgezeichneter Güte; es hatte sich nämlich herausgestellt, daß die Afrikaner sehr wohl die, Solidität der Ware zu beurteilen wußten, und daß sie immer englische Arbeit vorzogen, sowie sie denn auch natürlicher Weise von den Reifenden, als Repräsentanten der englischen Regierung überhaupt englische Waren erwarteten. Overweg sendete sofort einen Courier nach Másena ab, um Barth diese erfreuliche Nachricht mitzuteilen. Wir wissen bereits, daß dieser dort zurückgehalten wurde, so daß es ihm erst am 20. August 1852 gelang, nach Kuka zu kommen, erfüllt von den großen Plänen, welche er und sein Reisegefährte jetzt ausführen wollten. Zuerst wollten sie gen Osten reisen und Wada'i und Dafur untersuchen; darauf gen Westen bis Timbuktu, dann nach Adamaua, von wo aus sie endlich den Versuch machen wollten, durch den Kontinent bis an den indischen Ocean vorzudringen. Allein diese großen Hoffnungen wurden durch eine traurige Begebenheit plötzlich zu Nichte gemacht. Die Gesundheit Overwegs war durch das Klima und durch Überanstrengung zerrüttet worden. Obgleich er weder in seinen Briefen nach Europa, noch in seinen Tagebüchern sich über seinen Gesundheitszustand beklagt, so geht doch aus den Tagebüchern Richardsons hervor, daß er schon in Ghat an Mattigkeit litt. Während neun Monate hatte er jetzt ohne genügende Ruhe anstrengende Reisen zu Pferde nach Kanem, Musgo und Gudscheba unternommen. Bei der Rückkunft Barths nach Kuka war er sehr abgemagert und es fehlte ihm an Eßlust; die gefährliche Regenzeit hatte mit ihren ersten Regengüssen am 15. Juni begonnen. Um dem Einfluß dieser Zeit zu entgehen, machte er einen Ausflug von drei Wochen gen Norden, um den Fluß zu untersuchen, welchen man in Europa Yeou, Yeo oder Yo nennt, ein Name, welchen die Eingeborenen gar nicht kennen, wogegen sie denselben mit dem Namen Kamadugu, d.h. der Fluß, der Borno—Fluß, bezeichnen.

Seine Untersuchungen lieferten das Resultat, daß dieser Fluß wirklich gen Osten sich in den Tsadsee ergießt, und nicht, wie man wohl hat behaupten wollen, gen Westen auf den Kwora zuströmt; ferner, daß derselbe nie gen Westen seinen Lauf richtet. Dieses Jahr begann der Fluß am 21. Juli zu strömen, und durchschnittlich fließt er sieben Monate lang. Im November überschreitet der Fluß seine Ufer, welche mit Waldungen, mit üppiger Vegetation bedeckt und mit Kanembuen (die Einwohner von Kanem), mit Flußpferden, Löwen, Giraffen, wilden Rindern, wilden Schweinen und Affen dicht bevölkert sind, wogegen die Elephanten in der Nähe des Flusses gänzlich fehlen.

Overweg kam von diesem Ausflug erfrischt nach Kuka zurück; allein schon fünf Tage darauf wurde er vom Fieber angegriffen. Nach seinem Wunsch führte man ihn nach Maduari, zwei Meilen östlich von Kuka, ganz in der Nähe vom Tsadsee, woselbst das Boot, in welchem er den See umschiffte, sich befand, ein Ort, den er vorzugsweise geliebt hatte. Hier starb er drei Tage darauf am 27. September 1853, des Morgens um 4 Uhr. An demselben Nachmittag begrub Barth seinen letzten Reisegefährten dicht am Ufer des Sees, Die Eingeborenen, welche Overweg während seines Aufenthaltes liebgewonnen hatten, zeigten viel Trauer bei seinem Hinscheiden.

Barth konnte jetzt nicht daran denken, alle seine Pläne auszuführen; er gab deshalb die Reise gen Osten, als die weniger wichtige, auf, und faßte den Entschluß, erst durch das Reich der Fellata nach dessen Hauptstadt Sokoto und von dort nach Timbuktu zu reisen, die Länder an beiden Seiten der Strecke des Niger zu untersuchen, welche bis jetzt den Europäern unbekannt geblieben waren. Darauf wollte er namentlich die Länder am Flusse Tschadda-Benue bereisen und den Lauf dieses Flusses von dem Punkte aus verfolgen, zu welchem Allen und Oldfield im Jahre 1830 gelangten, bis an die Stelle, wo er selbst über den Fluß auf seiner Reise nach Adamaua hinübersetzte, namentlich sehnte er sich, ein dichtbevölkertes Negerreich Kororrafa, westlich von Adamaua, zu untersuchen, dessen Einwohner er in hohem Grade wegen ihrer Zivilisation und Industrie hatte rühmen hören, während der Name ihres Reiches kaum den Europäern bekannt war; es sollte jedoch der Name mit dem früher bekannten Uangara synonym sein. Es war die Ansicht Barths, daß man am ehesten oder vielleicht nur von diesen Ländern, namentlich von Adamaua aus, daran denken konnte, quer über den großen Kontinent bis zu dem indischen Ocean zu reisen; die Erfahrung, welche er und Overweg durch ihre Besuche bei heidnischen Negerstämmen (bei Gubern, Mariadis, Biddumaen, Baber, Marghi) gemacht hatten, ließ ihn annehmen, daß man sich ohne Gefahr den im Süden wohnenden Heiden anvertrauen konnte, und was den Verdacht betraf, welchen diese natürlich gegen alle Diejenigen hegen, die aus muhammedanischen Reichen kommen, so meinte er, der Zweck seiner Reise sei jetzt sowohl im Norden wie in Mittelafrika so bekannt, daß die Eingeborenen einen Unterschied zwischen seiner friedlichen Reise und einer muhammedanischen Razzia machen würden.

Bevor sich Barth auf seine einsame und gefährliche Reise begab, brachte er in Kuka alles in Ordnung. Er sandte die schriftlichen Hinterlassenschaften Overwegs nach Europa und legte denselben gleichfalls seine eigenen geographischen und sprachwissenschaftlichen Notizen und Abhandlungen bei. Er schloß darauf im Auftrag der englischen Regierung einen förmlichen Handelsvertrag in Borno ab, und der Herrscher dieses Reiches wünschte Barth selbst als Consul zu behalten, was dieser natürlicher Weise nicht wollte. Er gab sich aber viele Mühe, daß in Kuka sobald wie möglich ein Consul angestellt würde, und namentlich einer, welcher der arabischen Sprache mächtig sei; feiner schlug er vor, daß man dem Scheich von Borno und seinen Wesiren ansehnliche Geschenke übersenden sollte, z.B. dem Scheich einen schönen Wagen, dem Wesir einen Panzer von Silberstahl, ferner schöne Waffen, ausgezeichnete Uhren, Kompasse und Anderes mehr.

Während Barth sich, seines letzten Reisegefährten beraubt, für seine gefährliche Reise vorbereitete, und bevor noch die ganze versprochene Unterstützung angekommen war, dachte man in England daran, die wissenschaftlichen Kräfte der Expedition zu verstärken, und zwar, noch ehe die Botschaft von Overwegs Tod dahin gelangt war. Barth und Overweg hatten sich bereits früher noch einen Reisegefährten ausgebeten, und es lag überhaupt am Tage, daß die wissenschaftliche Ausbeute einer so großartigen Expedition dadurch in Gefahr gebracht sei, daß nur zwei Europäer so ungeheure Schwierigkeiten zu überwinden hatten; außerdem waren Barth und Overweg vom Anfang gerade nicht mit Instrumenten reichlich versehen gewesen, und mehrere von denen, welche sie mit sich führten, hatten teils auf der Reise gelitten, teils waren sie ihnen gestohlen worden. Bei der englischen Regierung herrschte eine große Bereitwilligkeit, die glücklichen Konjunkturen zu benutzen, welche gerade jetzt bei dem langen Aufenthalt der beiden Reisenden in Mittelafrika zugegen waren und darauf hoffen ließen, die Rätsel des inneren unbekannten Afrika gelöst zu sehen. Die größte Schwierigkeit bestand darin, einen dazu befähigten Gelehrten zu. finden; da erbot sich ein dritter Deutscher, Dr. Eduard Vogel, sich der Expedition anzuschließen. Er war Astronom und namentlich Botaniker, welche Eigenschaft eine umso glücklichere genannt werden muß, als weder Barth noch Overweg, und vor diesen weder Denham noch Clapperton spezielle botanische Kenntnisse besessen hatte. Doch wir wenden uns hier wieder zu Overweg, um die Art seines Todes und die Bewegung zu schildern, welche die Trauerbotschaft in Europa hervorrief. Auf Dr. Vogel werden wir in einem folgenden Kapitel zurückkommen.

Am nächsten Morgen, wo Vogel das Schiff Peninsula and Oriental Steam Packet bestieg, welches ihn nach Afrika führen sollte, kam die Nachricht von Overwegs Tode und Barths Entschluß, anstatt nach Süden, westwärts nach Timbuktu zu gehen. Die Depeschen enthielten außer der Todesnachricht die wichtigsten Resultate der Expedition, die bisher nach Europa gekommen, nämlich die Karte von Barth, welche Zentralafrika vom Kworastusse bis Darfur umfaßt und die Entdeckungen und Nachrichten von Adamaua, Bagirmi, Wada'i und darüber hinaus darlegt. „Wohl durfte mir das Herz aufjauchzen bei dem Anblick dieses geographischen Schatzes" sagt Petermann, „aber bei dem. Gedanken an das schwere Opfer, welches selbiger gekostet, konnte ich Tränen nicht zurückhalten. Schmerzlicher noch mußte die Nachricht sein, weil der Tod des dahingeschiedenen so ganz unerwartet und plötzlich war. Denn während dreier Jahre hatte sich die Gesundheit Overwegs ganz vortrefflich bewährt; ja es schien, als ob er sich ganz akklimatisiert habe und als ob sein Körper gegen die mörderischen Eigenschaften des afrikanischen Tropenklimas gesichert sei. In allen seinen Briefen, selbst in dem letzten, gibt er die frohe Versicherung seiner vollkommenen Gesundheit, und so plötzlich wurde er dahingerafft, daß er selbst nichts Schriftliches über seine Krankheit aufzeichnen konnte, wenigstens befindet sich in seinen hinterlassenen, von Barth heimgeschickten und von der englischen Regierung mir übergebenen Papieren kein Wörtchen, was auf Krankheit hindeutet." Noch betrübender wird der Tod Overwegs durch den Umstand, daß er alle seine Tagebücher und Beobachtungen teilweise sehr kurz und abgerissen, teilweise aber auch nur mit Bleistift auf einzelne Blättchen aufgezeichnet hat, so daß ein bedeutender Teil seiner hinterlassenen Papiere unleserlich und unverständlich bleiben muß. Alles Aufgezeichnete ist wahrscheinlich in dem Sinne abgefaßt, daß es erst daheim im Vaterlande ausgearbeitet werden sollte, deshalb muß leider Vieles, was der Verstorbene beobachtet und gesammelt hat, als unwiederbringlich verloren angesehen werden, und wenn man bedenkt, daß er der beste Astronom und Geologe war, der jemals Zentralafrika erreicht hat, so muß sein Tod von einem rein wissenschaftlichen Standpunkt innig betrauert werden, ganz abgesehen von dem noblen Charakter, der den Verstorbenen auszeichnete. Aus seinen Briefen geht hervor, wie sehr er beseelt war für das Unternehmen, mit welcher stillen Hingebung und rührenden Beharrlichkeit er alle Entbehrungen, Mühseligkeiten und Gefahren ertrug; nie murrte oder füllte er seine Briefe mit Jeremiaden aus, sondern sie gaben stets klare und interessante, wenn auch oft sehr kurz gedrängte Abrisse des Fortschritts der Expedition und sein eigenes Ich ist stets im Hintergründe. Deshalb ist zu wünschen, daß seinem Namen derjenige Ehrenplatz in der Geschichte afrikanischer Entdeckungen angewiesen werde, den er so sehr verdient. Die letzten Briefe, welche Overweg an seine Familie schrieb, reichen bis zum 14. August 1852, also bis sechs Wochen vor seinem Tode. Sie erreichten nebst andern seit dem 5. Oktober 1851 London in der Mitte des Novembers 1852, und aus ihnen sind folgende Auszüge entnommen.

In seinem Briefe, datiert in Kanem an der Nordküste des Tsad im Lager eines Araberstammes am 5. Oktober 1851, schreibt er an die Seinigen:

„Ihr werdet es unbegreiflich finden, daß wir uns bei einer Mittagshitze von 39 Grad im Schatten wohl befinden. Ich erfreue mich vollständigen Wohlseins, das ich pflege mit Genuß schöner Datteln und trefflicher Kamelsmilch."

In einem andern Briefe von Kanem „am Brunnen Aiggel", 26. Oktober 1851 sagt er:

„Unsere Gesundheit befindet sich vortrefflich bei diesem Hirten— und Räuberleben. Kamels—, Kuh— und Schafsmilch kommt uns täglich mehr zu, als wir trinken können. Die Kamelsmilch haben wir gesünder als andere Milch gefunden; sie ist sehr wohlschmeckend. Datteln sind in großer Menge vorhanden, und nachdem die Razzia reichen Raub macht, fehlt es nicht an Hammeln. Die schlechteste Jahreszeit in Kuka ist die nach dem Regen (August bis Oktober). Traurig sind die Beschreibungen der früheren englischen Reisenden Denham, Oudny und Clapperton über ihre Leiden in dieser Zeit. Hier in Kanem haben wir Gott sei Dank, Nichts von Krankheit zu leiden; die Luft ist rein und nur die Sonnenhitze drückend."

Ferner schreibt er in einem Briefe von Kuka den 23. Juli 1852:

„Meine Gesundheit hat sich Gott sei Dank bisher gut erhalten. Ich habe mich akklimatisiert, das heißt, ich habe gelernt, den Gefahren, welche die große Hitze und der schnelle Wechsel der Temperatur besonders in der Regenzeit dem Europäer bringt, zu begegnen. Da hiesige Speisen mir nur wenig zusagen, so helfe ich mir mit Milchdiät. Kühe und Ziegen, die ich in meinem großen Hofe halte, geben den Bedarf."

Wie aus diesen und aus allen übrigen Papieren hervorgeht, erfahren wir aus Overwegs Munde selbst Nichts über seine Krankheit und seine letzten Tage, und nur die Briefe seines einzigen Gefährten, Dr. Barths, geben uns einige Aufschlüsse über das traurige Ende des zu früh Dahingeschiedenen. Barth schrieb an Petermann einige Zeilen, datiert in Kuka, am 9. Oktober 1852, welche einige Aufschlüsse über Overwegs Tod geben:

„Wie werden Sie still in sich jammern bei der Nachricht von Overwegs plötzlichem, unerwartetem Tode. Ein sechstägiges Erschlaffungsfieber hat ihn am Sonntag den 27. September gegen vier Uhr Morgens hingerafft. So ist das zweite Opfer gefallen und ich bin allein noch da, aber ich bin Gott sei Dank wieder bei Kraft und fühle mich frischer und wohler als je, obgleich Alles um mich her krank ist. Einheimische und Fremde."

An den preußischen Gesandten Ritter Bunsen in London schrieb derselbe unter dem 7. Oktober 1852 in einem langem Briefe Folgendes, daß sich auf den Tod Overwegs bezieht: „Es hat dem göttlichen Rathschluß gefallen, das zweite Opfer unsers kühnen Unternehmens zu sich zu nehmen. Am Sonntag Nachmittag, den 27. vorigen Monats, begrub ich in Maduari nahe dem Ufer des Tsad meinen einzigen Genossen und Gefährten, von sechstägigem heftigsten Siechfieber dahingerafft."

Ein von Barth an Fräulein Wilhelmine Overweg gerichteter Brief, datiert in Kuka am 28. September 1852, enthält endlich die nähern Umstände über die Krankheit des Reisenden:

„Als ich gegen Ende vorigen Monats aus Bagirmi zurückkehrte, fand ich ihn, als er mir vor dem Tore entgegenkam, allerdings etwas angegriffen, er hatte auch nur schwachen Appetit, da faßte er den Entschluß, um sich den verderblichen Ausdünstungen dieser Stadt zu entziehen, einen Ausflug nach dem Bahar (Hauptfluß von Borno, gewöhnlich Mo genannt), zu machen, dessen Ufer jetzt, wo er in seiner ganzen Länge einen wirklichen flußartigen Charakter hat, überall frisch und vom regsten Waldleben bedeckt sind, während das ganze Land in fast gereifter Saat prangt. Er verließ die Stadt am letzten Sonnabend des Augustmonats und kehrte erst am Montag 14. September zurück, überaus zufrieden mit seinem Ausfluge. Er hatte sich die ganze Zeit vortrefflich befunden, aber der letzte forcierte Tag muß ihn angegriffen haben, und er hatte die folgenden Tage wenig Appetit. Wir unternahmen jetzt fast täglich kleine Ausritte und beschlossen auch am Sonntag den 20. des Monats einen längeren Ausritt zu dem stehenden Wasser zu Dauerge, etwa 2 ¼ Stunde Ritt nordwestlich von der Stadt, zu machen. Am Morgen dieses Tages war sein Kopf eingenommen, aber auf meinen Vorschlag, den Ritt aufzuschieben, entgegnete er, die frische Luft könne ihm nur wohltun. Es war jedoch in der Mittagshitze, als wir hinausritten, obgleich die Sonne meist verdeckt war und er besonders seinen Kopf sehr wohl geschützt hatte. Wir hatten uns im frischen Schatten gelagert, während ein leichtes Gewitter über uns hinzog, als Ihr Bruder nach dem Wasser ging, um womöglich einen Vogel zu schießen. Er benetzte dabei seine Kleider weit hinauf, erwähnte aber den Umstand nicht und blieb ruhig in seinen nassen Kleidern, die er erst am Abend, als wir lange nach Sonnenuntergang in die Stadt zurückgekehrt waren, trocknete. Er hatte keinen Appetit, klagte aber sonst nicht. Am Montag

Morgen jedoch fühlte er sich so schwach, daß er sich nicht allein erheben konnte, und sein Zustand verbesserte sich eben nicht, da er nicht gehörige Medizin anwandte; jedoch meinte er am Dienstag (22. September) Morgen, daß er etwas kräftiger wäre. Es war jedoch an diesem zweiten Tage, daß sich ein nicht eben erfreuliches Symptom einstellte, nämlich ein gänzliches Gebundensein seiner Zunge, so daß sein Reden stets unverständlicher wurde, was natürlich noch die schlimme Folge hatte, daß seinen Wünschen nicht nachgekommen werden konnte. Am Mittag, als seine Schwäche stets zunahm, und er gewahr wurde, daß das sein Letztes werden könnte, äußerte er mir, daß es so unmöglich bleiben könnte, daß er hier in der Stadt nicht besser werden würde, und daß es für ihn durchaus unumgänglich notwendig sei, die Luft zu verändern. Er wünsche daher, nach Maduari gebracht zu werden, wo er im Hause unsers Freundes, dem Kaschella Fugomo Ali, schnell zu genesen hoffte. Maduari, ein weitläufiger, von vielen Bäumen beschatteter Ort, etwa 2 ⅓ deutsche Meilen östlich von Kuka nach dem Tsad zu gelegen, war stets sein liebster Ausflug gewesen, und es war der genannte Fugomo Ali, unter dessen Schutze er die Budiuma besucht hatte. Der Transport wurde also auf Donnerstag festgesetzt, und wir setzten uns am Morgen in Bewegung, indem drei stämmige Burschen Ihren fieberkranken Bruder auf dem Pferde hielten. Dennoch konnte er nicht vor Freitag Morgen den Ort erreichen, wohin ich vorausgeritten war, um ihm gute Lagerstätte und Pflege zu bereiten; ich kehrte in die Stadt zurück, wo ich mit meinen Papieren beschäftigt war, die in wenigen Tagen mit einem

Courier fortgehen sollten; bei ihm blieben vier an ihn gewöhnte treue Leute. Einer derselben stellte sich schon am Freitag Abend nach Sonnenuntergang bei mir ein mit der Nachricht, daß der Tabeb, wie Ihr Bruder hier zu Lande heißt, sehr unwohl sei und nur in unserer Landessprache rede, so daß sie ganz außer Stande seien, ein Wort zu verstehen. Ich saß sogleich auf, hinaus, und fand Ihren Bruder in beklagenswertem Zustande. Er lag draußen — von dem Schlafen in der Hütte wollte er Nichts wissen — in kaltem Schweiß und hatte alle Decken von sich abgeworfen; er kannte mich nicht, wollte Nichts von mir wissen und duldete nicht, daß ich ihn zudeckte. Er sprach oder phantasierte vielmehr fortwährend auf Deutsch, aber nur wenig war verständlich. Kola und Kuka verschmolz er zu einem Bilde. Er stob mehrmals wild auf und wollte sich von Niemandem halten lassen. Es war eine schmerzliche Szene. Endlich gegen Morgen ward er ruhiger und blieb still in seinen Decken liegen. Ich hoffte, die Krisis sei vorüber, und eine Weile bei ihm sitzend, fragte ich ihn, ob ich ihm außer Reis und Ardeb, dessen kühlendes und blutreinigendes Wasser er besonders trank, noch sonst etwas aus der Stadt schicken sollte; er hatte keinen Wunsch, hatte mir aber sonst etwas zu sagen; es war mir jedoch unmöglich, ihn zu verstehen. Nachdem ich ihn dann eine neue Lagerstätte, von der Erde erhaben, hatte bereiten lassen, wo er auch bei Nacht geschützt schlafen konnte, kehrte ich in die Stadt zurück, aus der ich ihm denselben Nachmittag noch einen meiner Leute hinausschickte. Früh am Morgen jedoch kam Overwegs Hauptmann zu mir mit der betrübenden Botschaft, daß dessen Zustand sehr beunruhigend sei, daß er, seit ich ihn verlassen, kein Wort gesprochen habe und unbeweglich liege. Ich setzte mich sogleich zu Pferde und ritt hinaus. Ihr Bruder jedoch war nicht mehr. Schon bei dem ersten Morgengrauen, als sein Diener kaum den Ort verlassen, war er nach kurzem Seelenkampfe, nach wenigen kurzen Atemzügen verschieden. Ruhig und mit unverzerrten Zügen lag er da; seine linke Hand ruhte auf dem Herzen; es war das Bild eines schönen Todes. Am Nachmittag beerdigten wir Ihren Bruder, nachdem sein Leichnam, wohl gewaschen, zuerst in Kallico eingewunden und dann in ein Dscherid gewickelt war; seinen Teppich gebrauchten wir als Unter—, seinen Hackbornus als Überlage. Das Grab, gegraben im Schatten eines Hadschibisch, war 6 Fuß tief, davon 2 Fuß tief ein durch eine Bretterlage abgesonderter Raum, wohinein der so eingewickelte Leichnam Ihres Bruders gelegt wurde. Nachdem dann der Bretterraum geschlossen, wurden zuerst große Dornbüsche aufgelegt und darauf der Sand aufgehäuft, so daß das Grab hinlänglich gegen wilde Tiere und Menschen gesichert schien. Zugleich wurden alle Sachen von allgemeinem Wert, die Ihr Bruder mit hinausgenommen, dem Vorsteher des Ortes, Fugomo Ali, geschenkt, um ihn zur Einzäunung und Bewachung des Grabes zu verpflichten. Auch wurde sogleich im Dorf ein feister Stier als Almosen verteilt; morgen gebe ich hier den Bewohnern der Stadt ein großes Almosen von sechs Ochsen und zehn Ochsenlasten Korn. So starb Ihr Bruder, gewiß ein unersetzlicher Verlust für Sie und die Ihrigen, aber er fiel als Opfer einer großen Sache, fiel, nachdem es ihm gelungen, auch seinen Anteil zu eben diesem großen Ziele beizutragen; er starb beweint und betrauert von vielen Eingeborenen dieser Länder, bei denen sein Name noch lange fortleben wird. Er starb an der Seite des Bootes, auf dem er den See beschiffte, dessen Fluten, wenn er hoch steigt, den Ort beplätschern, wo sein Leichnam ruht. Mich hat er allein und einsam unter diesen unebenbürtigen Völkerschaften zurückgelassen; unsere Wohnung, die er während meiner Abwesenheit erweitert und verschönert hatte, liegt jetzt halb leer und lebenslos da. Aber seine Leute habe ich Alle bei mir behalten, unter denselben Verhältnissen, wie sie bei ihm gestanden. Über seinen literarischen Nachlaß werde ich Ihnen in den nächsten Tagen einige Zeilen hinzufügen; aber nach seiner ganzen Weise zu schließen, fürchte ich, daß das sehr ungeordnet und unvollkommen sein wird, bloß Noten. Er war stets der Meinung, daß das Journal ganz bis nach der Rückkehr bleiben müsse."

Mit Rücksicht auf diesen letzteren Punkt schrieb Barth an Ritter Binsen in dem vorerwähnten Briefe vom 7. Okt. 1852:

„Overwegs literarischen Nachlaß schicke ich Ihnen vollständig zu, aber es wird schwer sein, daraus etwas Ganzes zu machen, da er stets der Ansicht war, ein Tagebuch auf der Reise aufzuschreiben, sei lächerlich, das müsse erst nach der Rückkehr geschehen. Ich habe alle Lappen von allem möglichen Wert, da mir keine Muße zur genaueren Untersuchung blieb, mitgeschickt. Die Steinproben von seiner Expedition nach Gujeba, die er ausfallenderweise nicht mit der letzten Kafla geschickt hat, können nicht wohl mit dem Eilboten gehen, und werde ich sie bis zum Abgang der nächsten Kafla beim Wesir deponieren."

Professor A. Petermann äußerte sich über die Reisefragmente Overwegs, nachdem er dieselben durchforscht hatte:

„Der literarische Nachlaß Dr. Overwegs wurde mir in einem chaotischen, mit Wüstensand und Staub stark untermischtem, unordentlich untereinander geworfenem Haufen von Papieren und Papierfetzen übergeben. Nachdem ich sie etwas geordnet, stellte sich die folgende Liste heraus, die eine gedrängte Übersicht gibt über das, was der Verstorbene aufgezeichnet hat:

A. Vollständige, sorgfältig und deutlich mit Tinte geschriebene Journalhefte:
- Vom 9. Oktober 1849 bis 30. Juli 1850 — Reise von Europa über Tripoli, Mursuk und Ghat.
- Vom 31. Juli bis 13. August 1850 — Reise in der Wüste.
- Vom 14. August bis 27. August 1850 — Reise in der Wüste.
- Vom 28. August bis 3. September 1850 — Reise in der Wüste bis zur Ankunft in Tin—Tellust.
- Vom 29. Oktober bis 17. November 1850 — Aufenthalt in Tin—Tellust.
- Vom 18. November bis 22. Dezember 1850 — Reise von Air nach Sudan.
- Vom 25. bis 28. November 1850 (Fragment) und vom 25. Juni bis 12. Juli 1851 — Beschiffung des Tsadsees.

- Vom 24. März bis 26. Juni 1852 — Reise nach Fika in der Richtung nach Uakobo.

B. Journalhefte und Notizbücher, deren Inhalt fast ausschließlich mit Bleistift geschrieben und meist unleserlich ist:
- Vom 9. bis 29. Mai 1851 — Ankunft und Aufenthalt in Kuka,
- Vom 25. Juni bis 9. September 1851 — Beschiffung des Tsadsees und Aufenthalt in Kuka.
- Vom 15. September bis 14. November 1851 — Reise nach Kanem und Aufenthalt in Kuka,
- Vom 18. Dezember 1851 bis 7. März 1852 — Aufenthalt in Kuka (mit einigen andern Fragmenten).

C. Skizzenbuch, enthaltend naturhistorische Skizzen bezüglich der Reise von Tunis bis Ghat. Kartenfragmente, Itinerarien und Beobachtungen, die zur Konstruktion einer die durchforschten Länder darstellenden Karte nützlich sein möchten.

D. Vokabularien, Übersetzungen und philologische Papiere überhaupt. Notizbücher mit unzusammenhängenden Anmerkungen, einzelne Blätter und Fragmente.

Bevor wir von dem mitten aus seinem Wirkungskreise durch den Tod herausgerissenen Helden Abschied nehmen, wollen wir die biographischen Notizen einflechten, welche Auguste Overweg, eine Schwester des Verstorbenen, über denselben mitgeteilt hat:

„Mein einziger Bruder war dreißig Jahre alt, am 24. Juli 1822 in Hamburg geboren (der Vater ist aus Rheinpreußen zu Westhafen, einem Orte in der Nähe von Unna gebürtig; meine Mütter war Hamburgerin), wo er vom dreizehnten Jahre an das Johanneum (Gelehrtenschule in Hamburg) besuchte. Mit einundzwanzig Jahren, nachdem er die letzten zwei Jahre im Hause des Herrn Hertz in Hamburg, dessen Sohnes Studien zu leiten, zugebracht hatte, ging er auf die Universität zu Bonn, studierte dort zwei Jahre und darauf nach Berlin, wo er nach einem Jahre Studien sein Examen machte und den Doktortitel erhielt. Er blieb in Berlin und wollte eben ein Braunkohlenwerk bearbeiten lassen, das er entdeckt zu haben glaubte und wovon er sich viel Vorteil versprach, als sein Schicksal ihn nach Afrika rief. O daß sein frühzeitiger Tod das Ende so kühner Hoffnungen, so mutiger Begeisterung sein mußte; daß sein Körper, den er von Jugend auf abgehärtet, dem er Kraft gegeben hatte durch Turnen, durch weite Fußreisen, nicht dem schädlichen Einfluß des Klimas widerstehen konnte! O daß wir ihn hätten zurückkehren sehen können, der hinging in der Fülle der Kraft und Gesundheit, unser Stolz, unsere Freude, dessen Ruhm den Lebensabend unsers alten Vaters verherrlichen sollte! Gott wollte es anders. Sein Werk ist kaum zum Teil getan, und Anderen ist es aufbehalten, fortzufahren und zu vollenden, Gottes Segen sei mit ihnen, und mögen sie glücklicher sein, als mein armer Bruder."

Fräulein Overweg hatte richtig gefühlt und eine glückliche Ahnung gehabt, als sie sagte: „Andern ist es aufbehalten, fortzufahren und zu vollenden", denn der kräftige und entschlossene Barth blieb noch zurück mit dem unaussprechlichen Maße von Selbstvertrauen, welches er gleich nach dem Tode Overwegs in dem bereits erwähnten Briefe an Bunsen folgendermaßen äußerte:

„So bin ich denn allein noch übrig, wertester Freund, allein da, den Erwartungen, die das gelehrte Europa von uns hegt, zu genügen. Und ich will ihnen genügen. Anstatt mich durch den Tod meines Reisegefährten niedergebeugt zu fühlen, fühle ich meine Kraft verdoppelt; in dem Bewußtsein, daß nun fernerhin Nichts geschieht, was ich nicht tue, fühle ich eine Riesenkraft in mir, allen Ansprüchen selbst zu genügen. Nur das Geognostische natürlich wird gänzlich zurücktreten; nur die Steinproben werde ich, wo es mir merkwürdig scheint, sammeln."

VI.

Die Niger-Tschadda-Expedition.

Entdeckung des Benueflusses. — Baikies Expedition.

Wir haben bereits in der Einleitung zu unserer Darstellung hervorgehoben, daß man in England die Bestrebungen, das mittlere Afrika zu untersuchen, dort Handelsverbindungen einzuleiten und das Innere Afrikas der europäischen Gesittung zu erschließen, auch auf andere Weise zu unterstützen bedacht war. Wir Machten nämlich der Niger-Expeditionen in den Jahren 1830 bis 1841, welche mit den größten Schwierigkeiten zu kämpfen hatten und zum Teil unglücklich ausgefallen sind.

Diesmal war es der geographische Verein in London, und ganz besonders A. Petermann, welcher den Plan entwarf, auf einem Dampfschiffe eine Expedition den Niger und Tschadda hinaufzuschicken, damit diese den Lauf des Flusses genauer bestimme und über die Identität desselben mit dem Benue entscheide, und endlich, damit sie erforsche, wodurch es möglich sei, zu irgend einem Zeitpunkt des Jahres zu Wasser mit den Staaten südlich von dem Tsadsee in Verbindung zu treten. Der Verein hatte das Glück, für diesen Plan sowohl bei der Regierung, wie bei Privatleuten, das lebhafteste Interesse zu erwecken.

Ein Dampfboot wurde eigens zu diesem Zwecke konstruiert, auf das Sorgsamste ausgerüstet und mit Eingeborenen bemannt, die von zwölf Europäern geleitet waren.

Die Expedition ging am 17. Mai 1854 ab, von Liverpool nach Irland und von da nach Fernando Po, jener Insel, auf welcher Lander starb, im Bai von Biafra, unweit der Mündungen des Niger. Man hoffte zugleich, daß Barth vielleicht irgendeine Nachricht bekommen oder daß ihm irgend ein Gerücht von dieser Expedition zu Ohren kommen, und er somit in bequemer Weise, wenn er es wünschte, nach Europa zurückkehren könne.

Dr. Barth hatte im Sommer 1851 auf seiner Reise von Kuka nach Adamaua einen großen mächtigen Strom entdeckt, welcher sich als der obere Lauf des in den Kwora abfließenden Tschaddaflusses erwies. In einer Depesche an die englische Regierung schilderte er seine Entdeckung mit folgenden Worten: „Aber der wichtigste Tag in allen meinen langjährigen afrikanischen Wanderungen war der 18. Juni, an welchem Tage ich den Fluß Benue erreichte (oberer Lauf des Tschadda), an dem Punkte, wo sich ein anderer Fluß, der Faro, mit ihm vereinigt. Seit ich Europa verlassen, habe ich keinen so großen und mächtigen Strom gesehen; denn die Benue, welche soviel heißt, als die Mutter der Gewässer, ist eine halbe englische Meile breit und 9 Fuß tief in der trocknen Jahreszeit"

Das Explorationsschiff Plejade war, nachdem es auf der Insel Fernando Po seine Vorbereitungen getroffen, anfangs Juli das Kwora— (Niger—) Delta hinaufgedampft, gelangte bis in die Nähe der unweit des Benue gelegenen Hauptstadt Adamauas, Yola genannt, und war am 7. November in Fernando Po wieder angelangt. Sie ist demnach nach einer achtmonatlichen Abwesenheit von Europa im Ganzen zweihundertundfünfzig englische Meilen weiter ins Innere Afrikas vorgedrungen, als je zuvor ein europäisches Schiff.

Die von Barth gemachten Entdeckungen liegen weiter nach Westen, als er sie angegeben hatte, was mit den bisherigen Beobachtungen Dr. Vogels genau übereinstimmt. Die Eingeborenen zeigten sich überall gutmütig und zum freundlichen Verkehr geneigt. Die Expedition hatte unter Dr. William Baikies Leitung den Tschaddafluß zweihundertundfünfzig englische Meilen weiter aufwärts befahren, als alle bisherigen Europäer, also namentlich um soviel weiter als Allen und Oldfield 1833 vorgedrungen waren, deren äußerster Punkt ungefähr bei 8 Grad 30 Min. östlicher Länge von Greenwich lag. Sie hatte sich namentlich dem Punkte, wo Barth übel den Benue setzte, auf ungefähr fünfzig Meilen genähert. Das ungemein wichtige Resultat dieser Expedition bestand demnach darin daß es sich durch die vollständige Aufnahme des Flusses Tschadda—Benue erwiesen hat, daß man nunmehr von einem englischen Hafen aus in etwa sechs Wochen in das Herz Afrikas zu gelangen vermag. Dann, was noch unendlich viel wichtiger ist, daß man eine solche Reise ohne Gefahr, den verrufenen, schädlichen klimatischen Einflüssen des tropischen Afrikas zu erliegen, zurücklegen kann. Denn von der gesamten Mannschaft, 66 an der Zahl, hat die Expedition auch nicht einen einzigen verloren, und Krankheiten sind nur in geringem Maße eingetreten, obgleich der Aufenthalt in den Flüssen hundertundachtzehn Tage betrug, welches mehr als doppelt so viel Zeit ist, als einige der früheren Nigerexpeditionen gebrauchten, bei welchen bekanntlich fast die ganze Mannschaft hinstarb. „Jetzt", schreibt Petermann, „haben wir endlich einen praktikabeln Weg nach Innerafrika angebahnt, welcher die Gefahren und Schwierigkeit afrikanischer Erforschung und Regeneration ungeheuer vermindern und eine neue Ära bilden wird in der Geschichte dieses Erdteils. Werden diese Expeditionen wiederholt, so wird es unzweifelhaft dahin kommen, daß wir sicher, rasch und leicht durch die klimatisch so gefährlichen Küstenländer in die großen, fruchtbaren und gesunden Länder Innerafrikas gelangen werden. Ohne eine solche Wasserstraße würde uns der Kern dieses Kontinents wohl ewig fern und die Millionen seiner Einwohner würden in dem Elend ihres Heidentums und ihrer Sklaverei bleiben!"

VII.

Barths Reise nach Timbuktu.

Empfang beim Sultan Alin. — Aufenthalt in Wurno. — Nachrichten über das Reich Timbuktu.

Barth trat seine Reise gen Westen frischen Mutes an, obwohl er jetzt allein war und sich mit jedem Tage immer mehr von der einigermaßen sicheren Verbindung mit Europa entfernte. Es war nämlich eine bedeutende Spannung zwischen den Fellata— und Kanon— (Borno—) Völkern eingetreten, welche kurz nach Barths Abreise von Kuka in einen förmlichen Krieg überging und jeden Verkehr zwischen den Kwora— und Tsadseeländern in hohem Grade hemmte; ferner wurde das große Fellatareich jetzt bei weitem nicht mit der früheren Kraft und Strenge beherrscht. Mehrere Fellatastämme verweigerten oft dem gegenwärtigen Herrscher Alin Gehorsam und machten die Grenzen unsicher. Diese Verhältnisse legten der Reise Barths sehr viele Hindernisse in den Weg, und höchst wahrscheinlich ist es diesen allein zuzuschreiben, daß mehrere der Briefe, die er auf dem Wege nach Sokoto schrieb, über ein ganzes Jahr brauchten, um ihren Bestimmungsort in Europa zu erreichen und viel später anlangten, als die Briefe, welche er von Timbuktu geschrieben und die wahrscheinlich über Tuat, nicht über Mursuk gegangen sind.

Da der Weg nach Kano, der Stadt, wo es unter

gewöhnlichen Verhältnissen am natürlichsten gewesen wäre, die nötigen Einkäufe und Geschenke zu machen, durch die obwaltenden Verhältnisse abgeschnitten war, so zog Barth nach Sinter in dem Nordwestlichen Teile des Bornoreiches, einer Stadt, die wir bereits kennen. Hier verweilte er einige Zeit, um die Briefe und Gelder abzuwarten, die er noch nicht von Europa erhalten hatte. Er empfing jedoch ebensowenig hier wie später in Katsena Briefe oder Gelder und brach wieder am 1. Februar 1853 von hier auf. Durch Landschaften, welche durch die räuberischen Einfälle des Gubervolkes sehr unsicher gemacht waren, erreichte er endlich Katsena und befand sich also nun innerhalb der Grenze des großen Fellatareiches. Er erwarb sich leicht das Vertrauen des Großwesirs in Sokoto und dieser versprach ihm eine Escorte von 200 Reitern, welche in Katsena eintreffen und ihn nach Sokoto führen sollte.

Der Krieg des Fellatareiches mit den Gubern und Mariadis nötigte Barth, sich in Katsena bis zum 21. März aufzuhalten; hier schloß er indes seine Rapporte über den früheren Teil der Reise ab und sandte dieselben nach Europa. Um den feindlichen Heeren zu entgehen, schlug man von Katsena aus einen südlicheren Weg als den gewöhnlichen ein und machte während der ersten Tage kurze Märsche und in unbestimmter Richtung; später dagegen lange Tagemärsche von neunzehn Stunden oder darüber. Am 31. März erreichte Barth Sansanne—Aysa, eine Fellatafestung, ungefähr in der Mitte des Weges zwischen Katsena und Sokoto am östlichen Rande einer sehr gefürchteten, Gundumi genannten Wildnis. Durch diese gefährliche Gegend gelangte Barth jedoch glücklich, indem er einen sonnten Marsch von sechsundzwanzig Stunden machte und erreichte am 2. April das Dorf Gauasu, dreißig englische Meilen O.N.O. von Sokoto, woselbst der Herrscher des großen Fellatareiches, Alin (Ali, Aliju) gerade ein Lager aufgeschlagen hatte, um das Gubervolk, welches in der Provinz Zanfara eingefallen und durch welche Barth gekommen war, zurückzuschlagen. Kaum hatte unser Reisender sein Zelt aufgeschlagen, als Alin, welcher von seiner Ankunft erfahren, ihm einen Ochsen, vier Schafe und eine Masse Reis sandte, und kurz darauf einen Boten schickte, um Barth zu einer Audienz an demselben Abend einzuladen. Bei dieser Audienz wurde Barth sehr herzlich empfangen; der Sultan drückte ihm die Hand und sagte ihm, er freue sich ungemein, daß er jetzt endlich gekommen sei, ihn zu besuchen; seit zwei Jahren sei er beständig seinen Wanderungen gefolgt. Der Brief, welchen Barth ihm im Jahre 1851 von Agades aus geschrieben, hatte er wirklich erhalten und seit der Zeit immer des Besuches der beiden Deutschen geharrt. Er bewilligte Barth sofort zwei Gesuche, nämlich: englische Reisende auf dem Gebiete der Fellata zu beschützen und die Reise Barths nach Timbuktu, sowie seine Untersuchung von Adamaua und anderen Fellataländern, wenn er aus jenem zurückgekehrt sein würde, zu fördern.

Am folgenden Morgen empfing der Fürst mit großer Dankbarkeit die Geschenke Barths, welche in Mänteln von Tuch und Atlas und anderen Kleidungsstücken bestanden; namentlich drückte er seine Freude über zwei Pistolen aus, welche reich mit

Silber eingelegt waren. Er druckte die Hand Barths zu wiederholten Malen, schrieb und siegelte einen Brief an die Königin von England, welcher englischen Kaufleuten jede mögliche Sicherheit in Betreff der Einfuhr ihrer Waren versprach. Da jedoch im Briefe Nichts spezifiziert war, weigerte sich Barth, denselben anzunehmen, und der Fürst, obgleich im Begriff, aufzubrechen, fügte sich wohlwollend darein, einen anderen Brief mit allen von Barth geforderten Spezifikationen zu schreiben, von welchen dieser wiederum hoffte, daß sie sowohl die englische Regierung wie das englische Volk befriedigen würden. Bevor der Sultan aufbrach, übersandte er Barth noch 100,000 Kauris, welche dieser zur Bestreitung seiner Haushaltung benutzen sollte, während er, der Sultan, wie er hoffte, sich nicht sehr lange im Kriege aufhalten würde.

Alin führte nun sein Heer in der Richtung, von welcher Barth gekommen war, und dieser reiste zehn Meilen gen W.N.W. nach Wurno, woselbst er sich im Hause des Geladimens, des Premierministers, einquartierte.

Wurno ist eine Stadt, welche die Europäer bis jetzt nicht einmal dem Namen nach gekannt haben, was jedoch nicht auffallend sein kann, da dieselbe erst im Jahre 1831 von dem Sultan Bello angelegt worden ist. Sie liegt ungefähr vier geographische Meilen nordöstlich von Sokoto und auf einer kleinen Anhöhe am Flusse Nima, welcher weiter unten an Sokoto vorüberströmt und sich in den Kwora ergießt. Es heißt jetzt, daß Wurno eine größere Bedeutung als Sokoto habe, obgleich diese letztere Stadt noch immer die größte Anzahl von Einwohnern (20

— 27000, während jene nur 12—13000) haben soll. Allein Wurno, welche erst 1831 von dem Beherrscher der Fellata, Bello, angelegt und bisher in Europa völlig unbekannt gewesen, ist jetzt die Residenz dieses Napoleon der Fellata, und selbst die reichsten Kaufleute sind von Sokoto dorthin übergesiedelt; Sokoto besitzt jedoch noch immer den bedeutendsten Bazar, einen der bestversehenen Märkte von Zentralafrika.

Fast einen ganzen Monat verlebte Barth in Wurno und machte wahrend dieser Zeit viele Ausflüge von Sokoto, nach welchem es fünfzehn englische Weilen nach N.O. hin entfernt liegt, und nach anderen Richtungen hin. In Wurno selbst war gerade keine sehr interessante Gesellschaft, da fast alle „Mallem", d.h. Gelehrte, mit der Armee ausgezogen waren; dahingegen fand Barth viele interessante Handschriften, Bücher und Papiere vor, aus welchen er sehr viel in Betreff der Geschichte des Landes lernte, namentlich schöpfte er aus den Notizen, welche Sultan Bello selbst niedergeschrieben hatte. Sultan Bello, der Nachfolger Danfodios, der mächtige Herrscher der Fellata um die Zeit, als Denham und Clapperton im Sudan reisten, war ein wohlstudierter Mann, der nicht allein in der Geschichte seiner eigenen Religion bewandert war, sondern z.B. an Clapperton die Frage richtete, ob er Nestorianer oder Socinianer sei, ferner den Reisenden eine Geographie vom Sudan überreichen ließ und unter den arabischen Büchern, welche Clapperton ihm bei seinem zweiten Besuche schenkte, namentlich eine Übersetzung des Guclid zu schätzen wußte.

Sokoto, auf einer lang sich hinstreckenden Anhöhe liegend, ist in einem fast regelmäßigen Quadrat gebaut und hat in der 56 Fuß hohen Mauer jetzt acht, früher zwölf Tore. Es zeichnet sich durch ordentliche Straßen, zwei große Moscheen und umfangreichere Gebäude aus. Das beste der jetzt bewohnten Stadtviertel ist das, in dessen Nähe der kriegerische Hammedu, ein Sohn des Atiku, des Nachfolgers Bellos, seine Residenz hat, während dessen kräftiger Regierung die Wege in dem Grade sicher waren, daß ein einzelner Reisender von Sokoto nach Kano ohne Gefahr ziehen konnte. Jetzt, wo die Regierung schlaffer geworden ist, kommen die arabischen Kaufleute nicht mehr nach Sokoto. Weder in Sokoto noch in Wurno wohnen Araber, und der Handel beider Städte an den Küsten des mittelländischen Meeres ist in den Händen der Tuareg von Ghat und Agades, welche jährlich mit der großen Salzkarawane der Itesau— und Kelgeris—Tuareg anlangen.

Sokoto hat eine gemischte Bevölkerung. Den Hauptbestandteil bilden die Zoromauas, die nicht von reinem Fellatablute sind; sie arbeiten fleißig und ausgezeichnet in Leder, Eisen und Baumwolle; die Eisenarbeiten von Sokoto sind die besten im Sudan. Auch sind viele Einwohner Nyffi und Yariba; die Dörfer um Sokoto sind von Sillibauas, einem Stamme, welcher zwar nicht aus Fellata besteht, jedoch seit uralten Zeiten mit denselben vereint gelebt hat, bewohnt.

Das Land um Wurno und Sokoto herum besteht aus Sandsteinformation. Auf den höhern Ebenen wird namentlich Durrha, die bekannte afrikanische Hirse, gebaut; in den Tälern dagegen, welche einen Teil des Jahres überschwemmt sind, baut man Reis,

Baumwolle und Rogo, eine große, wohlschmeckende und weitverbreitete Wurzel. Die Gegend in der Nähe von Wurno ist ohne Bäume, allein in den Tälern wachsen eine Menge Dumpalmen und Tamarinden, deren Früchte einen kühlenden fieberstillenden Trank liefern, sowie zwei, noch nicht botanisch bestimmte Bäume, Kurna und Gonda genannt.

Von dem ganzen Lande zwischen Guber und Katsena im Osten und Kwora im Westen hat Barth eine Karte und eine Beschreibung nach Europa gesandt. Der größte Teil dieses bedeutenden Terrains ist von den zwei Provinzen Zanfara in Osten und Kebbi in Westen bedeckt, beide von den Fellata beherrscht. Zanfara hat sehr durch die immerwährenden Kriege gelitten. Kebbi mit der Hauptstadt Gando erstreckt sich ganz bis nach dem Kwora, ist sehr bevölkert, hat Überfluß an Wasser, ist sehr fruchtbar und hat viele große Städte und Dörfer. Ein Gebiet auf beiden Seiten des Kwora, hundertundfünfzig englische Meilen südwestlich von Sokoto und hundert englische Meilen nordwestlich von Yauri, Dindina genannt, hat schon während eines langen Zeitraumes einem Stamme der Tuareg gehört, welcher einen verhältnismäßig hohen Grad von Bildung in Gewerbtätigkeit erstiegen hat. Dieses Wüstenvolk ist also noch tiefer im Sudan eingedrungen, als man früher angenommen hatte.

Während des ganzen Aufenthaltes in Wurno war die Gesundheit Barths ungebrochen und sein Mut zuversichtlicher, als je, obwohl die Hitze während der Mittagszeit bis zu 108—111 Grad F. (34—35 Grad R.) stieg. Seine Gesundheit, schreibt er, wurde namentlich durch Kaffee und Tamarindenwasser, welches dort ein Hauptgetränk ist, gepflegt. „Wenn ich mich nicht ganz wohl fühle, so tue ich zu dem Tamarindenwasser eine Zwiebel, eine tüchtige Dosis Pfeffer und, wo ich's haben kann, etwas Honig hinzu, und dieses ist das allerzuträglichste Getränk, das sich in diesen Ländern denken läßt, und kann Reisenden für diesen Teil der Welt nicht genug empfohlen werden."

Er äußerte deshalb noch immer seine Freude darüber, daß er die Reise nach Timbuktu gerade während der Regenzeit unternehmen sollte; dieselbe hatte ihm in Bagirmi und Adamaua nicht geschadet, und wenn man während derselben nicht reiste, so bekam man das Land nicht in seinem Reichtum und in seiner Fülle zu sehen, da es zu anderen Jahreszeiten dürr und öde sei.

Am 28. April kehrte Sultan Aliju, nachdem er seine Feinde besiegt hatte, zurück. Er zeigte sich ebenso gnädig gegen Barth, wie früher, erlaubte ihm sofort abzureisen und versah ihn mit Empfehlungsschreiben an Chalilu, den Herrscher in Gando, der in mönchischer Zurückgezogenheit die Regierung eines von Aufruhr und Krieg zerrissenen, weitgeschichteten Reiches vergißt, und an andere mächtige Herrscher.

Am 5. Mai verließ Barth Wurno und zog nach Sokoto, wo er sich nur wenige Tage aufzuhalten gedachte.

Seine fernere Reise, über welche uns nur sehr dürftige Berichte zugekommen sind, ging über die in vollem Aufstände begriffenen Provinzen Kebbi und Saberma, zuerst durch dichtbewohnte und von fruchtbaren und besonders der Reiskultur zugewiesenen, breiten Talsenkungen durchzogene Landschaften, dann durch dichte Waldungen und im interessanten, mit Salz geschwängerten Dumtale Foga in das weite Gebiet der Sonray— oder Songaysprache. Weiter setzte er seine Wanderungen an dem großen, gewöhnlich unter dem Namen Niger, aber richtiger Isa oder Majo Balle'o benannten westlichen Strome fort und überschritt ihn gegenüber dem nicht unansehnlichen Marktplatze Say, welcher unter 14 Grad nördlicher Br. und 3 Grad 45 Min. östlicher Länge von Greenwich, 37 geographische Meilen W.S.W, von Sokoto liegt. Von hier verfolgte er seinen Weg durch die hügelige Landschaft Gurma, die von drei verschiedenen Nationalitäten bewohnt ist: den mit den Mosi verwandten Eingeborenen, den früheren Eroberern des Landes, den Sonray und den gegenwärtigen Herrschern desselben, den Fulbe. Die Reise ging dann weiter über die von ausgedehnten unsicheren Waldungen getrennten Fürstensitze Tschampagore, Tschampalauel und Yaga nach Dore, der Residenz Libtakos, der westlichsten Provinz des Reiches von Gando, welche unter 14 Grad 40 Min. nördlicher Breite und 0 Grad 30 Min. östlicher Länge von Greenwich; vierundachtzig geographische Meilen von Sokoto und sechzig von Timbuktu gelegen ist. Anfangs war der Niger hier 900 Fuß breit, allein später teilte derselbe sich in eine Menge enger und krummer Arme, zum Teil mit Schilf und Gras bewachsen, bis auf zehn geographische Meilen in gerader Linie von Saraiyamo aus. Hier segelte man in Zickzack und außerordentlich langsam weiter; erst am 4. September ging Barth an dem Dorfe Koromeh in den Hauptstrom hinein, woselbst der Fluß einen großartigen Anblick gewährte, indem eine zahlreiche Flotte von Schiffen und Böten aller möglichen Formen ihn bedeckte.

Barth setzte quer über den Fluß, lief in einen Kanal an der Nordseite ein und erreichte am folgenden Tag Kabara, welches zwar eine kleine Stadt mit nur 400 Häusern und Hütten ist und 1000 bis 2000 Einwohner zählt, aber einen so großen Namen als die Hafenstadt Timbuktus besitzt. Man kann jedoch höchstens während vier oder fünf Monaten des Jahres Kabara zu Wasser erreichen und obgleich Barth diesen Ort während der Regenzeit besuchte, so mußte sein Boot doch mit großer Anstrengung durch den Kanal gezogen werden, welcher nur 15 Fuß breit war und dessen Wasser den Bootsleuten nur bis ans Knie reichte. Ein großes, schönes, durch Kunst angelegtes Bassin bei Kabara faßte damals nur wenige Boote, so daß Koromah und die zwischen Koromah und Kabara liegenden Inseln es eher verdienten, der Hafen von Timbuktu genannt zu werden.

Hier vermehrten sich für Barth die Schwierigkeiten, wie überhaupt für jeden Christen das Vordringen hier sehr beschwerlich und mit Gefahren verbunden ist. Um seinen Plan, Timbuktu zu erreichen, auszuführen, sah er sich genötigt, während er bisher nie seinen europäischen und christlichen Charakter verleugnet hatte, sich auf dem weiteren Marsch für einen Araber und Sherifen auszugeben, und war unter dieser Maske so glücklich, durch die zum Stamme der Tademekket gehörigen Imoschar oder Tuareg, die selbst im Süden des Stromes die Weidenlande auf weite Kerne in Beschlag genommen und durch die fanatischen Fulba von Hamdallahi, die ihre Herrschaft im Süden weit über Timbuktu hinaus ausgedehnt haben, unangefochten hindurchzukommen und vom Flusse aus, den er, wie erwähnt, auf dem Nebenarme von Soraiyamo erreicht hatte, am 7. September 1853 in die vielherrscherige und in Parteien zerrissene Stadt einen förmlichen Einzug zu halten. Er wurde escortiert von einer Menge von Reitern zu Pferde und auf Kamelen, und von den Einwohnern festlich begrüßt; alles in seiner Eigenschaft als Gesandter des Großsultans in Stambul, eine Rolle, welche Barth nach den Nachschlagen des mächtigen Scheichs El Bakays spielte, um den Gewalttätigkeiten des fanatischen Volkes zu entgehen.

In solcher Weise begann der lange Aufenthalt von sechs bis sieben Monaten in Timbuktu, ein Aufenthalt, welcher wie in einem Gefängnis verbracht werden sollte, und durch Spannungen und Ängsten nebst dem ungesunden Klima dazu beigetragen hat, die Kräfte des schon ermatteten Reisenden vollends zu vernichten.

Ungeachtet seiner kräftigen Konstitution und obgleich er sich an das Klima gewöhnt hatte und im Besitze eines großen Mutes und eines starken Willens war, besiegte ihn doch die Überanstrengung und die Regenzeit. Wir teilen hier ungefähr wörtlich einen Brief von ihm an den Ritter Bunsen, den preußischen Gesandten in London, zu Anfang seines Aufenthaltes in Timbuktu mit, teils der Nachrichten von Timbuktu wegen, die in demselben enthalten sind, teils weil der Brief, als einer der letzten von Barth, ein Zeugnis von der gebrochenen Kraft und dem sinkenden Mut des ermüdenden Reisenden ablegt. Man sieht, daß er nicht die Kraft gehabt hat, lange auf einmal zu schreiben, und daßelbe zeigt sich bei anderen seiner Briefe von Timbuktu. Nichts in diesem Briefe erinnert an den Mut, mit welchem er, bevor er Kuka verließ, sagte, daß es „ein mächtiger Tod sein müsse, der ihn wegraffen wolle". Damit der Leser leichter die indem Briefe angedeuteten verwickelten Verhältnisse verstehe, wollen wir hier nach einem Vortrage von C. Ritter in dem geographischen Verein zu Berlin (Zeitschrift für allgemeine Erdkunde, 2. Bd., S. 313), in welchem der berühmte Geograph seinen Bericht von Timbuktu in seiner „Erdkunde" (1822) berichtigt und vervollständigt, einen kleinen Auszug aus der Geschichte dieser Stadt mitteilen, welche längst unter den Städten des inneren Afrika den Europäern die berühmteste gewesen ist.

Timbuktu, welches in einer nackten Fläche von weißem Sande und auf dem nördlichsten Punkte am Laufe des Isa liegt, also sehr günstig, um den Mittelpunkt des Handels im westlichen Sudan abzugeben, und welches feiner noch am bequemsten von allen Städten Sudans in Betreff einer Handelsverbindung mit den Küsten des mittelländischen Meeres, mit der Westküste des atlantischen Meeres und der Guineaküste liegt, ist ungefähr im Jahr 1214 von einem Negervolke, Namens Susu, einem Zweige des begabten Mandingostammes, erbaut. In der Gegend, in welcher die Stadt angelegt wurde, hatten sich bereits seit längerer Zeit die muhammedanischen Reiche Gehana und Meli befunden; der Koran war hierher durch das Schwert der berüchtigten fanatischen Sekte, der Almoraviden (der Morebethunen) geführt, welche Marokko im Jahre 1070 gründeten und eine kurze Zeit das arabische Spanien beherrschten. Diese am frühesten bekehrten Länder, von welchen aus der Islam weiter unter die Neger verbreitet wurde, standen mit einer heiligen Glorie in den Augen der später bekehrten Negerstämme da und hier namentlich wimmelte es von Gelehrten des Korans nebst Marabutten, Pilgern nach Mekka und anderen dergleichen heiligen Männern. Das Gusuvolk wurde nach Verlauf von neununddreißig Jahren von einem anderen Negervolke, Namens Meli, verdrängt, welches, wenigstens später, die Residenz weiter gen Westen, wahrscheinlicherweise nach Dschinnie verlegte, welcher Ort dadurch emporblühte; allein die Melikönige waren gleichfalls Devote, machten eifrig Pilgerfahrten nach Mekka und wurden deshalb bei den arabischen Verfassern sehr gelobt, sowie auch Timbuktu selbst als Provinzialstadt eifrig für den Glauben in die Schranken trat. Die Negerkönige besaßen indes wahrscheinlich nur den Schein der Macht; in der Wirklichkeit regierten muhammedanische Araber und Mauren, Jene Dynastie wurde indes kurz vor dem Jahre 1500 von einem Eroberer, dem Negerhäuptling Soniheli verdrängt, welcher wieder die Residenz nach Timbuktu verlegte und von dort aus eine Menge unterjochter Negerländer beherrschte, während er die Araber und die Mauren zurück in die Wüste trieb. Von nun an wurde Timbuktu namentlich eine ansehnliche Handelsstadt. Als der bekannte spanische Araber Leo Afrikanus, welcher durch die Maßregeln Ferdinands des Katholischen gegen die

Ungläubigen nach Marokko ziehen mußte, darauf viele Reisen in Innerafrika unternahm, und Timbuktu ungefähr im Jahre 1510 besuchte, erstreckte der König dieser Stadt, Namens Istria, seine Herrschaft über Haussa und Katsena, ja selbst über Ugades, welches zu jener Zeit eine Stadt war, von welcher man einen jährlichen Tribut von 150,000 Goldstücken forderte. Timbuktu besaß damals eine schöne Moschee und eine Königsburg, beide von einem Baumeister aus Granada erbaut. Gegen die Mitte des 17. Jahrhunderts und besonders kurz nach dem Jahre 1670, als die. Stadt in vollständige Abhängigkeit von den Herrschern von Marokko geriet, scheint es, als habe der Handel Timbuktus an Bedeutung verloren. Lange Zeit hindurch blieb Timbuktu nun eine Provinzialstadt von Marokko, welche durch ihren Handel Marokko bereicherte. 16000 bis 20000 Kamele gingen jährlich von Marokko aus mit Waren nach Timbuktu. Um die Zeit, wo Mungo Park die Nigerländer (1796—1805) bereiste, besaßen die Negerreiche des Bambarra-Reichs mit der Hauptstadt Sego großen Einfluß in Timbuktu, wenn sie auch nicht ganz die Mauren vertrieben hatten; allein da die Fellata zu Anfang dieses Jahrhunderts ihr großes Reich stifteten, jagten sie die Mauren zurück in die Wüste; und es scheint alsdann, als wenn diese im Jahre 1810 in dem südwestlichen Marokko und dem nördlichen Sahara den bekannten Staat Tidi—Gescham gegründet haben, welcher den Handel zwischen Marokko und Timbuktu beherrschte, und von dort aus scheint es, als wenn sie durch Verbindungen mit den Tuareg und fanatischen Mauren—Parteien wieder ihren Einfluß über Timbuktu ausgedehnt haben. Ritter ist der Ansicht, daß El Bakay, das geistliche Oberhaupt, dessen Schutz Barth genoß, dieser vertriebenen devoten maurischen Dynastie angehörte.

VIII.

Rückreise Barths.

Barths Schicksale in Timbuktu, seine Flucht aus dieser Stadt und Rückkehr in die Heimat.

Den Charakter und die Eigentümlichkeit der Stadt Timbuktu, sowie die Schicksale, welche er darin bis zu seiner glücklichen Flucht erlebt hatte, beschreibt Barth in dem folgenden an Ritter Bunsen geachteten Briefe:

Timbuktu den 9. Sept. 1853.

„Durch die, Güte des Allmächtigen ist es mir endlich vorgestern gelungen, diese altberühmte Handelsstätte am Saume der Wüste zu erreichen."

Am großen Feste der Moslemin Etwas Fieber, wie es nur zu natürlich ist nach der endlichen Ankunft in einer größeren und mit hohen Wohnungen beschlossenen Stadt von einer beschwerlichen Reise mitten in der Regenzeit, hat mich alle diese Tage weder zu ordentlichem Schreiben, noch zum Ausarbeiten meines Journals kommen lassen."

Den 29. Sept. 1853

„Der allmächtige Gott hat mich gnädig den jährigen Todestag meines Reisegefährten überleben lassen, und trotz aller mich umgebenden Gefahr und trotz mich gänzlich abschwächenden Fiebers, lebt die feste Hoffnung in mir, die Heimat meiner Väter und meiner Freunde wieder zu sehen. Nach langem und sorgenvollem Warten ist endlich in der Nacht zwischen Sonntag und Montag das geistliche Oberhaupt, in dessen Schuß ich mich begeben, angekommen, und hat glücklicherweise durch seine Aufrichtigkeit und hochachtende Freundlichkeit den schlechten Eindruck, den sein jüngerer Bruder durch seine schamlose Bettelei auf mich gemacht, vollkommen verwischt. Schon vorher hatte ich zwei Briefe von ihm, den zweiten als Antwort eines Briefes von mir, worin ich ihm die Gründe meines Kommens klar auseinandersetzte, beide mich völliger Sicherheit verbürgend und der ungefährdeten Heimkehr unter seinem Schütze versichernd. Seit seiner Ankunft habe ich zwei lange, ganz ungenierte Zusammenkünfte mit ihm gehabt und habe die Genugtuung, seine vollständige Achtung und Freundschaft erlangt zu haben.

Folgendes sind meine Aussichten: entweder gehe ich zu Lande mitten durch die Tuareg, wenigstens zur berühmten Inselstadt Garo, der einstigen glänzenden Kapitale des Sonrayreichs, oder ich gehe zu Wasser bis Sary; das Letzte würde jedenfalls das Geratenste sein, wenn wir nicht Gefahr liefen, in Say wegen Mangels an Pferden und Kamelen sitzen zu bleiben. Meine Kamele sind freilich fast aufgerieben, aber El Bakay will mir andere geben. Meine Abreise ist auf etwa einen Monat festgestellt, und derselbe Mann, der mich von Libtako (hoffentlich ist mein an Consul Herman adressierter Brief aus Libtako mit manchen Specialitäten glücklich angekommen, wie auch mein früherer Brief von Say) hierhergebracht, angewiesen, mich sicher nach Borno zurückzuleiten. Gott der Allmächtige möge diese Versprechungen bewahrheiten.

El Bakay hat mir vollkommene Imana für alle Engländer gegeben, welche Timbuktu besuchen sollten, und vollkommene Sicherheit des Handels; aber die Verhältnisse sind hier höchst eigenetümlich.

Jetzt wenig Worte vom Charakter der Stadt; denn meine geistige und körperliche Kraft ist augenblicklich gelähmt. Timbuktu liegt 18 Grad 3 Min. 5 Lin. (dies die Ausdehnung der Stadt von S. nach N.) nördl. Breite und 1 Grad 45 Min. westl. Länge von Greenwich und bildet ein ziemliches Dreieck, dessen nördliche Ecke von der massiven alten Djama Sánkové geschmückt ist, während die beiden übrigen Djama el jama-kebéra und Djama Sidi Yahia in der Nähe des Marktplatzes liegen, der sich in dem südwestlichen Viertel befindet. Die Stadt ist dichtbebaut mit Tonwohnungen, einige von respektablem Aussehen mit zwei Stock und architektonischer Fassade, dazwischen sind wenige leichte Mattenhütten zerstreut, außen umher aber eine große Menge; die schönsten Gebäude liegen im südlichen Teile. Der Hauptteil der Bevölkerung ist Sonray sonderbarerweise von Caillié[8] Kisffour genannt (Ki die Sprache, Sor Sory = Sonray). Daneben sind Araber der verschiedensten Kabailcn (Stämme G.), Fullan in großer Menge und Tuareg oder ihre Sklaven, auch Bambarer und Mandingo.

Die nominelle Regierung der Stadt ist in den Händen der Fullan; aber El Bakay, vorzüglich auf

---

[8] Cailli hatte im Jahre 1828 etwa vierzehn Tage in Timbuktu verweilt und späterhin dafür einen großen Preis erhalten.

sein Ansehen bei den mächtigen Tuareg-Fürsten umher gestützt, ganz abgesehen von den Arabern, setzt ihnen eine geistige und geistliche Herrschaft entgegen, und in diesem Kampf der Elemente beruht das ganze. Treiben der Stadt, das an Intrigen noch dadurch gewinnt, daß Hammadi, ein Bruder Bakays, es mit den Fullan hält.

Die Bevölkerung der Stadt mag sich auf 20,000 belaufen. Der Markt ist kleiner als der von Kano, aber gefüllter mit wertvollen Waren und wird von meinen Arabern allgemein bewundert. Ghadamsier, Tuater und Saheli (Bewohner der südlichen Provinzen Mela Abd el Ramans) handeln hier in Menge, und Einige sollen ein bedeutendes Vermögen haben, besonders der Taleb Mohammed aus Merakesch (Marokko).

Die Umgegend der Stadt ist natürlicherweise dürr und öde, aber der Weg von Kabura ist dicht mit kleinen Talha und verwandtem Gestrüpp bedeckt, und daselbst sind einige Dumfelder und Melonenbeete.

Die Regenzeit ist hier jetzt in ihrer Stärke, und wir haben fast jeden zweiten oder dritten Tag Regen, freilich nicht stark, aber doch keineswegs unbedeutend, besonders gestern.

Die Häuser, aus leichtem weißen Ton mit Steinen gebaut, können nur wenig Regen vertragen, Ihre innere Einrichtung ist ähnlich der der Häuser von Agades; mein Haus ist sehr geräumig und bildet zwei viereckige Hofräume, der eine hinter dem andern, beide ganz von Häusern eingeschlossen; der Raum zwischen den Höfen trägt das Zimmer, worin ich mich aufhalte und das, worin ich meine Sachen habe.

Leider ist meine Freiheit hier sehr beschränkt und ich muß große Vorsicht in meinem Verkehr anwenden, da eine große Partei meinen Ruin wünscht. Eingezogen bin ich als ein Gesandter von Stambul und bin als solcher bei der Menge noch immer angesehen. Viele verehren mich auch meines wirklichen Charakters wegen.

Das ist ein so trocknes Bild dieser Stadt, wie ein geplagter fieberkranker Reisender es zu geben vermag. So der Allmächtige gnädig ist, hoffe ich Ende nächsten Jahres Em. Excellenz mündlich bessere Schilderung zu machen; einen zweiten Besuch Adamauas, als über meine gänzlich erschöpften Kräfte gehend, habe ich bestimmt aufgegeben. Ich darf die Gottheit nicht weiter versuchen; führe sie mich mit meinen Schriften nur gnädig heim!

P.S. Noch herzliche Grüße vom neuen moslemischen Jahr."

Das Fieber, welches Barth in so hohem Grade angegriffen hatte, daß seine Umgebungen schon daran schritten, seine Nachlassenschaft unter sich zu teilen, erließ ihn jedoch wieder und er genas so ziemlich; aber seine Kräfte vollständig wieder zu gewinnen, vermochte er nicht, nachdem er in Timbuktu angelangt war. Selbst die Winterzeit brachte keine erfrischenden Lüfte, In einem Briefe von der Mitte des Dezember klagt er darüber, daß das Klima in Timbuktu weit unangenehmer, als in Kuka sei, namentlich in Folge der. Überschwemmungen des Kwora. Die Luft war nie rein und erfrischend; selbst die Eingeborenen litten an Erkältung und Husten. Es fehlte ihm ferner an gesunden Nahrungsmitteln und er beklagt sehr, daß er keine Milch erhalten könne, welche im Verein mit dem Kaffee so oft seine Kräfte belebt hatte; er freut sich deshalb recht sehr bei dem Gedanken, daß er möglicherweise einmal wieder die Freude einer heimatlichen kräftigen Mahlzeit genießen würde. Natürlicherweise war sein ganzes Streben darauf gerichtet, so schnell wie möglich die ungesunde Stadt zu verlassen, allein die eigentümlichen politischen Verhältnisse hielten ihn lange zurück. Der Zusammenhang dieser Verhältnisse scheint nach mehreren Stellen in seinen Briefen, zusammengehalten mit der früheren, Geschichte von Timbuktu ungefähr folgender zu sein:

Drei verschiedene Völker kämpfen um die Herrschaft in Timbuktu: Fellata, die Tuareg und die Araber. Die Fellata, welche sich vor dreißig Jahren der Stadt bemächtigten, üben noch immer eine Souveränität in derselben aus; jedoch, wie es scheint, wesentlich dem Namen nach. Seit vielen Jahren haben die Tuareg, die Herren der Wüste, Timbuktu, welches am Saume der Wüste liegt, so zu sagen blockiert und halten immerhin das Schicksal der Stadt in ihren Händen, weil es in ihrer Macht steht, ihr jede Zufuhr von Lebensmitteln abzuschneiden. Sie haben den Fellata eine große Niederlage bereitet. Die Araber endlich unterstützen El Bakay, ihren Stammgenossen, einen heiligen Mann, dessen Bruder, welcher von der Oase Mabrok nördlich von Timbuktu hierher gezogen war, früher denselben hierarchischen Einfluß ausübte. El Bakay besitzt zwar selbst keine Armee; allein er übt doch durch sein geistliches Ansehen den größten Einfluß aus. Die Tuareg, so scheint es, folgen seinem Winke. Dieser heilige Mann schützte nun Barth gegen seine eigenen fanatischen Glaubensgenossen. Es waren nämlich Viele unter diesen, welche nicht glauben wollten, daß Barth das sei, wofür er sich nach dem Rate des El Bakay ausgab, nämlich ein Gesandter des Großsultans in Stambul, und welche in ihm einen ungläubigen Christen ahnten. Die Gefährlichsten unter diesen seinen Feinden waren die Fellata in Hamd—Allahi südwestlich von Timbuktu, welche den Oberst Laing im Jahre 1826 ermordet haben sollen. Der Häuptling dieser Fellata hatte ihnen den Befehl erteilt, Barth tot oder lebendig ihm zu bringen, und sie hatten alle seine Papiere verlangt, um zu untersuchen, ob er wirklich das sei, was der Scheich El Bakay behauptete. Es scheint indes, als wenn diese Fellata später gedemütigt worden sind; denn ein arabischer Stamm Uelad—So—liman wird in einem späteren Briefe von Barth als der wahre Mörder des Major Laings genannt und es heißt darin, daß dieser Stamm den Schwur getan habe, auch ihn ermorden zu wollen. Gegen so drohende Gefahren war der Einfluß El Bakays nicht im Stande, Barth das nötige Sicherheitsgefühl einzuflößen, und dieser mußte darauf vorbereitet sein, sich mit den Waffen in der Hand zu verteidigen. El Bakay hatte ihm allerdings sichere Reise nach Sokoto zugesagt, jedoch stellten sich viele Hindernisse der Ausführung dieser Zusage entgegen, indem es nicht leicht war, ihn ungefährdet durch die Gebiete der umwohnenden fanatischen Völker zu bringen. Oft hatte Barth die Hoffnung, abreisen zu können, und wiederum wurde diese Hoffnung von der Furcht verdrängt, daß er entweder sterben, oder für immer in Timbuktu bleiben müsse. In solcher Weise verstrich der Winter und die Regenzeit, welche für das Reisen so ungünstig ist, stand wieder bevor. Barth wollte jedoch derselben mit Freuden Trotz bieten, wenn er nur die Stadt seines Gefängnisses verlassen konnte, und endlich glückte es ihm wirklich, am 23. März 1854 aus der verhängnisvollen Stadt Timbuktu zu entschlüpfen. Diese Nachricht teilte er mit in einem Schreiben vom 24. März, als er sich bereits an einem vier englische Meilen von Timbuktu entfernten Orte befand; zugleich sprach er darin die Hoffnung aus, daß er nun die langersehnte Reise in sein Vaterland und in den Kreis der Seinigen vollenden könne. Er war damals schon davon benachrichtigt, daß ein Landsmann ihm zur Hilfe gesandt war und daß ein Dampfschiff den Niger und Tsadsee hinaufgehen sollte. Aber gerade in der Zeit, als jenes Schreiben eingetroffen war, kam plötzlich die erschütternde Nachricht, daß auch er dem unerbittlichen Schicksale, von welchem der überwiegende Teil seiner Vorgänger hinweggerafft worden war, zum Opfer gefallen sei.

Die eisten Nachrichten über Barths Tod liefen zuerst in einem Schreiben Dr. Vogels, datiert in Kuka am 18, Juli 1854, an seinen Vater, den Direktor Vogel in Leipzig, dann in einem Briefe des Reisenden an Consul Herman in Tripoli, der darüber Bericht an das englische Ministerium erstattete, ein. Direktor Vogel teilte Herrn Alexander von Humboldt den Inhalt des ihm zugekommenen Briefes mit, der die bestimmteste Nachricht enthielt, daß Barth nach ziemlich zuverlässigen Berichten zu Meroda (Mariadi?), etwa hundert englische Meilen O.N.O. von

Sokoto auf seiner Rückreise von Timbuktu nach Borno gestorben sei, und zugleich berichtete, daß Vogel seinen treuesten Diener unter Anempfehlung großer Eile dahin geschickt habe, um den Tatbestand zu erforschen und im schlimmsten Falle die Papiere und die sonstigen Hinterlassenschaften des teuren Mannes zu sichern.

Da man über Barths Schicksal von seinem Abgang aus Timbuktu bis zu seinem angeblichen Tode nicht die mindeste sichere Kunde hatte, und das Befinden des Reisenden in Timbuktu nach seinen eigenen Mitteilungen zu den ernstlichsten Besorgnissen Anlaß gab, so konnte es nicht Wunder nehmen, daß man, besonders in England, die Todesnachricht als eine wahre aufnahm, und man stellte die mannigfachsten Vermutungen über die Art seines Todes auf. Jedoch hatte Barths mysteriöses Verschwinden sowohl in Europa, als in Afrika bei Manchem noch einen Hoffnungsschimmer erhalten, daß er sich noch am Leben befinden möchte. Der Zweifel an der Todesnachricht wurde immer stärker, als man lange Zeit nicht das Mindeste von den näheren Umständen erfuhr, und als ein in Kuka weilender Engländer, Church, einen Brief, datiert in Kuka am 12. August 1854 an den Consul Herman in Tripoli schickte, worin er die Berichte über Barths Tod sehr in Zweifel zieht. Er teilte mit, daß ein Sheriff aus einem bei Timbuktu gelegenen Orte in Kuka angekommen sei, der Timbuktu vor ungefähr vier Monaten verlassen und vernommen, daß Dr. Barth sich damals dort noch vollkommen wohl befunden habe. Der Sheriff hatte ihm weiter mitgeteilt, daß Barth in kurzer Zeit nach Kuka aufbrechen wolle und sich zu diesem Zwecke vom Sultan von Timbuktu Briefe an die verschiedenen Fellatahäuptlinge, deren Gebiet er bei seiner Reise nach Kuka passieren mußte, zu verschaffen gewußt, und daß er sich in diesem Augenblicke schon auf der Reise dahin befinde. Am 11. Januar teilten die Londoner Blätter ein Schreiben mit, welches der Consul Herman an Lord Clarendon aus Tripoli vom 28. Nov. 1854 gerichtet hatte, und worin die Nachricht von Dr. Barths Tod unter Beibringung sehr triftiger Gründe wiederum stark in Zweifel gezogen wurde. Aber trotz aller dieser Mitteilungen, welche gegen die ursprüngliche Nachricht gerichtet waren, fand die Hoffnung für die Erhaltung des Totgesagten doch eine schwache Grundlage, weil selbst noch im Oktober 1854 zu Kuka alle Nachrichten von Barth fehlten, indem Vogel in seinem Briefe an Consul Herman vom 15. Sept. ausdrücklich anzeigte, daß ihm jede solche Nachricht abgehe. Indessen sprach Vogel wirklich schon die Vermutung aus, daß diese nur den Intrigen des Sultans von Borno, Abd el Raman, beizumessen sei, der die Nachricht von Barths Tod ausgesprengt habe, um sich die von Barth zurückgelassenen und für ihn seit seiner Abreise angekommenen und in Sinder deponierten Effekten anzueignen. Abd el Raman aber wurde im Sommer 1854 von seinem eigenen Bruder erdrosselt, zum Glück für Barth, da jener das Gerücht zur Wahrheit hätte werden lassen können. Schon am 13. März hatte sich der dunkle Schleier, welcher über dem Schicksale des Dr. Barth lag, gelüftet; denn Consul Herman schrieb an Professor Ehrenberg:

„Glücklicherweise habe ich nicht umsonst gehofft; das Gerücht vom Tode des Dr. Barth hat sich als unbegründet erwiesen

Diese erfreuliche Nachricht war von einem Briefe des Doktors selbst an Herrn Gogliuffi, Vize—Consul in Mursuk, begleitet, den ich gestern erhielt, datiert in Kano am 15. Nov. 1854, zu welcher Zeit er sich zur Abreise nach Kuka vorbereitete und sogar vorhatte, in drei Monaten Mursuk zu erreichen. Indessen glaube ich nicht, daß er dies zu erfüllen im Stande sein wird.

„Mit dem größten Vergnügen sehe ich mich hiermit in den Stand gesetzt, Ihnen eine Tatsache mitzuteilen, die durch ganz Europa mit Freuden aufgenommen werden wird.
G. F. Herman."

An demselben Tage sandte Herman die frohe Kunde auch nach Malta. Ein in der Times vom 4. April enthaltener Artikel meldete nach einem am 26. März auf Malta geschriebenen Brief, daß das Gerücht von Barths Tod sich nach einer Mitteilung Hermans, datiert am 10. März, glücklicherweise unbegründet erweise, indem dem Consul von Tripoli ein Brief, datiert in Kano, am 15. November zugekommen sei, worin ihm der Reisende die Absicht kundgebe, in drei Monaten zu Mursuk einzutreffen. Eine Bestätigung dieser erfreulichen Botschaft ließ nicht lange auf sich warten. Schon am 26. April brachte die Deutsche Allgemeine Zeitung eine Mitteilung von Direktor Vogel nach einem von dessen Sohn am 7. Dezember geschriebenen, durch einen Courier über Ghadames nach Tripoli gelangten und von hier am 4. April nach Leipzig beförderten Briefe, daß Dr. Vogel im Dezember zu Bundi, einem kleinen zwischen Kano und Kuka, ungefähr hundertundzwanzig englische Meilen westlich von der letzteren Stadt gelegenen Orte, mit Barth zusammengetroffen sei. Hiernach befand er sich damals wohl und gedachte nach einem kurzen Aufenthalte in Borno, wie Consul Herman aus Barths direktem Schreiben gefolgert hatte, über Mursuk nach Europa zurückzukehren; wogegen Vogel Willens war, zunächst die Stadt Yacoba zu besuchen und das Königreich Adamaua zu erforschen, also statt des vorhin angeführten Teiles seiner Pläne einen anderen zur Ausführung zu bringen.

Dr. Barth war nach seiner Abreise aus der unruhigen „Königin der Wüste", Timbuktu, am nördlichen Ufer des Stromes bis zur Stätte von Gao oder Gogo, der alten Hauptstadt des Sonayreiches gelangt, trennte sich aber nach einem längeren Aufenthalte und nach einer Besprechung mit den Häuptern der Tuareg, am 8. Juli 1854 von seinem treuen Beschützer Scheich El Bakay und setzte seine Reise, den Fluß passierend, an dessen südlichem fruchtbaren Ufer fort, blieb, in den Bereich fortwährenden Anbaues eintretend. und mehrere ansehnliche auf Inseln sich ausbreitende Sonraywohnplätze passierend, unter denen Gendafa und Sinder die bedeutendsten sind, in dieser Richtung fortschreitend. Bei Say trat der Reisende wieder in die schon bekannte Straße ein und gelangte auf derselben nur mit kleinen Abweichungen bis nach Sokoto, wo er nach einem glücklich überstandenen Anfalle von Dysenterie seine Reise nach Kuka fortsetzte, ohne zu ahnen, daß man ihm in Europa schon seinen Leichenstein gesetzt hatte. Auf diesem Wege hatte er in Borno bei Sokoto datiert am 3. September 1854 und in Kano datiert am 15.November Mitteilungen an seine Familie ausgefertigt, welche außer der Geschichte seiner Reise und der Darstellungen der neuen Verlegenheiten, in welche er immer wieder geriet, die interessante Notiz enthielt, welche über die Veranlassung zu der Verzögerung seines Zusammentreffens mit Vogel Aufschluß gibt. In dem Briefe vor Wurno schreibt er: „Ich preise Gott von ganzem Herzen, daß er mich aus so unsicheren Gegenden, wo ich so viel erduldet und wo ich so lange geschmachtet, glücklich zurückgeführt hat. Alle Welt hier preist mich meines Mutes und meines Glückes wegen, und ich hoffe, auch daheim wird man sich freuen. Nur in Einem habe ich mich getäuscht. Ich hoffte hier Briefe von Dr. Vogel vorzufinden und zu meiner Stärkung wenigstens eine Flasche Portwein; aber Nichts fand ich vor. Es war ursprünglich meine Absicht, hier nur zehn Tage zu rasten, ich muß aber jetzt die Regenzeit hier zu Ende gehen lassen, da die Wege vor uns zu schlecht sind. Bis dahin kommt auch der Herr von Kano selbst (das heißt der Statthalter von Kano, da die Provinz dieses Namens zum Fellatareiche gehört), mit dem ich nach seiner Stadt zurückkehren werde. Von dort geht es nach Kuka und von da, so Gott will, ohne langen Aufenthalt geradeswegs nach Nordeuropa und der Heimat, von der ich fast fünf Jahre abwesend bin, wieder zu. Gebe Gott recht frohes Wiedersehen!"

Nach einer Reise von dreizehn Tagemärschen erreichte Barth die Stadt Kano, wo er nur zehn Tage zu bleiben und dam seine Reise nach Kuka fortzusetzen dachte. Aber anstatt Alles zu finden, was er bedurfte, fand er nicht einen Heller und auch nicht eine Zeile. Er mußte also geduldig nach dem sieben Tagemärsche entfernten Sinder schicken, wo sein Gepäck sein sollte. „Aber ich Unglücklicher!", so schreibt er. „Die Welt hat mich schon begraben, und als das Vermögen eines Toten hat man mein Gepäck in Beschlag genommen und meinem treuen, mit einem versiegelten Briefe kommenden Diener zu überliefern verweigert. Einige Briefe hat er mir gestern gebracht, auch von England, aber Nichts von Euch Lieben. Möge nur das falsche Gerücht meines Todes Euch nicht beängstigt haben.

So ist hier meine Lage ganz ungewiß, voll Schulden, ohne wertvolle Gegenstände, ohne gute Pferde und Kamele dazu, Borno im Bürgerkriege und die Straße ganz unterbrochen, auf den Straßen nach Asben blutige Gefechte der Keloui und Kolgores."

Am 15. November schrieb er ferner: „Ich hoffe endlich in einigen Tagen fortzukommen, da ich Geldmittel aufgetrieben habe. Zugleich sind Gesandte von Borno angekommen an den Sultan von Sokoto mit der Nachricht, daß Scheich Omar, der vor siebzig Tagen seinen aufsässigen Bruder Abd el Raman besiegt hat, die Herrschaft in sicheren Händen hält, und daß alles in Ruhe ist. So lebt denn herzlich wohl; wenn nur dieser Brief Euch sicher zugeht; ich folge ihm, wenn Gott will, schnell."

Jedoch waren seine Prüfungen noch nicht zu Ende; denn obgleich er den Weg nach Kuka glücklich zurücklegte und sehr ehrenvoll bei seinem Einzuge in dieser Stadt empfangen wurde, konnte er doch nicht die Rückerstattung des zurückgelassenen und vom

Usurpator in Besitz genommenen Gutes wiedererlangen, was bei den gelingen vorhandenen Mitteln so sehr notwendig war. Dazu kam, daß die in Fessan herrschende Hungersnot die Araber und die Kaufleute, deren Hauptware zur Zeit noch in Sklaven besteht, Nichts scheuten, ihre Reise nach dem Norden anzutreten und so keine Kafla die für einzelne Wanderer sehr gefahrvolle Straße durch die Wüste eröffnete. Die Folge davon war, daß der Scheich von Borno, obgleich der Grund ein gerechter war, den Reisenden nicht fortlassen wollte. Die Gefahr der Rückkehr nach Borno bei ungünstiger Jahreszeit nach so langem Aufenthalt in den tropischen Gegenden schien jedoch demselben größer, als diejenige, die ihm von den Tuareg bei dem Durchzug durch die Wüste drohte, und er hatte deshalb bereits die Reise zu Ende Februar 1855 angetreten. Da zwang ihn der Scheich mit Gewalt, in die Stadt zurückzukehren und die Kafla abzuwarten. Aber eine solche fand sich nicht und der Despot, eingeschüchtert, mußte am Ende doch, nachdem er auch den größten Teil des eingezogenen Vermögens ersetzt hatte, den Reisenden ziehen lassen. So verließ er erst am 17. Mai 1854 das jetzt trockene Tal des nördlichen Grenzstusses von Borno, in welchem er mehrere Tage gelagert gewesen und war so glücklich, ohne Aufenthalt rastlos weiter ziehend, unangefochten Mursuk zu erreichen, wo sein Freund Frederik Warrington ihn mit der freundschaftlichsten Gastlichkeit aufnahm. Nach sechs Tagen verließ er Mursuk wieder und nach einem erzwungenen Aufenthalt von acht Tagen in Sokna, da Niemand ihn weiter bringen wollte, war er so glücklich, von den gleichzeitigen Bemühungen des befreundeten englischen Vize—Consuls in Tripoli, Herrn Read, unterstützt, ohne besondere Anfechtung den Herd der Revolution zu passieren und wohlbehalten am 27. August nach einer Abwesenheit von fünf Jahren und fünf Monaten wieder in Tripoli anzukommen, wo er seine heimgesandten Tagebücher in der besten Ordnung vorfand. So war der Wunsch, den er in einem Briefe, datiert in Sinder am 22. Januar 1855 ausgesprochen: „Möge Rückkehr mir beschieden sein, um das hier Begonnene dort in Ruhe zu vollenden!" zur Freude der Seinigen und aller Derer, welche in der ganzen zivilisierten Welt seinen großartigen Unternehmen fünfeinhalb Jahre hindurch mit Spannung gefolgt waren, wahr geworden.

Heinrich Barth wurde am 18. April 1821 zu Hamburg geboren, wo sein Vater früher ein ansehnliches bürgerliches Gewerbe betrieb und in vorgerücktem Alter und in guten Verhältnissen noch lebt. Früh dem Schulunterricht übergeben, besuchte er vom 11. Lebensjahre an das Gymnasium seiner Vaterstadt, in welchem er sich sofort mit dem konsequenten, ihm sein ganzes Leben hindurch gleichgebliebenen Eifer und begünstigt durch ein ungewöhnliches Sprachtalent dem Studium der alten Schriftsteller widmete. Im Herbst 1839 begab sich der strebsame Jüngling, um seine Universitätslaufbahn zu beginnen, nach Berlin, wo er sofort bei dem berühmten Philologen und Altertumsforscher A. Böckh das freundlichste Entgegenkommen fand. Mit dankbarem Gemüt gedachte er daher in seiner Böckh gewidmeten Dissertation der Verdienste, welche dieser sich um ihn erworben hatte, indem er mit nackten Worten erklärte, daß Alles, was Gutes in ihm liege, von Böckh herrühre, das Schlechte aber ihm von andersher zugegangen sei. Aber nicht geringere Aufmerksamkeit schenkte er den Vorlesungen Karl Ritters über allgemeine Erdkunde. Deshalb trennte er nach Ritters Beispiel nicht die Geographie von der Geschichte, auch nicht die Archäologie und die Sprachforschung; vielmehr erkannte er richtig, daß alle diese wissenschaftlichen Disziplinen zu ihrer gegenseitigen Ergänzung und Erklärung nötig seien.

Sofort nach dem Verlauf des ersten Jahres seiner Universitätszeit drängte es den wißbegierigen Jüngling, mit eigenen Augen den Boden zu sehen, worauf ein Teil des alten Völkerlebens sich bewegt hatte, und hier in den Resten der Monumente des Altertums eine klare Anschauung dessen zu gewinnen, was er bis dahin nur mit der Phantasie zu erfassen im Stande gewesen war. Wohl vorbereitet für seine Zwecke, begab er sich zuvörderst nach Italien und namentlich nach Rom, wo er während eines viermonatlichen Aufenthaltes mit dem regsten Eifer die Geschichte dereinstigen, nunmehr Jahrtausende hindurch zugleich mit Konstantinopel und Jerusalem in die Geschicke der Völker wunderbar eingreifenden Weltstadt auf ihrem Boden und in ihren Denkmälern studierte.

Inmitten Siziliens Monumenten begann der scharfblickende Jüngling einzusehen, wie auf den europäischen Gestaden des Mittelmeeres alle Elemente einst vorhanden waren, welche den menschlichen Geist auf die höchste Stufe seiner Entwickelung zu führen vermochten, denn hier stand ihm, wie er selbst in seiner Dissertation (1844) erklärte, das ganze Altertum wie aus dem Grabe auf, und hier bildete sich auch in ihm der Plan aus, das Becken des Mittelmeeres, wo möglich seinem ganzen Umfange nach, aus eigener Anschauung kennen zu lernen. Nach seiner Rückkehr nach Berlin setzte er seine akademischen Studien in der begonnenen Weise fort, und gelangte darauf zur Ausführung seines Jugendplanes, in das wissenschaftliche Lehrverhältnis einzutreten. Als aber die Erfolge der von ihm angekündigten Vorlesungen über die Geographie des nördlichen Afrika, alte vergleichende Geographie usw. nicht seinen Erwartungen entsprachen, benutzte er desto eifriger seine Zeit zur Bearbeitung eines Reisewerks, wovon der erste Band nur etwa wenige Monate vor dem Antritte der zweiten Reise glücklicherweise vollendet wurde. Aus dieser Beschäftigung wurde er plötzlich durch die Ausrüstung der Untersuchungsexpedition nach dem Inneren Afrikas herausgerissen.

Heinrich Barth, sagt Gumprecht in der Zeitschrift für allgemeine Erdkunde, ist von mittlerer Größe und festem gedrungenen Körperbau. Man sieht ihm an, daß er gemacht ist, Strapazen mit Leichtigkeit zu ertragen. Als er sich zu Berlin nach seiner ersten großen afrikanischen Reise aufhielt, hatte die afrikanische Sonne sein Gesicht stark gebräunt, aber die vollen Züge erwiesen, daß die Mühen der Reise seine Gesundheit nicht untergraben, sondern gestärkt hatten. In seinem Auge liegt ein verständiger und zugleich lebhafter Ausdruck, der die Sicherheit des Geistes bekundet, womit er sich zu bewegen gewohnt ist. Seine äußere Haltung erscheint stets als die eines Mannes, der von Jugend auf sich bewußt war, auf festem Boden zu stehen. Mit Freunden und Bekannten, sowie als Fremder in Gesellschaften hatte er stets ein richtiges Maß zu beobachten gewußt. Trotz des Reichtums seines Wissens und der Mannigfaltigkeit seiner Erfahrungen ist bei ihm nie die Sucht zu glänzen hervorgetreten. So konnte es nicht fehlen, daß er bei seiner tüchtigen und anspruchslosen Persönlichkeit sich in allen Ländern und bei Menschen aller Farben und Nationen bald Freunde erwarb, und nur wenige Gelehrte dürfte es gegeben haben, deren Tod in den Kreisen der Gebildeten aller Nationen ein so allgemeines Bedauern, welches nicht allein der durch ihn vertretenen Sache, sondern reichlich auch seiner Persönlichkeit galt, erregt hat. Wenige Reisende weist aber auch die Geschichte der Erdkunde auf, die in solchem Maße wie er, gründliches und vielseitiges Wissen mit so klarer Einsicht, besonnenem Mute, Regsamkeit, geistiger und körperlicher Ausdauer und passendem Benehmen in sich vereinigten. Unter den nicht naturwissenschaftlichen deutschen Reisenden ist er unzweifelhaft am besten mit seinem halben Landsmann Karsten Niebuhr zu vergleichen, dessen glückliches Los ihm auch vergönnt gewesen, in die Heimat zurückzukehren und geachtet und geehrt von seinen Zeitgenossen die Flüchte seiner Anstrengungen genießen zu können.

IX.

Dr. Eduard Vogel.

Dr. Vogels Reise nach Innerafrika.

Mit der Expedition des Dr. Vogel beginnt ein neuer glanzvoller Abschnitt in der Geschichte der Entdeckungsreisen in Zentralafrika, der zum Teil mit der vorerwähnten Hauptperiode parallel geht.

Schon seit Richardsons Tode hatten Barth und Overweg die Unterstützung durch einen dritten Reisenden dringend gewünscht. So z.B. schrieb Barth am 13. Juli 1852: „Was sind zweier Menschen Arbeiten für diese weite und beschwerliche unbekannte Welt!" Zwei Mängel waren besonders im Laufe der Zeit bei den Reisenden immer fühlbarer geworden: der Mangel an ausreichenden guten Instrumenten und der Mangel an der nötigen Ausbildung und Übung bezüglich der astronomischen Beobachtungen. Da trat ein ungemein günstiger Zeitpunkt ein, die angefangenen Bestrebungen für Innerafrika von Neuem mit Nachdruck zu verfolgen, und A. Petermann war es, der die Nachsendung eines Astronomen von Fach, ausgerüstet mit einem neuen Assortiment guter Instrumente, aufs Eifrigste betrieb und seinen Freund, dessen Streben nur darauf gerichtet war, eine große Reise zu unternehmen, „sei es nach dem Nordpol oder Südpol, nach Afrika oder Neu-Guinea — an irgend einen Ort, wo es noch was Interessantes zu tun gäbe", dafür gewann. Dieser junge Mann war Eduard Vogel, der Sohn des als Geograph und Schulmann rühmlichst bekannten und hochverdienten Direktors Dr. Carl Vogel in Leipzig.

Eduard Vogel ist ein Rheinländer, aus Krefeld, wo er 1823 geboren wurde, als sein Vater daselbst Rektor der höhern Stadtschule war. Von seinem fünften Jahre an genoß er den Unterricht in den unter der Leitung seines Vaters stehenden Anstalten in Leipzig und vollendete seine wissenschaftliche Ausbildung auf der Universität zu Leipzig, wo er sich der Mathematik und den Naturwissenschaften widmete, und auf der Universität zu Berlin, wo er unter Enkes Leitung die Gesetze der Himmelswelt durch Beobachtungen und Berechnungen finden lernte und von Karl Ritter in das Gebiet der wissenschaftlichen Erdkunde eingeführt wurde.

Neben diesen Übungen des Geistes übte er auch seinen von Natur schwächlichen Körper; er härtete sich so ab, daß er beschwerliche Fußreisen, anhaltende Arbeiten, Nachtwachen, Hunger und Durst, Hitze und Kälte heiter und ohne Murren zu ertragen und zu überstehen im Stande war. Daher konnte ihn auch Nichts während seiner Studienzeit zurückhalten, selbst nach ermüdenden botanischen Exkursionen mit Einbruch der Nacht auf die Sternwarte zu eilen, wenn der helle Himmel Arbeit versprach, und selten kehrte er vor ein oder zwei Uhr Morgens von dort zurück. So ließ er es sich, so jung wie er war, redlich sauer werden, um sich den Weg zur Tüchtigkeit und zum Ruhme zu bahnen.

Als er 1851 von Leipzig aus auf einer Ferienreise in das Riesengebirge begriffen war, erging an ihn von Seiten des weltberühmten Planetenentdeckers Hind die Einladung, als sein Assistent bei der Bishopschen Sternwarte in Regentspark nach London zu kommen, fürs erste Jahr mit einem Gehalt von circa 800 Talern. Mitte November trat er schon seine Reise an. In London fand er in den schon seit langer Zeit daselbst lebenden deutschen Laudsleuten, dem Botaniker und Reisenden Carl Seemann, und dem berühmten Geographen der Königin, August Petermann, zwei treffliche, treue und anregende Freunde. Durch sie wurde eine besondere Aufmerksamkeit auch den geographischen Entdeckungen der letzten Jahre zugewendet, indem sie ihn, wie schon vorher erwähnt, in der königlichen geographischen Gesellschaft einführten und dadurch in dem lebhaften, stets reiselustigen Jüngling den Wunsch anregten, sich früher oder später einmal einer Expedition als Astronom anzuschließen, und er zauderte keinen Augenblick, auf die gleichzeitig von seinem Freunde Petermann und Ritter Bunsen Ende Januar 1852 an ihn gestellte Anfrage, ob er sich wohl dazu verstehen werde, die große im Jahre 1849 nach Zentralafrika abgegangene, aber durch Richardsons Tod im März 1851 gestörte Expedition zu ergänzen und seinen beiden jungen überlebenden deutschen Landsleuten, Dr. Barth und Overweg mit neuen Instrumenten und sonstigen Hilfsmitteln entgegenzueilen und mit ihnen gemeinschaftlich die Erforschung des Inneren jenes rätselhaften Erdteiles fortzusetzen, mit einem freudigen Ja zu beantworten und sich ungesäumt zur Abreise zu rüsten.

„Am 15. Januar", so schreibt er unter dem 1. desselben Monats an seinen Vater, „verlasse ich England, um im Auftrage und Dienste der englischen Regierung eine große Entdeckungsreise nach dem

Innern Afrikas anzutreten. Ich wußte vor vierzehn Tagen noch nicht das Geringste davon und wurde erst am 14. des vorigen Monats von Ritter Bunsen mit der Nachricht überrascht, daß man beabsichtige, mich den beiden Reisenden Barth und Overweg nachzuschicken, um genaue geographische Ortsbestimmungen festzustellen, magnetische und meteorologische Beobachtungen zu machen und außerdem den Vegetationsverhältnissen einige Aufmerksamkeit zuzuwenden. Jetzt hilft kein Ablachen mehr, ich bin schon gebunden und werde in etwa vierzehn Tagen in Begleitung von zwei Sappeurs, die man mir zur Unterstützung mitgibt, mit dem englischen Paketboot nach Malta abgehen, dort hat der Gouverneur Befehl, mir ein Schiff zur Disposition zu stellen, welches mich nach Tripoli bringen soll. Von da aus gehe ich mit den nötigen Dienern — ich nehme noch einen Malteser und einen Araber mit — nach Mursuk und von da nach dem Tsadsee, wo ich mit den beiden genannten Reisenden zusammenzutreffen hoffe, um mit ihnen gemeinschaftlich in südöstlicher Richtung die Reise fortzusetzen. Gibt Gott seinen Segen, so suchen wir die Quellen des Nils auf, erforschen das sogenannte Mondgebirge und den neuerlichst so viel besprochenen Schneeberg und kommen, so Gott will, Ende 1855 bei Dzanpik oder Mosobik wieder zum Vorschein. Lord John Russell hat sich sehr gnädig gegen mich bewiesen und mich ermahnt, nur die Kosten nicht zu scheuen und alles Nötige mitzunehmen. Ich werde ihn vor meiner Abreise noch einmal bei einem großen Diner sehen, welches Bunsen auf Veranlassung meiner Sendung in nächster Woche zu geben gedenkt. Alles, was in

England irgendwie einen Namen in der Wissenschaft hat, interessiert sich aufs Höchste für mein Unternehmen. Oberst Sabine hat mir die magnetischen Instrumente besorgt, Sir William Hooker und Richard Brown die zum Pflanzensammeln nötigen Utensilien geliefert. Ich habe Sir William Hooker gebeten, die ersten drei neuen Warenarten, die ich entdecken werde, Bishopia, Bunsenia und Hindia, zu nennen. Ich bitte Dich, beruhige die gute Mutter über die Gefahren der Reise. Dieselben sind keineswegs so groß, wie sie sie sich etwa vorstellt. Das Klima ist in den Teilen, die ich besuchen werde, durchaus nicht ungesund, wovon Barth und Overweg, die sich darin schon über zwei Jahre gut befunden haben, die besten Zeugnisse geben. Die Eingeborenen sind nicht zu fürchten, denn einmal flößt ihnen selbst der Name Englands Respekt ein, und dann, wenn wir nach Ländern kommen, wo derselbe unbekannt sein sollte, so werden sieben bis acht wohlbewaffnete Europäer mit ihren Dienern sich auch schon allenfalls durchschlagen können. Daß selbst von Oben her die Expedition nicht für sehr gefährlich gehalten wird, beweist auch der Umstand, daß man mir allein für mehr als 1500 Taler mathematische und physikalische Instrumente mitgibt. Außer diesen nehme ich viele Kisten voll Glasperlen, kleinen Spiegeln, Messern, Scheren, Spieluhren und Harmonikas, nebst gewirkten Stoffen aller Art mit, da jenseits Mursuk das Geld seine Geltung verliert und Waren, wie die genannten, seine Stelle vertreten müssen. Beruhigt Euch also und vertrauet Gott, unter dessen Obhut ich reise."

Gegen Abend des 19. Februar 1853, so erzählt

Petermann, standen zwei Wagen vor der preußischen Gesandtschaft in Carlton-Terrace und darinnen war eine rege Geschäftigkeit und hastiges Treiben, Ungefähr ein Dutzend kleine, aber sehr schwere Kisten wurden eiligst in die Wagen befördert, dann stiegen zwei Personen ein; zwei andere, mit Barometern versehen, hatten schon ihren Platz. Die Wagen rollten in möglichster Schnelle dahin. Es galt, die Reise des Dr. Vogel nach Afrika zu beschleunigen, damit derselbe mit seinen beiden Begleitern am nächstfolgenden Tage zur rechten Zeit nach dem für das mittelländische Meer bestimmten Dampfboot in Southhampton eintreffe. Die schweren wohlverpackten Kistchen enthielten eine große Anzahl von Geschenken oder Tauschartikeln für die Bewohner Innerafrikas — größtenteils Eisenwaren, die in jenem Lande so sehr gesucht und geschäht sind.

Petermann begleitete seinen Freund zum Bahnhofe, und als Vogel seinen Sitz eingenommen, zog er aus seiner Westentasche zwei Chronometer mit den Worten: „Petermann, diese beiden kleinen Längenbestimmer kosten allein 80 Pfd. Sterling. Die sind gut für die Quellen des Nils."

„Als ich dem abgehenden Zuge nachblickte", sagt Petermann, „dachte ich lebhaft an Barth und Overweg und empfand die innigste Freude in dem Gedanken an die bedeutende und nicht minder unerwartete Verstärkung, die ihnen eben nacheilte — ein junger, tatenlustiger, talentvoller Astronom und Botaniker, seine beiden Begleiter schone, kräftige, gebildete und liebenswürdige Leute vom königlichen Ingenieurcorps (der Corporal Church und der Gemeine Swenney), an tropisches Klima gewöhnt, mit Vermessungen nicht unbekannt und beseelt von dem Unternehmen, an dem sie Teil haben sollen; — von der englischen Regierung mit größer Freigebigkeit mit zahlreichen Instrumenten erster Qualität sowie verhältnismäßig mit bedeutenden Mitteln ausgestattet. O, was für ein Jubel wird das für unsere Freunde am Tsadsee sein! dachte ich, für die Wackeren, die sich nun schon über drei Jahre mit Todesverachtung und ungeschwächtem Eifer unter dem lästigen Raubgesindel der Tuareg und den fanatischen Horden der Fellatas herumgetummelt, fast ganz abgeschnitten von Europa und der übrigen zivilisierten Welt. Nun werden sie endlich in wenigen Monaten mit verdoppelter Kraft ihre große Reise südwärts antreten."

Vogel reiste, begleitet von den besten Wünschen seiner Gönner und sehr vieler Freunde, mit den beiden Ingenieuren am Abend des 19. Februar von London ab, um am nächsten Tage mit dem Postschiff „Bengal", einem der größten und schönsten der englischen Marine, von Southampton nach Malta abzugehen, und gnade am Morgen dieses selbigen Tages gelangte die Nachricht von Dr. Overwegs Tod nach London, die einen um so schmerzlichen Eindruck machte, weil der Tod des Dahingeschiedenen so Plötzlich und so ganz unerwartet war.

Bei dieser Nachricht hätte die Abreise Vogels und seiner Begleiter um so zeitgemäßer und für den nun ganz alleinstehenden Dr. Barth um so erwünschter und willkommener erscheinen können, wenn nicht gleichzeitig Letzterer seinen heroischen Entschluß, allein die Reise nach Timbuktu zu unternehmen, kundgegeben hätte.

In Folge dieser und noch anderer unvorhergesehener Umstände gestaltete sich der vorgesteckte Plan und Hauptzweck Vogels ganz anders; denn anstatt daß derselbe seine Reise durch die Wüste in möglicher Eile zurücklegte, um sich Barth und Overweg in Kuka noch im Sommer 1853 anzuschließen, langte er erst im Anfang des nächsten Jahres an diesem Ziele an, und anstatt seine beiden Landsleute daselbst vorzufinden, fand er nur Overwegs Grab, Barth abwesend in Timbuktu und sogar das Gerücht von dessen angeblichem Tode.

Am Bord des Bengal schrieb Vogel am 24. Februar an seine um ihn ängstlich besorgte Mutter: „Nur wenige flüchtige Zeilen und die Nachricht, daß ich soeben nach einer überaus angenehmen Reise von vier Tagen auf der Höhe von Trafalgar bei Gibraltar angekommen bin. Ich habe soeben den ersten Blick auf jenen wunderbaren Erdteil geworfen, zu dessen Erforschung mich ein glückliches Geschick ausersehen hat. Ängstige Dich meinetwegen gar nicht, es geht mir sehr gut und wird mir wohl auch fernerhin gut gehen."

Die Reise von Malta nach Tripoli bot außer einem sechsstündigen Aufenthalt auf den Ruinen von Karthago, von wo er einige Kleinigkeiten, Gemmen und Münzen, die er dort gefunden, an die Seinigen schickte, nichts besonderes Interessantes dar. An seinem vierundzwanzigsten Geburtstage, den 17. März 1853, landete er in Tripoli und fand in dem Hause des englischen Consuls, Obersten Herman, die allerfreundlichste Aufnahme, welche während seines fast viermonatlichen Aufenthaltes daselbst zu wirtlich elterlicher Fürsorge sich steigerte, sodaß seine Briefe voll sind der dankbarsten Anerkennung der großen Güte, die man ihm dort erwies. „Ich bin" schrieb er an Ritter Bunsen am 13. März, „vom englischen Consul Carl Herman mit größter Freundlichkeit aufgenommen worden und wohne bei ihm in fernem Consulat, auf dessen Dach ich meine Sternwarte aufgeschlagen habe. Meine beiden Leute und meine meteorologischen und magnetischen Instrumente sind in einem bequemen Landhause, etwa eine halbe Meile von hier, untergebracht worden. Ich werde hier noch vier Wochen verweilen müssen, da viel zu meiner Ausrüstung noch nötige Gegenstände von Malta verschrieben worden sind. Die Zeit meines Aufenthaltes ist jedoch keinesweges verloren, sondern wird auf die beste Weise zum Studium des Arabischen und zu Übungen im Reiten und Schießen usw. verwendet, auch lerne ich Bälge von vierfüßigen Tieren und Vögeln präparieren, um auch der Zoologie von einigem Nutzen sein zu können. Meine Gesundheit, sowie die meiner Leute, ist vortrefflich, ebenso die Zuversicht und der Mut, mit dem wir der Zukunft entgegengehen, Gott, der uns bis jetzt beschützt, wird uns schon weiter helfen." Außer den angegebenen Beschäftigungen machte Vogel in Tripoli eine große Menge astronomischer undphysikalischer Beobachtungen und übte seine Leute im Gebrauche der Instrumente so gut ein, daß sie dieselben bald selbstständig zu Hand haben wußten. Für die Fortsetzung der Reise selbst war es ein günstiger Umstand, daß unser Reisender hier mit dem von einer Wallfahrt nach Mekka zurückkehrenden Bruder des Sultans von Borno zusammentraf und näher mit ihm befreundet wurde, und daß dieser sich seiner Karawane anschloß. Auch erbot sich Frederik Warrington, der von den Arabern so vorzüglich geachtet und geehrt wird, ihn bis Mursuk zu begleiten, einzig und allein durch die freundschaftliche Teilnahme, die er dem jungen Reisenden schenkte, dazu bewegen.

Doch verschob sich die Abreise mehrere Wochen; aber am 25. Juli konnte er seinem Vater schreiben: „Ich werde heute von Tripoli nach dem Innern abreisen. Nun, so lange ich in Afrika bin, habe ich mich stets der besten Gesundheit zu erfreuen gehabt, und hat die Hitze (24 Grad N. im Schatten) mich keineswegs sehr angegriffen. Man hat mich hier mit Allem, was für eine drei— oder vierjährige Expedition nötig war, ausgerüstet. Mein Gepäck wird von 34 Kamelen getragen, meine Begleitung besteht aus fünfzehn Arabern, zwei schwarzen Bedienten, einem maltesischen Koch, meinen beiden Sappeurs und einem Sohne des ehemaligen englischen Consuls Warrington, der mich bis nach Mursuk begleitet. Ich habe in ihm einen treuen Freund gefunden, der nur, um meine Sorgen und Mühen etwas zu erleichtern, in bei heißen Jahreszeit siebenhundert englische Meilen mit mir geht. Mit Geldmitteln bin ich reichlich versehen und kann außerdem, was ich sonst noch brauche, durch Wechsel auf die englischen Consule in Mursuk und Tripoli aufnehmen. Die Geschenke, die man mir für den Sultan von England aus geschickt hat, sind prächtig und werden mir eine günstige Aufnahme bei der schwarzen Majestät sichern. Einer seiner nächsten Verwandten und dessen Diener sind in meinem Gefolge. Der Diener ist ein Sklave, geraubt von den südlich vom Tsadsee gelegenen Ländern. Ich werde sehen, daß ich ihn in meine Dienste nehmen kann, er wird mir von großem Nutzen als Führer und Dolmetscher sein können. Wenn alle seine Landsleute so sind, wie er, so habe ich von den Wilden Nichts zu fürchten. Er ist ungemein gutmütig und mir schon sehr ergeben. Eine Schnur blauer Perlen hat das Band unserer Freundschaft geknüpft."

Am 28.Iuli 1853 brach also Vogel in Begleitung zweier Männer auf, die ihm teils als Führer, teils zum Schütze dienen konnten. Der eine derselben war der obenerwähnte Frederik Warrington, der andere war ein Bruder des Scheichs von Borno, Hadschi Aksen, welcher von seiner dritten Pilgerreise nach Mekka zurückkehrte, und unter dessen wirksamem Schutz Vogel den Tsadsee erreichen konnte.

Die Reise von Tripoli nach Mursuk bewegte sich auf dem gewöhnlichen Karawanenwege in östlicher Richtung und kam so über das kahle, wasserlose Taghonageb (Tarhoonageb), auf welchem sich zahlreiche römische Ruinen befinden, dann über die Uadis (Täler, Oasen) Beniolid, Soffedschin, Semsem, Bondschem und Bumajeh über Sokna, die Sudah— oder Schwarzen Gebirge und durch die großen Sandwüsten von Sebha und Rhodoa, In dieser Richtung waren vor ihm Pitchin und Lion (1818), sowie Clapperton, Denham und Oudney (1822) nach Mursuk gereist. Dr. Vogel hatte diesen Teil der Wüstenreise, der gewöhnlich im März durchwandert wird, während der wärmsten Sommerzeit zurückgelegt; die Hitze war sehr drückend gewesen; im Schatten zeigte das Thermometer zwischen 27 und

30 Grad R. und in der Sonne 39 Grad, im Sande aber stieg diese Hitze bis zu 48 Grad R. Der Wasservorrat war nur klein, und das Wasser selbst schlecht gewesen, und dieses schlechte Wasser mußten sie mehr als fünf Tage hintereinander in Schläuchen aufbewahren, weil man in fünfzehn Tagen nur drei Brunnen antraf. „Wasser trinken", schreibt Vogel an Bunsen, „das fünf Tage lang in einem ledernen Schlauche gewesen ist, kann nur der recht würdigen, der es gekostet hat". Dessenungeachtet erreichte die Karawane doch am 5. August wohlbehalten Mursuk, nur mit dem Verluste eines einzigen Kameles von den dreiunddreißig, welche er von Tripoli mitgenommen. Die Instrumente hatten trotz der großen Hitze mit Ausnahme des Photographirapparates, welcher ganz verdorben war. Nichts gelitten — „und das Alles ist", wie Vogel schrieb, „Mr. Warringtons Verdienst".

Wie es zu erwarten stand, wenn man die besonders wissenschaftliche Ausbildung Vogels in Betracht zieht, so zeichnete sich schon dieser Anfang seiner Reise, durch genaue Beobachtungen, welche er mit Hilfe seiner Instrumente nach verschiedenen Richtungen hin anstellte, auf das Glänzendste aus. Soweit er vorgedrungen, hat er die Längen— und Breitengrade aufgenommen (auf dem Wege von Tripoli nach Mursuk allein achtzehn Mal), und zwar mit einer strengen Genauigkeit, daß die Wissenschaft nach seinen Bestimmungen alle früheren, — selbst die von Pitchin und Lion, Denham und Oudney, — korrigieren läßt, indem keine derselben von Astronomen vom Fache vorgenommen worden war. Seine Berichte über die Reise von Tripoli nach Mursuk geben viele interessante Einzelheiten sowohl über die geographischen Verhältnisse dieses Ländergebietes, als über die Vegetationsverhältnisse; letzteres gilt insbesondere hinsichtlich der Grenze für die Verbreitung der Obstbäume. Die Resultate der Terrainuntersuchung zwischen Tripoli und Mursuk für die positive Geographie sind in Folgendem zusammenzufassen: Sowie man die Gärten von Tripoli verläßt, befindet man sich in der Wüste. Von O. nach W. zieht sich das Tal Beniolid zwölf englische Meilen weit hin. Die Talländer sind mit zahlreichen Dörfern bedeckt; der Boden des Tals ist gegen 300 englische Fuß eingesenkt und mit Wäldern von Palmen— und Ölbäumen bekleidet, die von siebenundzwanzig Brunnen bewässert werden. Die 5000 Einwohner sind Araber vom Stamme der Ur—Fellahs und besonders reich an Kamelen, deren sie gegen 12,000 besitzen. Von Beniolid führt der Weg durch ein von N. nach S. sich hinziehendes Tal nach dem dreißig englische Meilen entfernt liegenden Wady Soffedschin, das sich von S.W. nach N.O. in einer Breite von acht Meilen hinzieht. Dieses Tal ist im R. von niedrigen Sandhügeln, im S. von einem Höhenzuge von 400 Fuß hohen Kaltbergen, welche etwa zwei Meilen breit sind, begrenzt, die es von Semsem scheiden. Während der Regenzeit ist es fast ganz unter Wasser. Es ist der fruchtbarste Distrikt in der ganzen Regentschaft: im oberen Teile ist es besonders reich an Feigen, im mittleren tragen Gerste und Walzen hundertfältige Frucht, an der See ist es mit Wäldern von Dattelpalmen angefüllt. Parallel mit Soffedschin zieht sich das steinige Tal Semsem, welches fast fünfunddreißig Meilen breit ist. Der kleine Ort Bondschem, durch den der Weg führt, gehört bereits zur Herrschaft Fessan; er ist erst 1843 gegründet, zählt 120 Einwohner und hat die interessante Berühmtheit, daß er der erste Ort ist, wo es keine Flöhe mehr gibt, deren nördliche Verbreitungsgrenze der 31. Grad nördl. Breite ist. Alles ist wie halb mit Sand verschüttet. Südöstlich von Bondschem zieht sich Bunaga, von wo der Weg durch eine steinige Wüste nach Sokna führt. Die Stadt Sokna, etwa zweihundertundneunzig englische Meilen von Tripoli entfernt, ist ringsum von Bergen umschlossen. Die 2500 Einwohner erfreuen sich eines ziemlichen Wohlstandes; die Gärten liefern Datteln und einen Überfluß an allen möglichen Obstsorten. Das Wasser in den vierzig Brunnen hat eine Temperatur von 25 Grad R. Östlich vom Meridian von Sokna streichen die Schwarzen Berge (Soudah), welche aus gelbem Sandsteine, der mit Eisen schwarz gefärbt ist und im Sonnenscheine stark ins Bläuliche schillert. Der gänzliche Mangel an animalischem und vegetabilischem Leben erinnert sehr an eine Mondscheinlandschaft. Der Höhenzug ist fünfundzwanzig Meilen breit; jenseits derselben erstreckt sich die vollkommen ebene tier—, pflanzen— und wasserlose Wüste Serir Ben Asien, wo die schwarze Bevölkerung beginnt und welche der Reisende wegen der großen Hitze in Nachtmärschen passierte, bis nach Om el Abeed hinaus, wo man keinen bewohnten Ort, sondern nur zahlreiche Quellen von süßem Wasser in einer Tiefe von 15 Fuß unter der Bodenoberfläche antrifft. Die Wüste zwischen Sebsa und Rhodoa ist ein Plateau, welches teils aus Kalkstein, teils aus Sandstein von ziemlich gleicher Erhebung zwischen 1200—1500 Fuß beäeht; die Randgebirge, welche sie umlagern, erheben sich bis zu 2700 Fuß und ein anderer Kamm bis zu 2400 Fuß unter dem 27. Grad nördl. Br. Es stellt sich also nach diesen neuen Untersuchungen das Gegenteil von den früheren Vorstellungen über die Sahara heraus. Die Vegetationsverhältnisse bieten ein nicht geringes Interesse dar. In Tripoli wachsen nach den Beobachtungen Vogels die Früchte Südeuropas, z.B. Pomeranzen, Zitronen, Granatäpfel, Pistazien, Aprikosen, Mandeln, Oliven, Feigen und Opuntien in großer Fülle, aber keine Kastanien. Die Trauben, welche in Tripolitanien wachsen, sind angepflanzt; wilden Wein hat Vogel nirgends gesehen. Dahingegen gedeihen die Fruchtbäume des nördlichen Europa hier nicht besonders; allerdings werden in Tripoli Äpfel und Birnen in Menge gezogen, — ja der Apfelbaum wurde sowie der Aprikosenbaum tief im Innern in Fessan bei Sebhah angetroffen, allein die Äpfel haben einen schlechten Geschmack und die besten Varietäten der Birnen arten im Verlaufe weniger Jahre aus. Von Kirschbäumen sollen sich in Tripoli nur drei Exemplare vorfinden; von einem derselben sammelte Vogel im Ganzen sechs Früchte. Die Grenze der europäischen Fruchtbäume befindet sich durchschnittlich auf der Südseite im Ghariangebirge; hier hören die Orangen, der Johannisbrotbaum und die Pistazien auf; mehrere der übrigen gedeihen bis nach Mursuk, allein sie tragen zum Teil keine reife Frucht, wie z.B. der Olivenbaum in Wady Scherzi; an den Natron—Seen reifen die Trauben jedoch vorzüglich und im Überfluß. Bei Tripoli wird die Kartoffel groß und wohlschmeckend; Melonen,

Wassermelonen gedeihen dort gut und sie kommen gleichfalls auf den Sandhügeln Saharas fort, indem sie keiner künstlichen Bewässerung bedürfen. Die Wassermelonen erreichen ein Gewicht von 150 Pfund.

Der Ölbaum endet in Beniolid am Südabhange der Tagohna—Berge; die Maulbeere reicht bis nach Sokna, die Aprikose bis nach Sobha. Baumwolle findet sich hin und wieder in den Gärten von Bondschena und zwar gossypium arboreum und herbaceum, doch läßt die Bodenbeschaffenheit keinen bedeutenden Anbau zu; man erzielt höchstens ein paar Hände voll, um ein Kissen oder eine Matratze damit zu stopfen.

In Fessan steht jeder andere Baum der Dattelpalme nach, von welcher die Existenz der Ganzen abhängig ist. Die Hütten der Armen sind ganz vom Laube der Dattelpalme gebaut; selbst die dauerhafteren Wohnungen sind von demselben Stoff; jede Tür und jeder Pfosten ist aus dem Holz der Dattelpalme gemacht, zwischen welchen und über welche Zweige gelegt sind, wie bei uns das Rohr. Die ärmeren Leute wohnen in Hütten, ganz von Palmenzweigen zusammengesetzt. Die Zweige des Baumes sind das gewöhnliche Brennholz, das man sechs bis acht Meilen weit herbeischleppt. Die Last eines Mannes beträgt zwei Bündel zu einem Preise von ungefähr zwei Groschen. Die Frucht dient Menschen und Tieren zur Nahrung: Kamele, Pferde, Hunde, Alles genießt Datteln. Die Kerne werden in Wasser aufgeweicht und solchergestalt dem Vieh verabreicht, denn in vielen Gegenden findet dieses kein Gras und keine andere Futterpflanze als ein wenig Safschah (eine Art melilotus), welches im Mursuk mit ebensoviel Sorgfalt als das Getreide gebaut wird und sehr teuer ist, indem ein Bündel, welches nur aus einer guten Hand voll besteht, ungefähr fünf Groschen kostet; man sieht sich in Mursuk oft genötigt, die Kamele hundert englische Meilen gen Norden auf die Weide zu schicken. Die Zahl der angebauten Palmbäume ist außerordentlich groß; als Abdal Galil im Jahre 1829 Sokna belagerte, ließ er 43,000 Palmen umhauen und doch sind immer noch 70,000 übrig geblieben. Die Obstmenge ist jedoch verhältnißmäßig gering zu nennen, indem 100 ausgewachsene Bäume 40 Pfund Datteln geben, welche in Mursuk ungefähr den Werth von 30 Schilling (10 ¼ Tlr.) besitzen, in Tripoli jedoch den vierfachen Wert haben. Die Datteln werden an der Sonne getrocknet und wenn sie ganz hart geworden sind, gräbt man sie in den Sand ein; in solcher Weise können sie ungefähr zwei Jahre aufbewahrt werden, allein gewöhnlich werden sie schon nach Verlauf von achtzehn Monaten von Würmern angegriffen und zu Anfang des dritten Jahres dürften nur die Fruchtsteine übrig sein. Gewöhnlich betrachtet man die Datteln als eine erhitzende Speise, sie wird deshalb auch nicht gerade sehr auf Reisen genossen, indem sie vielen Durst verursachen. Wenn sie jedoch mit Gerste zu einem Teich geknetet werden, geben sie eine sehr gesunde und erfrischende Nahrung ab. Wenn man das Herz den Blättern abschneidet, sammelt sich an dem Einschnitt eine süße etwas dicke Flüssigkeit, welche Lagbi genannt wird und sehr erfrischend und zugleich sanft abführend ist. Nach Verlauf weniger Stunden gärt diese Flüssigkeit bereits, wird säuerlich und berauschend. Aus der reifen Frucht bereitet man einen Saft, den man namentlich dazu benutzt, Rohre und Wasserschläuche von Leder einzuschmieren, indem derselbe diese verdichtet. Hinsichtlich der Kultur— und Nutzpflanzen ist noch Folgendes zu erwähnen: In der Umgegend von Mursuk werden in kleinen Gärten im Sommer Gosuk und Gaful[9], die Hauptnahrung der Bevölkerung der Sahara, und im Winter Gerste und Weizen kultiviert. Unter den wenigen Bäumen, welche man in Fessan antrifft, ist der schönste eine Cornus (von den Arabern Kurno genannt), welche bei 80 Fuß hoch und 3 Fuß dick wird. Dieser Baum scheint eigentlich im Sudan und Borno heimisch zu sein und seine nördliche Grenze bis zum 26. Breitegrade auszudehnen. Die steinigen Seitentäler des Madi, Schergi und Cherbi belebt und schmückt die Gummi—Akazie. Das Gummi wird von den vorüberziehenden Arabern abgesucht und gegessen. Die größte Menge scheint zwischen Dschernea und Ghat gefunden zu werden.

Bei Air wächst die Sennapflanze in ungeheueren Massen, wird aber wegen ihres geringen Wertes (etwa 2 ½ Schilling 100 Pfd.) nicht gesammelt. An der Nordküste bis nach Fessan ist das Harmel, Peganum Harmala, allgemein verbreitet. Die Araber verschlucken im Frühjahr ein Dutzend seiner halbreifen Samenkapseln, da sie behaupten, von jeder Augenkrankheit verschont zu bleiben. In den Tälern an den Schwarzen Bergen und in Madi Cherbi und dem Madi Schergi bedeckt die Koloquinte überall den Boden. Die größten Samen werden von den Tibbo gern gegessen, wie bei uns zuweilen die Kürbisbee-

---

[9] Hirse und türkischer Weizen

ren. Die Frucht selbst wird gegen Urinbeschwerden gebraucht, Ricinus communis ist bei Tripoli so gemein, daß das davon gewonnene Öl ein Ausfuhrartikel werden könnte, wenn man sich nur die Mühe nehmen wollte, den Samen auszupressen.

Hinsichtlich der Flora ist zu bemerken, daß in Fessan die wilde Flora fast gänzlich aufhört bis auf eine stachliche Papilionacee, die den Kamelen zum Futter dient und von den Arabern Agól genannt wird. Die Sonnenblume (helianthus annuus) erhebt sich in größter Pracht 8 bis 9 Fuß hoch und macht den einzigen Schmuck der kleinen Gärtchen von Tripoli aus. Ein anderes vaterländisches Pflänzchen ist in den Tahonabergen die Tulipa silvestris. Ein bemerkenswerter Strauch ist eine Art Weißdorn, mit dessen Rinde der Wurzel die Araber Leder gerben und rot färben und aus dessen Holzkohle sie Schießpulver bereiten. Es bestehen nämlich in Beniolid viele geheime Schießpulverfabriken, welche ein schlechtes Fabrikat für 20 Sgr. das Pfund liefern. Dieser Fabrikationszweig muß aber vor den Türken sehr geheim gehalten werden.

Da der hohe Reisegefährte von Borno das Bairamsfest in Mursuk feiern wollte, sah Vogel sich genötigt, seinen Aufenthalt dort bis über zwei Monate hinaus zu verlängern, eine Zeit, die nun zu Ausflügen nach verschiedenen Richtungen hin benutzt wurde. Vogel untersuchte z.B. die berühmten Natron— (Trana—) Seen, welche nördlich von Wadi Schergi und Wadi Garbi, ein wenig nördlich von dem Plateau Mursuks liegen, in einer Gegend, woselbst im buchstäblichen Sinne keine einzige Quadratelle ebenen Bodens ist und ein Labyrinth von Hügeln, Tälern und Abgründen sondergleichen sich befindet; von einem Hügel, den man mit dem Barometer nicht zu besteigen vermochte, wurde es durch trigonometrische Messungen bestimmt, daß derselbe 500 Fuß über der Oberfläche eines der angrenzenden Seen emporragte.

Um ein Gewicht von 350 Pfund in dieser Gegend, wo Alles Flugsand ist, in welchem das Kamel bis zum Bauche einsinkt, zu tragen, sind fünf Kamele erforderlich und doch legte man nur 9 ½ englische Meilen in 18 Stunden zurück. Die Seen sollten alle unergründlich sein, namentlich der größte Bahr el Dud. Vogel fand jedoch dessen Mitteltiefe bei 18 Fuß. die größte bei 24. Im Bahr el Dud wird mit baumwollenen Netzen der bekannte Fessanwurm (el Dud) gefischt, welcher nach der von Vogel nach Europa gesandten Zeichnung für ein kleines Krebstier erklärt und nach dem ersten europäischen Untersucher dieser Seen genannt worden ist. Der Fessanwurm, welcher ganz ausgewachsen nur 3 7/12 pariser Linien lang und hinter dem Kopfe 1 ¼ Linien breit ist und in den Farben des Goldfisches strahlt, wird von den Eingeborenen zusammen mit Datteln und mit der Menge von Insekten, welche dem Wurm in das baumwollene Netz folgen, zu einem Teig geknetet, welcher in seinem Geschmack Ähnlichkeit mit gesalzenem Hering hat.

Unweit dieser Salzseen fand Vogel merkwürdige Altertümer, nämlich in Wadi Gherbi Trümmer von Gräbern aus der Zeit der älteren Fessanbewohner und in Wadi Garbi fünfzig in der Form von Pyramiden errichtete Grabhügel von verschiedener Höhe; jedoch war die Mehrzahl bloß sechs bis acht Fuß hoch und von derselben Breite, nur zwei von ihnen maßen 16 Fuß Höhe. Alle hatten sie eine viereckige Basis, streng nach den vier Weltgegenden reguliert und die Fenster sonderbarer Weise statt gewölbter dreieckige Fenster. Einer der kleinen Hügel wurde geöffnet und in demselben fand man eine schön gebaute Grabkammer nebst dem Skelett eines Kindes und einigen Perlen und Korallen. Vogel wollte einen der größeren Hügel untersuchen, allein die Gerätschaften der Arbeiter zerbrachen immerfort bei dem Abbrechen der Seitenwände und diese erklärten nun, der Hügel müsse das Grab eines Heiligen umschließen, den zu stören sie sich nicht getrauten, weil es Unglück über ihre Häupter herabrufen würde und sie verweigerten in Folge dessen ihre Hilfe bei der Ausgrabung.

Das ganze Land zwischen Mursuk und Togerry zeigt überall Überreste von alten Schlössern, bestehend aus etwa 20 Fuß hohen Mauern, die einen quadratischen Raum von 40 bis 60 Fuß umschließen und an den Ecken mit Türmen versehen sind. Um sie herum läuft ein niedriges Außenwelt. Sie sollen etwa um 800 n. Chr. erbaut worden sein.

Unser Reisender hat während seines Aufenthaltes in Mursuk genaue und sehr wichtige statistische Notizen über Fessan gesammelt. Die ganze Regentschaft zerfällt hiernach in 15 Distrikte, von denen Bondjem der nördlichste und Gertruhn (Gertruhn mit Tegerry) der südlichste ist. In diesen liegen 98 Ortschaften, bewohnt von 10,864 fessaner und 1025 arabischen Familien, welche eine Bevölkerung von etwa 54,000 Seelen ausmachen. An Tribut für den Sultan werden in ganz Fessan 659,500 Piaster (gegen 6000 Liv. Sterl.) entrichtet; außerdem zahlen die Städte für das Recht, einen eigenen Kadi zu haben, 7500 Piaster jährlich und als Abschlagssumme statt aller indirekten Steuern 11,820 Piaster.

Mursuk, die größte Stadt in Fessan, ist ein sehr wohl gebauter Ort mit breiten Straßen, etwas höchst Wunderbares in einer arabischen Stadt! Die Zahl der Einwohner beträgt mit Einschluß der Sklaven 2800. Sober, die nächstgrößte Stad, zählt 2500 Einwohner.

In Mursuk ist das einzige Zollhaus im Staate, und es wird daselbst von jedem Artikel, der aus dem Innern kommt und nach Tripoli geht, 12 Prozent Transitsteuer erhoben, ausgenommen die Sklaven, welche nm 5 Proz. per Kopf zahlen, und Elfenbein, von dem nur 3 Prozent erhoben werden. In Tripoli werden alle Artikel noch einmal mit 12 Prozent versteuert, bis auf Sklaven, die nur 10 Prozent zahlen.

Der Handel ist bedeutend, denn der jährliche Umsatz beträgt in Mursuk 21,000 Liv. Sterl., wovon Siebenachtel allein auf die Sklaven kommen. Unendlich reich ist Fessan an Salz, es ist eine einzige Salzgrube. Ferner liefert der kleinste der fünf Salzseen, der Trona—See, jährlich 7000 Zentner Natron. Das Zink bildet ebenfalls einen beträchtlichen Handelsartikel; sein Umsatz beläuft sich in Mursuk auf 4000 Taler. Man verkauft es in Blöcken von 25 bis 30 Pfund für etwa 20 Taler den Zentner. Aus ihm werden die Arm— und Beinspangen der Frauen, mit denen sie sich zieren, gefertigt. Bernstein ist ganz besonders ein gesuchter Artikel, von dem jährlich für etwa 2000 Taler nach dem Süden geht.

Hinsichtlich des Klimas von Mursuk bemerkt

Vogel, daß daselbst keine regelmäßige Regenzeit existiere, sondern im Winter und Frühling, seltener im Herbst, leichte Regenschauer fallen: Starker Regen wird als ein Unglück angesehen, indem derselbe alle Häuser Verwüstet, welche von an der Luft getrocknetem Lehm gebaut sind, und alle Dattelpalmen tötet, indem er die großen Massen von Salz auflöst, welche der Boden in sich schließt. Vor zwölf Jahren gingen in solcher Weise 12,000 Dattelpalmen in der Nähe von Mursuk durch einen siebentägigen andauernden Regen ein. Die vorherrschenden Winde kommen aus Süden und Osten, aber die gewaltsamsten gewöhnlich aus Westen und Nordwesten. Zwei bis drei Mal strichen Wirbelwinde durch die Stadt, jedesmal von der Natur derjenigen, welche Vogel in der Wüste beobachtet hatte; sie kamen aus dem Osten, strichen erst in nördlicher Richtung und wandten sich darauf dem Süden zu. Das Thermometer fiel im Dezember und während der ersten Hälfte des Januar auf 4 ½ Grad R. und an Stellen, welche dem Winde ausgesetzt sind, kommt es wohl vor, daß sich des Nachts Eis bildet. Tau bemerkte Vogel durchaus nicht, auch nicht in der Wüste, als er fünfzehn Meilen nördlich von Sokna sich befand; dagegen war von Tripoli bis dorthin eine bedeutende Menge Tau gefallen. In der Wüste stieg das Thermometer bis vier Uhr Nachmittags in Folge der Hitze, welche der Sand ausstrahlte, bis zu 48 Grad R.

Am 13. Oktober verließ Vogel in Begleitung seines Reisegefährten Mursuk. Die Temperatur war jetzt bedeutend abgekühlt, bis 22 bis 24 Grad des Mittags; allein diese Kühle wurde von Sandstürmen herbeigeführt, welche wiederum jede Spur in der

Wüste verwischten, so daß Hadschi Aksens Klugheit und Kenntnis der Wege erforderlich war, um nicht die Richtung zu verfehlen. Ein Schwager des Paschas von Mursuk, welcher einige Tagereisen zurückgeblieben war, verlor während drei Tage jede Spur. Die Reise ging deshalb auch sehr langsam von Statten, und erst am 4. September gelangte. Dr. Vogel nach Tegerly, 2 Grad südlich von Mursuk, woselbst er sich mehrere Tage aufhielt, um Lebensmittel einzusammeln, indem er nun zehn Tage lang durch die Wüste, welche ohne alle Vegetation ist, zu ziehen beabsichtigte. In Gatrone, zwischen Mursuk und Tedjeri, stießen die Reisenden auf eine Karawane von Borno, welche 400 bis 500 Sklaven mit sich führte, größtenteils Mädchen und Kinder unter 12 Jahren. Diese Kinder wurden von den Tebo gezwungen, Lasten von einem Gewichte bis 25 Pfund auf dem Kopfe zu tragen, wodurch sie fast alle Haare gänzlich verloren, und die Kopfhaut ganz abgerieben wurde. Bis nach Tedjeri sind sie gefesselt, mit einem Eisen um den Hals, an welches die rechte Hand mit ledernen Riemen gebunden ist. Außerdem sind sie fast ganz nackt, oder mit den erbärmlichsten Lumpen bedeckt. In Mursuk zwingt jedoch ein Gesetz des Paschas die Henker, jedem Sklaven eine Mütze und ein Hemd zu geben. Zur Nahrung gibt man ihnen einen dicken Brei, der aus Gosshub und Gafulinmehl mit Wasser und Salz bereitet ist; das Mehl müssen sie selbst aus den Getreidekörnern in hölzernen Mörsern stampfen, eine Arbeit, welche drei bis vier Stunden dauert. Da die Sklaven in Borno sehr billig sind, so geht die Gleichgültigkeit gegen das Leben eines einzelnen ins Unglaubliche und die

Unmenschlichkeit über alle Begriffe.

Vogel schreibt von Schimotatzan am 13. November 1853, daß sie erst dort, nach einer Reise von drei Wochen, von Tedjeri aus, wieder grüne Bäume zu Gesicht bekommen haben. Eine solche Strecke, 600 englische Meilen, hatten sie sich durch eine Wüste von Sand und schwarzen Sandsteinfelsen ohne Vegetation bewegt; dieselbe hatte eine Mittelhöhe gleich der Wüste von Sokna aus, nämlich 1300 Fuß über dem Meere, nur mit Ausnahme des Engpasses El Wahr unter 22 ½ Grad nördl. Breite, welcher 200 Fuß hoch ist, während die ihn umgebenden Hügel nur 2400 bis 2500 Fuß erreichen. Östlicher in Tiberry mußte nach der Ansicht Vogels das Land noch höher sein, indem der Wind, welcher von dieser Seite kam, noch kälter wehte.

Weiter nach Süden fiel das Terrain etwas ab, bis es bei den Salzseen Bilmas nur eine Höhe von 1000 Fuß zeigte; die Mittelhöhe, zwischen 1000 und 900 Fuß, hielt sich darauf durch die übrige Strecke der Wüste, bis sie sich wiederum während der letzten acht geographischen Meilen von dem Tsadsee aus bis zu 1100 bis. 1200 Fuß erhob.

Die Reise Vogels durch die Wüste der Tebo ging sehr glücklich von Statten. Von Mursuk nach dem Salzsee wurde der Weg in wenig über sechzig Tagen zurückgelegt; wenn der Aufenthalt an mehreren Orten abgerechnet wird, eine weit kürzere Zeit als die, welche seine Vorgänger in der Expedition zu der Reise über Air gebrauchten; hierbei muß aber berücksichtigt werden, daß der Weg über Bilma auch an und für sich der kürzeste ist. Bei den Tebo hatte Vogel eine freundliche Aufnahme gefunden. Einem ihrer Sultane (in Aschenumna) machte er einen offiziellen Besuch. Dieser lebte in einem kleinen Erdhäuschen mit Palmenzweigen bedeckt; er empfing den Reisenden in einem Zimmer, das außer ihm und den Vornehmsten des Volkes noch zwei Ziegen und ein Pferd beherbergte. Seine Majestät saß auf einer Bank von Rohr, war gekleidet in eine blaue Bluse und trug einen ungeheuer schmutzigen Turban auf dem Kopfe. Nachdem sich Vogel nach seinem Befinden erkundigt hatte, fragte er nach dem Befinden des Königs von England. Er versprach, den Handel, sofern er durch sein Land ginge, zu schützen, und dieser Teil der Wüste, welcher einige Jahre früher in Folge der Fehde zwischen Tebo und Tuareg jedem Reisenden verschlossen war, erfreute sich nun einer solchen Sicherheit, daß Vogel von Aschenumna aus einen einzelnen Courier nach Mursuk, fünf bis sechshundert englische Meilen zu senden wagen durfte, was nach der Behauptung Vogels früher nie hätte geschehen können. Dieser Courier sollte sich selbst und sein Kamel auf der Reise unterhalten und bekam dafür im Ganzen drei preußische Taler — ein Beweis sowohl für die Sicherheit des Wegs als für die billige Lebensweise und die bescheidenen Forderungen, die man in der Wüste stellt.

Auch in Borno, wo er am 13. Januar 1854 ankam, wurde Vogel mit außerordentlichem Wohlgefallen empfangen, obgleich der frühere Machthaber, der wie sein Wesir Hadschi Beschir sowohl Barth als Overweg seine vorzügliche Gunst zugewendet hatte, nun durch eine Thronrevolution verdrängt worden war. Diese Revolution scheint sich folgendermaßen zugetragen zu haben: Hadschi Beschir maßte sich immer mehr Macht an, was dem Scheich Amur selbst, der ein schwächerer Mann war, als sein Bruder, eben nicht sehr ungelegen gewesen zu sein scheint. In einem Streit zwischen einem derselben, Namens Abd el Rhaman und dem Wesir entfloh jener aus Kuka, stellte sich an die Spitze der Armee und besiegte den Wesir. Dieser versuchte es, einige seiner Schätze zu retten und eilte mit sieben Kamelen gegen Haussa, woselbst er sich aber durch die über ihre Ufer steigenden Flüsse aufgehalten sah. Er wurde gefangen nach Kuka zurückgebracht und dort hingerichtet; er hinterließ achtzig Söhne und fünfzig Töchter, welche mehr den Verlust des großen Vermögens, das der Scheich konfiszierte, als seinen Tod beweinten. Als sein Haus geplündert wurde, fand man in demselben noch 3000 Burnusse und 40,000 Dollars vor. Abd el Rhaman übernahm darauf die Regierung und zeigte sich wohlwollend gegen die europäische Expedition. Als Vogel sich Kuka näherte, sandte der neue Scheich ihm 150 Reiter fünfzig englische Meilen entgegen, und drei Stunden Weges von der Stadt aus empfing ihn einer der Brüder des Scheichs an der Spitze von 3000 Berittenen, mit denen er einen feierlichen Einzug hielt. Er bekam sofort die Zusage des Schutzes und empfing täglich vom Scheich reichliche Geschenke von Lebensmitteln. Die Nachricht von diesem glücklichen Vordringen des mutigen Reisenden traf schon am 20. Februar in Leipzig ein. Noch nie ist eine Nachricht aus dem Innern Afrikas nach Europa gelangt, als diese, welche ein Kamelcourier des Sultans nach Mursuk brachte.

Vogel hat unmittelbar nach seiner Ankunft am

Tsadsee sowohl von diesem, wie von Kuka die Lage und Höhe über den Meeresspiegel bestimmt. Der See liegt seiner Messung nach 850 Fuß hoch, eine Bestimmung, welche 150 bis 800 Fuß von den früheren Angaben abweicht, Kuka liegt 900 Fuß hoch, demnach also 50 Fuß höher, als der Tsadsee und unter 12 Grad 45 Min. 14 Sec. nördl. Breite, 13 Grad 24 Min. östl, Länge von Greenwich; diese Längenbestimmung weicht 1 Grad 8 Min. von den Angaben Denhams und Clappertons und fast volle 2 Grad von späteren Angaben ab, in Folge dessen Kuka auf der Karte dreißig geographische Meilen zu weit gegen Osten angegeben ist, während Andere sie ungefähr fünfzehn geographische Meilen zu weit gegen Westen gelegt haben. Im Ganzen genommen sind die Längenbestimmungen der verschiedenen Punkte der Wüste von Denham und Clapperton den Berechnungen Vogels zufolge zu östlich angegeben.

In Kuka, der Metropole von Borno, hoffte der Reisende, Dr. Barth zu finden; aber leider konnte er Nichts von ihm erfahren, als daß er Sokoto verlassen und sich nach Timbuktu begeben habe und wohl nicht mehr nach dem Tsadsee zurückkehren werde. Ihm Boten nachzusenden, war ganz unmöglich, und so war er wieder ganz auf sich und die Hilfe seiner Begleiter angewiesen. Unermüdlich, wie er es immer gewesen, erforschte er die Tsadlandschaft nach allen Richtungen hin. Die Ergebnisse seiner Beobachtungen hat er seinem Freunde Petermann in London in einem Schreiben vom 20. Februar mitgeteilt. Dieselben sind so wichtig, daß wir sie hier im Zusammenhange folgen lassen.

Über die Vegetation der Gegend von Kuka und

südsüdöstlich davon bis zu 9 Grad 30 Min. nördl. Breite berichtet er:

„Man sagt, Kuka habe seinen Namen von dem in der Kanulisprache so genannten Baume, der Adansonia digitata. Ist das der Fall, dann heißt es so wie lucus a non lucendo; denn der Baobab kommt nirgends in Borno vor. Die einzigen Exemplare, die ich davon gesehen, stehen hier in einem Hofe und sind nicht über 15 Fuß hoch, noch mehr als 18 Zoll dick. Man pflanzt sie hin und wieder ihrer Blätter wegen an, die als Gemüse gegessen werden".

„Ein prachtvoller Baum, der am See von Tubori ungeheure Wälder bildet, ist die „Dalebpalme" (wie sie in Nubien genannt wird). Das Laub ist fächerförmig, fast ähnlich dem der Dumpalme, nur größer und von lebhafterem Grün. Der Stamm ist glatt und spaltet sich nie, die Früchte wiegen etwa 4 bis 5 Pfund, sind 8 bis 9 Zoll lang und 6 bis 7 Zoll dick, oval, dunkelgelb, bestehend aus einem äußerst dichten faserigen Gewebe, in welchem drei Kerne eingehüllt sind (es finden sich solche in der Kiste mit Pflanzen und Steinen, die mit derselben Gelegenheit, welche Ihren Brief befördert, von Kuka abgehen wird). In diesem Gewebe ist ein etwas bitterlich, aber sonst höchst angenehm schmeckender dicker Saft, der an Geschmack und Geruch stark an Ananas erinnert. Die Bäume sind gewöhnlich nicht höher als 40 Fuß mit einer überaus dichten und schönen Blätterkrone".

„Daß meine Pflanzensammlung nicht sehr reich ist, liegt daran, daß ich drei Monate nach der Regenzeit hier eintraf und meist nur verbrannte Überreste vorfand. Die Gegend hier ist über alle Begriffe entsetzlich. So weit das Auge reicht, in der trostlosen staubigen Ebene Nichts, als die ungeschickten und ungraziösen Büsche von Asclepias gigantea." Höchst unangenehm war ihm ferner der Mangel an allem und jedem Obst und Gemüse; die Beeren, welche die Eingeborenen genossen, waren so schlecht, daß man bei uns nicht das Vieh damit füttern würde.

„Während der Expedition war das Sammeln von Pflanzen mit vielen Schwierigkeiten verknüpft; ohne Bedeckung konnte man sich meistens nicht weit vom Lager entfernen, da die Musgo hinter jedem Busche lauerten, und selbst mit Begleitung war man nicht viel sicherer. So ritt ich z.B. einmal mit 30 Reitern aus, als mein Bedienter auf einmal sechs Musgo hinter den Bäumen erblickte. Mein Schwarzer rief den Leuten zu, auf dieselben einzureiten. Geht ihr voran, erwiderte man uns, ihr habt Flinten. Und in dem Augenblicke, als wir wirklich vorangingen, ergriff mein Gefolge eiligst die Flucht, und ich war mit meinem einzigen Begleitern allein den Feinden gegenüber, — ein Flintenschuß reichte indes hin, die selben zu zerstreuen."

„Unter den von mir eingesandten Pflanzen befindet sich eine Asclepiadea. Ich habe auf der Etikette zu bemerken vergessen, daß die Frucht von den Bornawi gegessen wird. Fleisch, von dem man hier fast allein leben muß, ist im Übermaß vorhanden und wohlfeil; für zwei Nähnadeln, etwa 3 Pfennige an Wert, kauft man ein Huhn, für einen Speciestaler zwei Schafe, für zwei Taler einen großen Ochsen. Wir leben meistens von Hühnern, da das Übrige Fleisch sich höchstens anderthalb Tage erhält."

Der Boden am Tsadsee ist jeder Kultur fähig; aber

es fehlt dort an Leuten, welche arbeitsam genug wären, ihn zu bebauen. Indigo, Baumwolle und Melonen wachsen wild. Reis und Weizen könnten in jeder beliebigen Menge gewonnen werden. Der Reis ist jedoch wegen der gänzlichen Vernachlässigung seines Anbaues so selten, daß der Sultan ihn nur als Geschenk gibt. Dr. Vogel entdeckte hier unter den verschiedenen Baumarten zuerst den Kautschukbaum (ficus elastica), welcher sehr häufig vorkam.

Die Bewohner der Tsadlandschaft ziehen es vor, statt Ackerbau zu treiben, Raubzüge in das Nachbarland zu machen, dort eine gute Anzahl von Sklaven, meist Kinder von neun bis zwölf Jahren, einzufangen und diese, dann an die Tebo— und Araberkaufleute gegen die geringen Bedürfnisse zu vertauschen, die sie außer, den wenigen Dingen, welche ihnen das Land liefert, noch haben. Es sind dies Calicot, Burnusse, Salz und etwas Zucker. Ein Sklavenknabe hat in diesem Handel den Wert von 5 Talern und ein ebenso altes Mädchen von ungefähr 7 Talern.

Der Tsadsee ist nicht ein schönes, klares Wasser, sondern ein unübersehbarer Sumpf, und nur vermittels des Fernrohres ist es möglich, am äußersten Horizonte einen freien Wasserspiegel wahrzunehmen. Fast nirgends kann man ohne Hilfe eines Bootes an den See gelangen, weil die ganze Gegend um denselben mit Sümpfen bedeckt ist. Die zahlreichen Inseln desselben sind bewohnt; die Bewohner derselben heißen Budama. An seinen Ufern schwärmen. Moskitos in unbeschreiblicher Masse und peinigen Menschen und Pferde fast zu Tode.

Vogel konnte sich vor diesen lästigen Peinigern des Nachts nur dadurch schützen, daß er die Strohhütte, welche ihm zur Wohnung diente, bis zum Ersticken mit Rauch anfüllte. In Kuka gibt es wegen seiner sieben Meilen vom See entfernten Lage weniger Mücken; aber umso mehr Fliegen, welche sich zu unendlichen Schwärmen ansammeln. Zu ihrer Vertilgung scheinen von der Natur zwei Eidechsenarten angestellt zu sein, die zu Tausenden mit unbeschreiblicher Geschwindigkeit an den Wänden hin und herlaufen und die Insekten mit vielem Geschick wegschnappen. Von Käfern hat Vogel nur zwei Arten zu Gesicht bekommen und von Schmetterlingen nur etwa zehn bis zwölf, und darunter nur einen größeren. Aber desto zahlreicher sind die Ameisen und Termiten, die alles Wollen— und Leinenzeug zerfressen, wenn es nicht aufs Beste verwahrt und verschlossen ist. Nicht weniger reichlich gesegnet ist das Land mit Giftschlangen und Skorpionen und ebenso mit Kröten von 4 bis 6 Zoll Durchmesser. Ganz auffallend ist die Menge der Elephanten und Nilpferde. sodaß nicht selten 20 bis 30 zusammengesehen werden. Ebenso häufig sind Wildschweine, welche in Erdhöhlen in Wäldern wohnen und nicht weniger zahlreich Gazellen und Antilopen. Die sumpfigen Ufer des Sees selbst sind mit wilden Büffeln bevölkert. Sie sind ihres Fleisches und der Haut wegen eine gute Beute, aber ihre Jagd ist äußerst gefährlich. Bei einer Jagdpartie, welche Vogel unternahm, fällte eines dieser Tiere, das er mit einem Schusse verwundet hatte, zwei Pferde und verwundete einen seiner Leute lebensgefährlich. Löwen und Leoparden sind von allen wilden Tieren am seltensten.

Über die Einwohnerinnen von Kuka teilt uns Vogel eine interessante Notiz mit: „Die hiesigen schwarzen Damen steckten ihr Haar mit einem unendlichen Aufwand von Butter in zahllosen kleinen Zöpfchen, die auf der Mitte des Kopfes in einen Kamm vereinigt werden, der einem Dragonerhelm täuschend ähnlich sieht. Bisweilen tragen sie auch kleine Löckchen rund um den Kopf herum, welche die Form und Größe und — Dank dem Fett — auch die Konsistenz der Späne einer Bohrmaschine haben. Die Vorderzähne färben sie rot, die Eckzähne schwarz, sodaß man lebhaft an ein Schachbrett erinnert wird, wenn sie den Mund auftun. Sie schminken sich auch, und zwar Arme und Gesicht mit Indigo, was ihrem Teint einen höchst lächerlichen blauen Ton gibt."

Während seines ersten Aufenthaltes am Tsadsee wurde Vogel ernstlich krank; das gelbe Fieber hatte ihn niedergeworfen und an den Rand des Grabes gebracht. Einen Monat dauerte die Krankheit, in welcher er zehn Tage lang fortwährend im Delirium lag, und seine Begleiter jeden Augenblick seinen Tod erwarteten. Als er wieder zur Besinnung gekommen, kurierte er sich, so gut er konnte mit Hilfe von Calomel und Chinin, und am 7. März war er wieder so weit zu sich gekommen, daß er Suppe zu sich nehmen konnte. Als das wirksamste Mittel gegen Fieberanfälle fand er das kalte Wasser; er wickelte sich dabei ganz in nasse Tücher ein, ließ sie wieder anfeuchten, sowie sie warm waren, und war mit diesem Verfahren gewöhnlich in zwei Stunden fieberfrei.

Nach seiner völligen Genesung begleitete er am 27. März den Sultan auf einer Razzia nach dem unglücklichen Heidenländchen Musgo, um unter diesem Schutze seine geographischen Untersuchungen auch in S.S.O. von Kuka fortzusetzen. Die Armee des Scheich bestand aus etwa 22,000 Reitern und 15,000 Kamel— und Ochsentreibern nebst 3000 Kamelen und 5000 Ochsen. Die armen Musgobewohner flüchteten sich mit ihren Viehherden hinter den Sumpf Tubori, und erst am Nordende dieses Sumpfes stieß die Armee auf die ersten Musgo, welche sich hier sicher glaubten. Der Scheich überschritt den See an einer schmalen Stelle, verlor aber viele Menschen und Pferde, da das Wasser drei Viertelmeilen breit und wenigstens 6 Fuß tief war. Bei dieser Gelegenheit wurden gegen 1500 Sklaven, alles Weiber und Kinder unter zwölf Jahren und etwa 2000 Stück Vieh erbeutet. Die Männer wurden sämtlich niedergemacht, und wenn einer oder der andere gefangen ins Lager gebracht wurde, so war es nur, um ihn auf eine desto grausamere Weise umzubringen. Die Weiber sind als Sklavinnen wenig geschätzt und werden meist nur zum Wassertragen und Holzholen verwendet, da sie durch ein kreisförmiges Stückholz von oft 1 ½ Zoll Durchmesser, welches sie in der durchbohrten Unter— und Oberlippe tragen, ihr Gesicht auf das Entsetzlichste entstellen. Man kann daher ein Musgoweib für etwa drei Taler erstehen; die Kinder kosten je nach dem Alter von zwanzig Silbergroschen bis zwei Taler.

Vom Tuborisumpf zog die Armee ostwärts bis zum Flusse Schary, das Land weit und breit verwüstend und die Ortschaften in Asche legend. Die Hälfte der Armee setzte über den Fluß und erreichte, obschon wieder mit einem großen Verluste an Pferden das östliche Ufer, da eine große Strecke durchschwommen werden mußte. Hier wurden nach wenigen Stunden über 2500 Sklaven und 4000 Ochsen geraubt. Man hatte auch 36 Männer gefangen eingebracht, und diesen Unglücklichen wurden mit den entsetzlich schlechten Bornowaffen, das linke Bein am Knie und der rechte Arm am Ellenbogen abgeschnitten; in dieser fürchterlich grausamen Weise ließ man sie verbluten. Aber dies war nicht das Schrecklichste. Die Musgo gehen vollkommen nackt, haben aber sehr gute und wasserdichte Häuser und sind sehr empfindlich gegen Regen und kühles Wetter. Da die Regenzeit schon eingetreten war, so ereigneten sich in jeder Nacht die fürchterlichsten Gewitterstürme und Regengüsse. Das Lager war meist vollkommen überschwemmt und so mußten die unglücklichen Gefangenen in 2 bis 3 Zoll tiefem Wasser liegen, aller sonstigen Unbill des Wetters außerdem preisgegeben, ohne daß man ihnen einen Lappen gegeben hätte, um die vor Kälte zitternden Glieder zu bedecken. In Folge davon brachen Ruhr und Blattern unter den Sklaven in so fürchterlichem Grade aus, daß von 4000 Sklaven kaum 500 lebendig in Kuka ankamen; alle Übrigen waren der schlechten Behandlung zum Opfer gefallen. Von dieser kriegerischen Expedition kehrte Vogel erst Mitte Juni unbeschadet nach der Hauptstadt zurück, der Armee auf der letzten Strecke voraneilend.

Es muß hier erwähnt werden, daß Vogel auf diesem Zuge den geologischen Verhältnissen dieses

Landes neben seinen geographischen Beobachtungen seine ganz besondere Aufmerksamkeit widmete. Er fand, daß die ungeheuere Alluvialebene von Innerafrika, welche sich ungefähr bis fünfundzwanzig deutsche Meilen südlich von Kuka erstreckt und somit eine Ausdehnung von neunzig deutschen Meilen hat, früher gleichfalls das Bett des Tsadsees gebildet habe, und beobachtete in dieser steinlosen Ebene, welche sich über 9000 Fuß erhebt, an verschiedenen Stellen in einer Tiefe von 6 bis 20 Fuß eine aus halbzersetzten Muscheln gebildete Kalkschicht. Den berühmten Fluß Schary sah der Reisende zuerst bei 10 Grad nördlicher Breite zu Anfang der nassen Jahreszeit und fand ihn wie sein Flußbett, 2000 Fuß breit, und durchschnittlich 15 Fuß tief. Nur hier und da verminderten Sandbänke die Tiefe bis zu 6 bis 8 Fuß. In den besten Jahreszeiten strömt der Schary mit einer Geschwindigkeit von vier Meilen in einer Stunde, und in der Regenzeit wälzt er in der Sekunde 140,000 Kubikfuß Wasser dem Tsadsee zu. Hiernach und nach den Spuren der steilen Ufer schätzt Vogel seine Tiefe in diesen Jahreszeiten auf 30 Fuß. Besonders interessant ist noch die Entdeckung des genannten großen Sumpfs Tubori bei 10 Grad nördlicher Breite und 14 Grad 35 Fuß östlicher Länge von Greenwich. Vogel verfolgte ihn noch acht deutsche Meilen weiter nach Süden und fand den, wohl fünfzehn bis zwanzig Meilen langen und von N. nach S. an Breite und Tiefe zunehmenden See, der vielleicht auch die dortigen zeitweiligen Überschwemmungen bewirkt, eine deutsche Meile breit, 18 bis 20 Fuß tief und die vielen langgestreckten Inseln von Heiden dicht bevölkert. Ein Hochland fand er nicht.

Als Vogel am 19. Juli von Kuka seine Reise nach dem Tschadda und nach Iakoba einschlug, — in welchem Monate ihn die kaiserliche Leopoldinisch—Carolinische Akademie mit dem Ehrennamen Leo Africanus zum ordentlichen Mitgliede ernannte — hatte er die Absicht, sich später nach dem fast noch unbekannten Wada, und von da nach Darfur und Ägypten zu wenden, was seine ganze Sehnsucht und das Ziel seiner Reise war. Daher schrieb er von Kuka: „Sowie das Geld (200 Pfund Sterling von Mursuk) angekommen, gehe ich nach Wada'i, von wo aus es allein möglich ist, südlich vorwärts zu dringen. The Indian Ocean for ever!"

Vogel nahm seinen Weg von Kuka in der Richtung nach Hano; Barth, an dessen Tod man in Europa nun immer weniger glaubte, beabsichtigte, seine Heimreise auf einem weiten Umwege, über Kuka zu machen. So gingen sich die beiden Freunde, ohne von einander etwas zu wissen oder die Freude ahnend, welche ihnen bevorstand, entgegen. Am 1. Dezember trafen sich nämlich die beiden deutschen Reisenden in Zentralafrika mitten in einem unsicheren Walde zwei Stunden von Bundi, einer kleinen Mungostadt, zwischen Kuka und Kano, welche ungefähr dreißig deutsche Meilen nordöstlich von Kano und fünfzig deutsche Meilen gerade westlich von Kuka liegt. Vogel schrieb über dieses freudige Zusammentreffen schon am 7. Dezember an seinen Vater und schickte den Brief durch einen Courier über Ghadamas nach Tripoli, von wo er am 4. April nach Leipzig befördert wurde. Es war eine Freudenbotschaft, da sie die Ungewißheit über das Verbleiben des Dr. Barth gänzlich beseitigte. Barth befand sich vollkommen wohl und gedachte nach einem kurzen Aufenthalte in Borno über Mursuk nach Europa zurückzukehren. Vogel dagegen beabsichtigte, vor seiner Rückkehr erst noch die große, fast ganz unbekannte Stadt Jakoba zu besuchen und das Königreich Adamaua zu erforschen, um die von Barth mitgebrachten Empfehlungen des Sultans von Sokoto noch für die Zwecke der Expedition zu benutzen. Nach der Trennung der beiden Reisenden hielt sich Vogel zunächst in Sinder auf, damit beschäftigt, die Lage dieses für die Geographie Mittelafrikas wichtigen Punktes astronomisch festzustellen. Das Zusammentreffen mit Barth hatte nicht vermocht, den jugendlichen Reisenden zu veranlassen, seine Schritte der Heimat zuzuwenden, sondern er beschloß, seine Forschungen weiter nach S. und W. in die Reiche der Fellata auszudehnen. wozu ei sich die erwähnten Empfehlungsschreiben geben ließ.

Dr. Barth trat unterdessen seine Rückkehr nach Europa an und brachte bei seiner Ankunft in seinem Vaterlande den Angehörigen Vogels Briefe von diesem mit, datiert in Kuka am 20. Januar 1855, worin er ihnen schreibt, daß er nach der Erforschung des südlichen Adamaua nach Borno zurückkehren und die Reise nach Wada'i antreten werde. „Nur zwanzig Tage lang", so schreibt Vogel am 5. Dezember 1855 aus Kuka, „genoß ich hier seinen belehrenden Umgang, da ich schon am 20. Januar nach Bantschi abreiste." Zugleich gibt er in jenem Briefe nähere und interessante Mitteilungen über die Lebensgefahr, in welchem er geschwebt hatte. „Du hast vielleicht", heißt es in dem Briefe Vogels an seine Mutter, „schon von den wunderbaren Schicksalen gehört, die mich in Mandra betroffen, wo mich der Sultan über einen Monat gefangen hielt und mich freundlicherweise wissen ließ, daß er mir den Kopf abzuschneiden gedächte. Das Schändlichste aber war, daß der Sultan in Borno, Abd el Rhaman es war, auf dessen geheime Ordre dies geschah. Ich war nämlich mit ihm einmal sehr stark zusammengekommen wegen einer Summe Geldes, die er von mir geliehen hatte und nicht zurückzahlen wollte; zu feige, sich offen zu rächen, hatte er mir einen Reiter nach Mandra nachgeschickt, der dem dortigen Sultan einen Brief des Inhaltes überbrachte, daß ich gegen 100 Dollars bar bei mir habe und daß, wenn der Sultan von Mandra mir diese abnehmen und mich aus dem Wege räumen wollte, es dem Scheich von Borno recht angenehm sein werde. Mein Reichtum an Barem bestand aber nur in vier Dollars, während mir jeden Tag unter Androhung augenblicklichen Todes 100 Dollars abgefordert wurden. Doch mit gutem Mute und durch die Freundschaft des Wesirs, den ich von der Ophthalmie geheilt, gelang es mir endlich, nicht nur mich selbst, sondern auch mein ganzes Gepäck zu retten und mich zu einem mir befreundeten Scheich, südwestlich von Kuka, zu flüchten. Kaum war ich da angekommen, so hörte ich zu meiner großen Freude, daß in Kuka eine Revolution ausgebrochen, Abd el Rhaman entfernt, und sein Bruder, der mir wie allen Engländern stets ein großer Freund gewesen, Sultan geworden sei. Zu Anfang Novembers wurde der entthronte Usurpator von einer Verschwörung, die er angezettelt, erwürgt."

Gleichzeitig mit diesem Briefe lief ein Schreiben Barths, noch in Mursuk unter dem Datum 20. Juli 1855 geschrieben, an Petermann in Gotha ein, der sehr erfreuliche Mitteilungen über Vogel brachte und vor Allem berichtete, daß er bis zur großen Fellatastadt Jakoba vorgedrungen und ihre astronomische Lage genau bestimmt habe. Von da gedachte er seinen Weg weiter nach Süden fortzusetzen, durch das große interessante Land Adamaua, bis Tibati und Naja (zwischen 6 bis 7 Grad nördl. Breite), den hohen Berg Atlantika zu besteigen und sich dann wieder nordöstlich zu wenden, um zu versuchen, nach Wada'i vorzudringen. Dr. Barth war durch die Liberalität der englischen Regierung in den Stand gesetzt gewesen, eine ansehnliche Summe Geldes für ihn in Kuka zurückzulassen.

Vogels Vordringen bis Jakoba ist eine für die Geographie Afrikas sehr wichtige Errungenschaft. Lander, Overweg, Barth und die Tschaddaexpedition hatten es sich zur Aufgabe gemacht, diesen wichtigen Punkt zu erreichen; aber außer Vogel ist dies bisher weder den Genannten, noch einem andern Europäer geglückt. Die Lage Jakobas, wie sie sich nach Vogels astronomischen Beobachtungen, ziemlich verschieden von allen bisherigen Annahmen, herausgestellt, ist: 10 Grad 17 Min. 30 Sec. nördl. Breite und 9 Grad 28 Min. 0 Sec. östl. Länge von Greenwich. Zur größten Beruhigung Aller, welche die um die Wissenschaft so verdienstlichen Wallfahrten des jugendlichen Reisenden mit wahrer Teilnahme begleiteten, brachte Barth die Nachricht nach Europa, daß die Erweiterung seines Reiseplanes ihn leicht noch zwei Jahre an Afrika fesseln könnte, daß aber seine Physische Kraft und sein Mut beide ungebrochen seien, und sein Gefolge aus sieben Dienern, alle gut bewaffnet, bestände. Folgen wir nun dem mutigen Reisenden auf seinem Zuge nach dem südlichen Sudan.

Es war eine sehr beschwerliche Entdeckungsreise, welcher sich Vogel diesmal unterzog. Adamaua zu erforschen, was sein ursprünglicher Plan war, konnte er jetzt eines Krieges wegen, den der Sultan von Jola mit dem heidnischen Stamme der Batschama führte, nicht ausführen; dennoch ist es ihm gelungen, auf einem nie besuchten Wege die ganze große Strecke zwischen Kuka, Salia und dem Benue genau zu erforschen und das ganze Reich Bantschi mit seiner Hauptstadt Jakoba und der etwa fünfzehn deutsche Meilen östlich davon liegenden Stadt Gomba zu besuchen.

Nachdem er die Hauptstadt von Bantschi erreicht hatte, ging er nach dem Lager des Sultans ab, der Krieg gegen einen heidnischen Stamm führte, bereits sieben Jahre lang und etwa fünfundsechzig englische Meilen N.N.W. von der Hauptstadt im Felde lag. Auf einer Recognoscirung, die sie nach der auf einem hohen Felsen gelegenen Stadt der Feinde machten, geriethen sie in einen Hinterhalt und wurden mit einem Hagel vergifteter Pfeile begrüßt. Die Fellata, welche den Reisenden begleiteten, ergriffen eiligst die Flucht und ließen ihn zurück, um ihren Rückzug zu decken, was ihm auch mittels einer Büchsenkugel, die einen der Verfolger tot niederstreckte und die Andern in eine wilde Flucht jagte, glücklich gelang. Zum Lohne dafür schickte ihm der Sultan am Abend einen fetten Hammel. In dem Heereslager des

Sultans, welches sich an einem überaus ungünstigen Platze befand und sich im Laufe der Jahre in eine große ummauerte Stadt, Sanzámi Bantschi genannt, verwandelt hat, wäre er beinahe ein Opfer des mörderischen Klimas geworden: eine heftige Unterleibsentzündung und eine danach eingetretene vierzig Tage dauernde Dissenterie brachten ihn an den Rand des Grabes. Und obgleich er sich wieder erholte, war er doch zu Ende März, wo er den Sultan verließ, um zu versuchen, ob er seine Gesundheit an den Ufern des Benue wiederherstellen könne, so schwach, daß er sich auf das Pferd binden lassen mußte. Als er nach Jakoba kam, fand er seinen Begleiter, den er dort zurückgelassen, um die nötigen Vorbereitungen zu einer weiten Reise zu treffen, ebenfalls so krank, daß ein unverzüglicher Ortswechsel nötig ward. In Folge dessen brach die Karawane nach Adamaua auf, und am 30. April überschritt Vogel den Benue gerade an der Stelle, von wo die Steamer—Expedition umgekehrt war. Seine und seines Gefährten Gesundheit verbesserte sich unverzüglich, so wie sie das im ganzen Sudan verrufene Sudan hinter sich hatten. Vogel zog am Benue weiter und überschritt ihn zum zweiten Mal und zwar etwa hundert englische Meilen unterhalb der Stelle, wo er zuerst übergesetzt. Hierauf verfolgte er den Yo und den Gongola bis zu ihren Quellen und überschritt letzteren Fluß an vier schiedenen Stellen. Den Yo und den kleinen Fluß zwischen Bantschi und Salia passierte er einen jeden zwei Mal an verschiedenen Punkten. Auf diese Weise hatte er Gelegenheit genug, die Eigentümlichkeit des Bodens dieses Ländergebietes, das organische Leben in demselben, dessen klimatische Verhältnisse kennen zu lernen und seine ethnographischen Studien zu erweitern.

Die Gebirge Bantschis sind durchgehend grobkörniger Granit mit großen Quarzblöcken. Die Gegend um die Hauptstadt Bantschis ist von allen Seiten von Granitfelsen von den sonderbarsten Formen umgeben und dicht von heidnischen Stämmen bewohnt und bietet einen Anblick dar, der den Reisenden wirklich daran erinnert, daß er sich im Innern des wunderbarsten, rätselhaftesten aller Erdteile befindet. Die Gebirge Bantschis haben Blei und Zink in Überfluß, aber weder Kupfer noch Silber. Der Sultan von Bantschi hat alle Bleiminen verschlossen und läßt nur von Zeit zu Zeit durch einen seiner vornehmsten Beamten einen kleinen Bedarf herausnehmen. Es ist deshalb sehr hoch im Preise. Die Eingeborenen pulverisieren das Blei, um sich damit die Augenbrauen zu färben, sehr zur Beförderung der Ophthalmie. Der Sultan behauptete, dann und wann finde sich Gold von Blei eingeschlossen in etwa wallnußgroßen Klumpen. Vogel bemerkt hierzu, daß er nicht Mineraloge genug sei, um eine Meinung über die Wahrheit dieser Tatsache abzugeben, Zink wird nicht gewonnen, obgleich es in großer Menge vorhanden ist und das aus dem Norden und von Riffe kommende sehr teuer bezahlt wird. Eisen findet sich mit dem gewöhnlichen versteinerungslosen schwarzen Sandstein östlich von Jakoba in Menge, dagegen fehlen Zinn, Kupfer und Silber. Die Eingeborenen halten dafür, daß die Flüsse wegen der dem Sande beigemischten goldfarbigen Glimmerblättchen Gold führen. Das Salz in Benue (bei Dschebdscheb und Bu Manda) ist lediglich ein Produkt aus der Asche des 20 bis 25 Fuß hohen Grases, welches die Steppen dort bedeckt und, sobald es trocken ist, in Brand gesteckt wird. Sowie es niedergebrannt ist, schabt man die obersten Schichten der Erde ab, laugt sie aus und kocht das Produkt ein, wobei man ein laues, wenig scharfes Salz erhält, was ziemlich teuer verkauft wird, da man damit alle Länder vom Benue südlich und auch zum großen Teile Bantschi versorgen muß. Ein Pfund kostet gegen 250 Wodda, etwa 3 Silbergroschen. Einen Zoll unter der Oberfläche findet man keine Spur von Salz.

Jakoba liegt 2500 Fuß Über dem Meere auf einem großen. Granitplateau; der Boden ist hier zwanzig Meilen im Umkreise nicht angebaut, sondern nur mit Ungeheuern Steinblöcken und Felsen von der wunderbarsten Gestalt, meist mit blendendweißen Quarzkuppen gekrönt, bedeckt. Der Boden senkt sich allenthalben nach der Stadt zu, die deshalb während der Regenzeit von einem großen Sumpfe umgeben ist. Der Ort selber ist voll großer Gruben, in denen sich das Wasser ansammelt und die zugleich als Deposit für tote Sklaven und Aas aller Art dienen. Die Ausdünstungen dieser Pfühle würden unerträglich sein, wenn nicht Mutter Natur sie mit einer so dichten Schicht von Pistia Stradictes überzöge, daß die Pflanzen, wenn sie größer und größer werden, nicht mehr nebeneinander Platz haben und förmlich übereinander wachsen.

Nach allen von Vogel in Tubori und am Südufer des Benue eingezogenen Nachrichten kommt der Hauptarm dieses Flusses aus dem Tuborisumpf. Hierfür schien ihm auch noch der Umstand zusprechen, da der Benue selbst in der trockenen Jahreszeit in seinem oberen Laufe immer noch 4 bis 6 Fuß tief Wasser hat, was dann ohne alle Strömung vollkommen still steht, während doch das Flußbett weiter unten nirgends durch Sandbänke vollkommen abgesperrt ist. Alle anderen Flüsse, wenn sie während der trockenen Jahreszeit überhaupt noch Wasser haben, laufen dann mit einem schnellen Strome ab.

Höhenrauch ist in den bergigen Distrikten Bantschis sehr häufig, ganz wie in Thüringen und mit dem nämlichen jodartigen Gerüche. Oft verhüllt er vier bis fünf Tage die ganze Gegend, bis ein heftiges Gewitter ihn niederschlägt. Hagel, die Körner von 1 Zoll Durchmesser, hat Vogel zwei Mal, im April und Juli, in Bantschi beobachtet. Beide Male fiel das Thermometer um etwa 20 Grad. Der Gibli, ein Südwind, fängt morgens gegen Sonnenaufgang im W. an mit getrübtem Himmel, die Sonne rot färbend. Während des Vormittags geht er nach S. herum und weht aus dieser Himmelsgegend von etwa Vormittags elf Uhr vor Mittag bis drei Uhr nach Mittag mit erstickender Hitze und dichte Staubwolken, die es unmöglich machen, einen Gegenstand auf hundert Schritte zu erkennen, vor sich hertreibend. Nachmittags schlägt er nach O. herum und schwächer und schwächer werdend, weht um Mitternacht ganz gelinde aus Norden. In Kuka ist besonders bei heftigem Ostwinde die Atmosphäre fortwährend getrübt durch ungemein feinen Staub. In Bantschi hat Vogel dergleichen nicht wahrgenommen.

Der Reisende lernte am Benue eine höchst sonderbare Walfischart kennen, welche von den Eingeborenen in Haussa Ajuh genannt wird und zur Zeit des höchsten Wassers den Benue hinaufsteigt. Vogel beschreibt das Tier folgendermaßen:

Schwanz: horizontal, schaufelförmig; zwei Flossen dicht hinter dem Kopfe; mit drei dreifach gegliederten Knochen, die in einem kurzen Schnabel endigen; Kopf spitz; Oberlippe gespalten; Maul außerordentlich klein. Bei einem Exemplar von 5 Fuß Länge war der Kopf 18 Zoll lang, 15 Zoll hoch, Mundöffnung 3 Zoll. Nasenlöcher nach vorn gerichtet, dicht hinter den Nasenlöchern stehend, bei erwähntem Exemplar nur 3 ½ Zoll von der Schnauzenspitze, auffallend klein, 3 Linien im Durchmesser, schwarz. Keine Spritzlöcher. Harter Schlund, angewachsene Zunge, im Ober— und Unterkiefer auf jeder Seite 5 Backzähne mit 6 Spitzen und 3 Wurzeln, nur wenige Linien über das Fleisch vorragend. Vorderzähne fehlen, statt derselben besetzen harte, kurze Borsten die Kiefern. Farbe dunkelgrau, auf dem Bauche weißlichgrau; Rücken mit einzelnen groben roten Haaren besetzt. Der Ajuh wird bis 10 Fuß lang und lebt auf überschwemmten Marsen am Benue; sowie das Wasser fällt, verläßt er seinen Standort und geht dem Meere zu. Wenn er mit dem großen Wasser wieder erscheint, bringt er gewöhnlich 1 bis 2 Junge mit, die dann 3 bis 4 Fuß lang sind. Seine Nahrung besteht nur aus Gras; Fische verzehrt er nicht. Der Ajuh ist außerordentlich fett, und Fett und Fleisch sind sehr wohlschmeckend, dem Schweinefleisch ähnlich. Die Haut wird zur Verfertigung von Peitschen benutzt. Das Tier ist keineswegs sehr häufig, und es ist daher stets ein großes Fest, wenn eines gefangen wird. Die Knochen sind hart, wie Elfenbein, und es werden Ringe daraus gefertigt. Auch sind sie, sowie das Fett, in ganz Sudan als Arzneimittel berühmt.

Südlich von Jakoba wohnen Kannibalenstämme, die Njem—Njem und Tângale, mit denen selbst die muhammedanischen Eingeborenen sehr wenig Verkehr haben. Der Name Njem—Njem ist ein Kollektivname, ähnlich in der Bedeutung unseren „Menschenfressern", da „njem" in der Sprache der „Mrténg" (drei Tage S.O. von Jakoba), welche die allgemeine der Heiden zwischen Jakoba und dem Benue ist, Fleisch bedeutet. Der wildeste und bedeutendste Stamm derselben sind die Tângale, die eine Bergkette am Ufer des Benue (oberhalb des von der „Plejade" besuchten Ortes) bewohnen, die sich durch einen überaus prächtigen Pic auszeichnet, der sich gegen 3000 Fuß über die Ebene erhebt. Diese Leute haben sich bis jetzt noch unabhängig erhalten und werden nur hin und wieder durch Raubzüge des fünf Tage von ihrem Wohnplatze residierenden Sultans von Gomba beunruhigt. Sie kommen selten in die Ebene herab, um eiserne Werkzeuge zum Ackerbau für Korn einzuhandeln. Es ist nicht leicht, Verkehr mit ihnen anzuknüpfen. Als Vogel sich ihnen näherte, liefen sie, wie die Heiden auf den Bergen von Mandra davon; einige Perlen und kleine Muscheln beschwichtigte endlich die Furcht, und er fand die Leute gutmütig, gesprächig und äußerst dankbar für seine Geschenke.

Zu ihrer Charakteristik macht der Reisende folgende Mitteilung: „Daß sie die Kranken ihres Stammes essen, ist unwahr; ich habe zufällig zwei Leute in ihren Dörfern sterben sehen und gefunden, daß sie mit äußerster Sorgfalt gepflegt wurden; nach ihrem Tode brachen die Verwandten in das gewöhnliche Jammergeschrei aus, was die ganze Nacht hindurch erschallte. Dagegen essen sie alle im Kriege erlegten Feinde; die Brust gehört dem Sultan, der Kopf, als der schlechteste Teil, wird den Weibern übergeben. Die zarteren Teile werden an der Sonne getrocknet, und dem gewöhnlichen Mehlbrei als Pulver beigemischt. Wenn sie Mangel an Proviant haben, verkaufen sie ihre Kinder an die Fellata und nehmen für einen Knaben von zehn Jahren gewöhnlich drei Ochsen, deren jeder einen Wert von 1 ½ Dollar hat. Ich sah sie einen Ochsen schlachten; das Fett wurde unverzüglich geschmolzen und in unglaublichen Massen getrunken.

Die Religion aller südlich von Jakoba lebenden Stämme ist eine und dieselbe. Sie haben eine Art Gottheit, den „Dodo", die ein Kollektivum der Seelen aller Verstorbenen zu sein scheint. Diesem Dodo bauen sie eine an allen Seiten verschlossene Hütte, gewöhnlich unter einer Gruppe von Limi—oder Baumwollenbäumen. Die Lücken zwischen diesen werden bis auf eine kleine Öffnung sorgfältig mit Cereus und Euphorbia verschlossen. In der Hütte steht ein oben in drei Zweigen auslaufender Pfahl, auf diesem ein Töpfchen und neben ihm zwei andere kleine Tongefäße. Wenn der Gafuhli (Durrah) reif geworden, begibt sich der Dodo, der sanft immer in diesem Hause wohnt, in den Wald, um sieben Tage und sieben Nächte zu tanzen. Dann allein wagen sich die Männer (eine Frau darf sich nie dem Heiligtume nähern) in die Hütten, opfern Hühner und füllen von den beiden untern Gefäßen eins mit dem Blute und den Köpfen derselben, das zweite mit dem gewöhnlichen Mehlbrei, der für diese Gelegenheit von einem Manne gekocht sein muß, das Oberste mit Busa (Bischna, Cyperus excul. Bier). Da ich ohne Zelt reiste, fand ich es sehr bequem, in diesen Dodohäusern zu logieren, wo ich vor allen Diebereien sicher war; kein Mensch wagte sich in die Nähe derselben. In der Mitte des Häuschens ist ein Kreis von aufgeworfener Erde, mit kleinen, weißen Federn geschmückt. Vor jedem Hause im Dorfe steht ein dreifach gespaltener Pfahl, mit einem Töpfchen darauf, in das von Zeit zu Zeit Buja gegossen wird, und man bat mich stets flehentlich, dieses Gefäß nicht zu beschädigen. Vor dem Hause des Sultans erhebt sich eine hohe Stange, an der die Unterkiefer alles erlegten Wildes und geschlachteten Viehes aufgehängt werden; sollte Jemand dies zu tun unterlassen, so würde er in Jagd und Viehzucht nur Unglück haben. Die Toten werden sieben Tage lang in sitzender Stellung bis an den Kopf eingescharrt, wahrend welcher Zeit man eine förmliche Katakombe von etwa 20 Fuß Länge und 4 — 6 Fuß Breite und Höhe für ihn gräbt, mit drei Eingängen, die man später mit Steinen verstopft. Am siebenten Tage wird der Leiche der Kopf abgeschnitten und der Körper auf zahlreiche Matten, so weich und gut wie möglich, gebettet (denn wenn er nicht gut liegt, so kommt er wieder), auf dem Grabe eine Art Denkmal von Strohbündeln errichtet, und der Kopf in der Nähe beigesetzt, der der Männer in Stroh eingebunden, der der Weiber in einem Topfe. Die Hütte, in der ein Mann gestorben, wird sogleich von allen Angehörigen verlassen und verfällt bald. Die zum Muhammedismus bekehrten Heidenstämme amüsieren sich stets noch zur Erntezeit mit einer

Darstellung, des Dodo. Ein Mann, von dessen Kopfe und Gürtel Gafuhliblätter herabhängen, erscheint von Trommelschlägern begleitet und beginnt zu tanzen, während seine Begleiter kleine Gaben für ihn einsammeln. Störche werden in großen Ehren gehalten, und als ich einmal einen derselben schoß, zogen unverzüglich sämtliche Bewohner des Dorfes mit Sack und Pack davon, und ich blieb alleiniger Inhaber von etwa einem Dutzend Hütten.

Der jetzige Sultan von Jakoba (das seinen Namen nicht von dem 1844 verstorbenen Sultan „Jakob", sondern von einem in der Nähe wohnenden Hordenstamme, den „Jako" hat, und von den Fellata und Afnu nie Jakoba, sondern stets Garuh'—n—Bantschi genannt wird), residiert nicht in seiner Hauptstadt, sondern liegt schon sieben Jahre lang im Felde gegen einen fünfundsechzig englische Meilen gegen N.N.W. gerade an der alten Kanostraße wohnenden Heidenstamm, die Sonoma, die sich durch alle entlaufenen Sklaven der Fellata rekrutieren."

Dies waren die letzten wichtigen Mitteilungen des trefflichen Reisenden, welche er in Kuka, wohin er am 1. Dezember 1855 zurückgekehrt war, niedergeschrieben hatte. Am Schlusse derselben sagte er, daß er in etwa zwanzig Tagen eine Rekognoszierung nach Wada'i machen wolle, um endlich den Bacher el Rhasal mit seinen Knochenlagern zu untersuchen. Lange blieben seine Angehörigen und Freunde ohne Nachricht; endlich, am 24. Februar 1857, erhielt der Vater des Reisenden, der Direktor Vogel in Leipzig, von Barth aus London folgenden Brief:

„Geehrter Herr! Bravo! Ruhm über den Mutigen!

Ihr lieber Eduard ist wirklich in Wada'i eingedrungen. Schwer ist es. Er hat viel zu erdulden; das ist gewiß. Es ist ein wildes Volk. Er ist der erste Europäer, hart wird man ihm zusetzen; aber lassen Sie uns hoffen. Auch ich bin durchgekommen, und es ist ein mutiger, ein gewandter Mensch. Hoffen Sie mit mir das Beste! Ich erwarte nächstens mehr. Sollte er unterliegen, was Gott verhüte, so ist es sein Ruhm; er wäre einem glorreichen Tod gefallen. Ich hoffe bald mehr zu hören und werde sogleich schreiben."

Kurze Zeit nachdem dieses Schreiben in Leipzig eingetroffen war, brachte die in Berlin erscheinende „Zeit" die Mitteilung von dem in Wada'i erfolgten Tode des Reisenden, eine Mitteilung, welche die Familie desselben mit tiefem Schmerze und die ganze gebildete Welt, wohin diese gerüchtweise verbreitete Nachricht gekommen war, mit Trauer erfüllte.

Es war deshalb nicht zu verwundern, daß diese Nachricht die allgemeinste Teilnahme in Anspruch nahm, und daß die öffentlichen Organe wie die bedeutendsten Gelehrten wetteiferten, dieses traurige Rätsel zu enthüllen. Die Deutsche Allgemeine Zeitung, welche die Wahrheit des, aller positiven Unterlage entbehrenden Gerüchtes bald bekämpfte, fand in Karl Ritter und Dr. Barth die kräftigste Unterstützung. Letzterer sandte am 2. April an Direktor Vogel, dem er kurz vorher versprochen hatte, sobald er weitere Nachrichten erhalten haben würde, sogleich zu schreiben, einen Brief, in welchem er zur Beruhigung Aller eine an ihn gelangte Mitteilung des Consul Herman in Tripoli, brachte.

„Soeben erhalte ich einen Brief, datiert in Tripoli

vom 18. März und es freut mich, melden zu können, daß der dortige treffliche englische Consul (Herman) sich alle mögliche Mühe gibt, um über das Schicksal Ihres Herrn Sohnes Gewißheit zu erlangen. Er hat an den Scheich von Borno geschrieben. Da das aber zu lange sich hinzieht, hat er dem Agenten in Mursuk Ordre gegeben, einen unternehmenden Tubu von den sogenannten Enschade, die sich aber selbst Tedetu nennen, an die Grenzen von Wada'i selbst zu schicken, um gewisse Nachrichten zu bringen."

Dieser Brief hatte die Wirkung, daß die Trauerbotschaft immer mehr an Gewißheit verlor, und Jedermann zu der Hoffnung ermutigt wurde, es beruhe jene Nachricht auf einem Mißverständnisse oder einer unbegreiflichen Übereilung, oder es sei dieselbe sogar absichtlich in Umlauf gesetzt worden. Und schon glaubte man, beruhigt einer glücklichen Rückkehr des Reisenden entgegensehen zu dürfen, als ein Schreiben aus Malta vom 2. April, das zwei Wochen später durch die Émancipation belge verbreitet wurde, über das Schicksal unseres kühnen Landsmannes folgende Nachrichten brachte:

„Das unglückliche Ende des Dr. Vogel, der im Innern Afrikas die Reisen und Forschungen Dr. Barths fortsetzte, ist durch eine Anmaßung des britischen Consuls, Herrn Herman, unter dessen Schutz er reiste, veranlaßt worden. Vor einigen Jahren vertrauten englische Untertanen Kaufleuten von Wada'i verschiedene Waren an, die sie in ihrem Lande verkaufen und Wert und Nutzen ihren Committenten bei der Rückkehr zustellen sollten. Die Kaufleute führten diese Reise aus; als sie aber im Monat Februar 1856 nach Bengazi zurückkamen, erklärten sie, nicht im Stande zu sein, die englischen Kaufleute zu bezahlen, angeblich, weil der Sultan von Wada'i sie ausgeplündert und sich, ohne Vergütung, aller der Waren dieser Committenten bemächtigt habe. Die englischen Kaufleute, unter anderem G. Gagliuffi, englischer Vizeconsul zu Mursuk, beklagten sich bei ihrem Consul, Herrn Herman, und dieser verlangte von Othman Pascha die Beschlagnahme und den Verlauf aller Waren, welche die Retour—Karawane aus Wada'i eingeführt hatte, um damit seine Landesangehörigen für die Beraubung zu entschädigen, deren der Sultan von Wada'i sich schuldig gemacht hatte. Es darf dabei nicht übersehen werden, daß die Beraubungsangaben lediglich auf Aussagen der schwarzen Kaufleute beruhten, die den Verkauf übernommen hatten."

„Othman Pascha fühlte, welch nachteilige Folgen aus einer solchen Maßregel für den Handel von Tripoli erwachsen könnten, indem sie zu einem Abbruche der Beziehungen mit Wada'i und andern Teilen Sudans führen würde; er zögerte erst und forderte, um Zeit zu gewinnen, Herrn Herman auf, die Sache nach Konstantinopel zu belichten; aber er stand damals ganz unter dem Einflüsse des englischen Consulats und gab endlich dem neuen Andringen nach. Demzufolge ließ er zu Gunsten der Engländer eine ziemlich bedeutende Quantität von Elephantenzähnen wegnehmen und verkaufen, die, wie die schwarzen Kaufleute sagten, dem Sultan selbst gehörten, der sie zum Verkaufe nach Bengazi geschickt habe. Dies war die Ursache von Vogels Tode. Durch die rückkehrende Karawane erfuhr der Sultan, was zu Bengazi vorgefallen war, und er bediente sich der ersten Gelegenheit, um für die schlechte Behandlung der Kaufleute seines Landes und seine eigenen Verluste Rache zu nehmen. Dr. Vogel war so unglücklich, kurze Zeit darauf in die Staaten dieses Souveräns zu kommen, und als dieser erfuhr, daß er Engländer sei oder im Namen Englands reise, ließ er ihm den Kopf abschlagen."

Als dieser erschütternde Bericht in Deutschland bekannt geworden, gab sich Karl Ritter gleich alle Mühe, um zu erfahren, woher diese Mitteilung stamme und wieweit man ihr Vertrauen schenken dürfe. In Folge dieser väterlichen Sorge um den teuern Reisenden erschien von ihm in der Spenerschen Ztg. eine Mitteilung betreffend Dr. Vogels Schicksale auf der Reise von Borno nach Wada'i. Nach dieser hatte Sir Roderich Murchison, dem die Wahrheit am Herzen lag, deshalb im Foreign Office nachgeforscht und von den britischen Ministern erfahren, daß ihnen Nichts, was auf das Gerücht Bezug haben könne, zugekommen sei. Diese Eröffnung stellte die Wahrheit jenes Berichtes von Neuem sehr in Frage, und der Zweifel an derselben wurde noch gesteigert, als durch Barths Bemühungen in Erfahrung gebracht wurde, daß die erste Quelle des betrübenden Berichtes von Dr. Vogels Tode allerdings bis nach Borno zurückgehe, daß ihm aber jede Begründung und Beglaubigung fehle.

So wechselten Zweifel, Hoffnung und Befürchtung von einem Tage zum andern, und es sollte dieses grausame Spiel noch nicht sein Ende erreicht haben; denn am 14. Mai erschien in Gazetta Piemontese ein Bericht, welcher das Gerücht von der an Vogel verübten Rache wiederholte.

Ebenso wie die durch die Émancipation belge verbreitete Nachricht nicht die Hoffnung ausschloß, daß die in derselben enthaltenen Mitteilungen falsch seien, ebenso ist auch dieser spätere Bericht noch nicht geeignet, ihn als vollkommen glaubwürdig anzunehmen. Denn obgleich die Besorgnis um das Leben des jugendlichen Reisenden von so ausgezeichneter Bildung, so seltener Klugheit und Hingebung für die Sache der Wissenschaft und der Zivilisation noch nicht durch eine jenem Gerüchte widersprechende Nachricht beseitigt ist, so ist doch der Umstand sehr ermutigend, daß der Diener, den Dr. Vogel nach Kuka geschickt, der also direkt und auf dem kürzesten Wege die Reise zurückgelegt hatte, die erste Nachricht von dem Tode seines Herrn in dieser Stadt vernahm.

Erheben wir den Blick zum Lenker aller Dinge und hoffen wir auf eine glückliche Wendung!

Erwägen wir nun, welche Resultate die unermüdlichen Forschungen der heldenmütigen Reisenden errungen haben, so sind die Hoffnungen, welche die ganze zivilisierte Welt auf sie gesetzt hat, nicht getäuscht worden; man muß vielmehr zugestehen, daß die Erwartungen bei Weitem übertreffen worden sind. Erweist sich ferner noch das Gerücht von Dr. Vogels Tode als grundlos — und gelingen die Unternehmungen dieses letzten unserer Helden, gelingt es ihm, einen sichern Weg durch Mittelafrika nach den Ländern des Nils aufzufinden, alsdann wird diese Reise ein bis jetzt noch nicht erreichtes Resultat erzielt, sie wird das bis jetzt unaufschließbare

Afrika der Zivilisation, dem Christentum und dem Handel erschlossen haben.

Editorische Notiz:

Der Text der vorliegenden Edition folgt der Ausgabe: Karl Arenz (Hrsg.): Die Entdeckungsreisen in Nord- und Mittelafrika von Richardson, Overweg, Barth und Vogel. Verlag von Carl B. Lorck, Leipzig 1857.

Die Orthographie wurde behutsam modernisiert, der originale Lautstand und grammatikalische Eigenheiten bleiben gewahrt. Die Interpunktion folgt der Druckvorlage.

Ebenfalls im SEVERUS Verlag erhältlich:

Carl Peters
Die deutsche Emin-Pascha-Expedition
SEVERUS 2010 / 488 S. / 39,50 Euro
ISBN 978-3-942382-49-6

Emin Pascha, bedeutendster Pionier der Erforschung Innerafrikas und Leiter der Äquatorialprovinz, wird durch den Mahdi-Aufstand von Ägypten und dem Sudan abgeschnitten. Im Jahre 1887 startet der Brite Henry Stanley eine Expedition, um den in die Enge getriebenen Emin Pascha zu befreien. 1888 erreicht die stanleysche Expedition ihr Ziel, doch zwischen Emin und Stanley kommt es zu Meinungsverschiedenheiten. Doch der Mahdi-Aufstand spitzt sich zu und Emin Pascha sieht sich gezwungen, seine Provinz aufzugeben und mit den Briten an die Küste zu ziehen.

Zeitgleich startet die deutsche Emin-Pascha-Expedition unter der Leitung Carl Peters. Die Hilfsexpedition führt über das Sultanat Witu nach Uganda bis hin nach Bagamoyo. Unbemerkt von der Tatsache das Emin Pascha und Stanley bereits auf den Weg zur Küste sind, setzt Peters begleitet von Adolf von Tiedemann seinen Weg in die Äquatorialprovinz fort. Das vorliegende Buch ist die spannende und mitreißende Dokumentation Peters Reise - die jedoch nicht unumstritten blieb: blutige Kämpfe mit den Eingeborenen und der Raub von Viehherden zur Ernährung seiner Mannschaft brachten Peters mit seiner Expedition in Deutschland viel Kritik ein.

www.severus-verlag.de

Ebenfalls im SEVERUS Verlag erhältlich:

Ludwig Külz
Tropenarzt im afrikanischen Busch
SEVERUS 2010 / 340 S. / 29,50 Euro
ISBN 978-3-942382-48-9

1902 macht sich der Mediziner Ludwig Külz auf in den Togo, damals deutsche Kolonie, um dort als Tropenarzt zu arbeiten. Von unterwegs schreibt er Briefe, in denen er ausführlich das dortige Leben, die für ihn faszinierende Tier- und Pflanzenwelt sowie die einheimische Bevölkerung beschreibt. Külz scheut sich nicht vor engem Kontakt zu den Togoern, lernt so ihre Kultur und ihre Traditionen zu schätzen. Dennoch unterscheidet er klar zwischen sich und den Afrikanern und spricht von seiner Mission als „Erzieher" der Togoer. Sein Fazit: „Afrika ist das Land der Widersprüche, des Werdens, der Neugestaltung, der inneren und äußeren Gegensätze [...] Es kann keine interessanteren und eigenartigeren Landschaftsbilder geben als die afrikanischen, aber auch die trostlosesten und langweiligsten Einöden sind hier zu finden. Nirgends brennt die Sonne heißer als in Afrika, und nirgends kann man erbärmlicher frieren als hier."

Seine Frau entschied sich, seine Briefe zu veröffentlichen, da er so genau und unvoreingenommen wie kein anderer vor ihm die Situation in der Kolonie Togo beschrieb. Seine Briefe überlieferten neues Wissen über Tropenkrankheiten, das dortige Klima und die Hygiene nach Deutschland und waren darüber hinaus wegweisend im Bezug auf die Definition des Berufs des Tropenarztes.

www.severus-verlag.de

Ebenfalls im SEVERUS Verlag erhältlich:

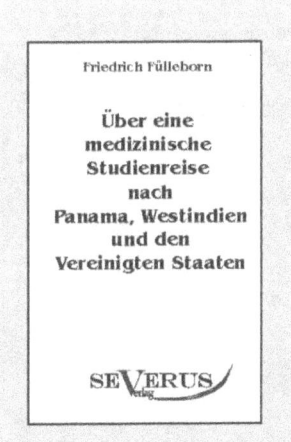

Friedrich Fülleborn
Über eine medizinische Studienreise nach Panama, Westindien und den Vereinigten Staaten
SEVERUS 2010 / 76 S. / 19,50 Euro
ISBN 978-3-942382-47-2

Friedrich Fülleborn (1866-1933) war ein deutscher Tropenmediziner und Naturwissenschaftler. Der vorliegende Band dokumentiert seine im Sommer 1912 getätigte Reise zum Panamakanal, zu den westindischen Inseln und in die Vereinigten Staaten von Amerika. Sein Augenmerk ist hierbei klar auf die Bekämpfung von Tropenkrankheiten und Seuchen sowie deren Prävention gerichtet. Behandlungsmethoden werden von ihm genauso beleuchtet wie die unterschiedlichen Arten der Mückenbekämpfung. Die „Schaffung gesunder Verhältnisse" – das war sein Ziel, seine detailgetreue Dokumentation ein wichtiger Beitrag zur Entwicklung der modernen Tropenmedizin.

www.severus-verlag.de

Ebenfalls im SEVERUS Verlag erhältlich:

Rudolf Cronau
Drei Jahrhunderte deutschen Lebens in Amerika
SEVERUS 2010 / 640 S./ 59,50 Euro
ISBN 978-3-942382-31-1

Rudolf Cronau hatte einen Traum: Er wünschte sich eine dokumentierte Geschichte des nordamerikanischen Volkes unter Berücksichtigung der Geschichte aller daran beteiligten Völker.

Seinen persönlichen Beitrag hierzu hat der ursprünglich aus Leipzig stammende Maler und Journalist jedenfalls erfolgreich geleistet:
Mit dem vorliegenden Band legt er ein monumentales Werk deutscher Auswanderergeschichte vor. Beginnend mit der Kolonialzeit bis hin zum Anfang des 20. Jahrhunderts skizziert er detailliert die Teilhabe und den Einfluss deutscher Auswanderer sowie ihrer Nachfahren an den unterschiedlichen Aspekten der Entwicklung der nordamerikanischen Kultur.

www.severus-verlag.de

www.ingramcontent.com/pod-product-compliance
Lightning Source LLC
Chambersburg PA
CBHW070939230426
43666CB00011B/2498